Bob Pazmiño ha pasado toda
fundamentos de la educación cris.

MW01124243

enseñado sus libros, así como que ha servido junto a él como mentor de los educadores de la congregación, estoy impresionado por su capacidad para centrar la atención de la Iglesia en los fundamentos bíblicos de la formación de la fe. Sus palabras y sus actos han sido ofrecidos para la gloria de Dios y el florecimiento del pueblo de Dios. Su efecto positivo en el campo de la educación cristiana y en las numerosas congregaciones que se han beneficiado de aquellos a los que ha enseñado, orientado o tocado a través de sus libros y artículos es inconmensurable.

Karen-Marie Yust. Profesora de Educación Cristiana Josiah P. y Anne Wilson Rowe, Union Presbyterian Seminary.

Robert Pazmino encarna la vida de servicio cristiano a la Iglesia a través de su erudición, enseñanza y tutoría. Su investigación y sus escritos han contribuido a establecer y dar forma al ámbito de la educación cristiana. Estos ensayos son también un recordatorio de su significativo impacto en la educación teológica latina y sus líderes. Su texto de referencia, *Cuestiones Fundamentales de la Educación Cristiana* fue muy influyente en mis primeras investigaciones y escritos. Estoy profundamente agradecido por la amistad y el legado duradero de Bob. Recomiendo encarecidamente este libro como lente para ver tanto su erudición como el corazón de un fiel servidor de Cristo.

Dr. Mark A. Maddix. Decano de la Facultad de Teología y Ministerio Cristiano Point Loma Nazarene University, San Diego, California.

Entre mis mejores recuerdos de la asistencia a los congresos anuales de profesores de educación cristiana estaba el de pasar tiempo con Robert, (Bob) Pazmiño. Grupos de trabajo compartidos, largos paseos vespertinos, asistencia a las ponencias de Bob, fueron *mis* oportunidades de conocer la vida y el pensamiento de una persona a la que admiro profundamente y a la que tengo el honor de contar como amigo. Este volumen ofrece al lector una ventana a la vida y el pensamiento de Bob, *su* oportunidad de conocer a una persona con un enfoque agudo en el ministerio de la enseñanza de la Iglesia. Aprenderá de la convincente perspectiva de Bob sobre la educación cristiana. También conocerá la notable historia de vida que hay detrás de esta perspectiva. ¡Disfrute!

Dr. Robert H. Drovdahl Profesor de Ministerio de Educación, Seattle Pacific University

¿Podría haber un tributo más adecuado a un hombre que influyó y cambió el curso de la educación cristiana en el umbral del siglo XXI que un volumen que recoja sus obras esenciales? Robert Pazmiño es un ejemplo para cualquiera que se dedique al ministerio de la educación cristiana, así como a la enseñanza y la formación de otros para entrar en el ministerio. Es innegable que los fundamentos de la educación cristiana moderna están compuestos en parte por las ideas y los escritos de Pazmiño.

Dr. James Riley Estep Jr. Vicepresidente Académico. Central Christian College of the Bible.

Qué apropiado es honrar a Bob Pazmiño compartiendo de nuevo una colección de sus artículos. Su pensamiento y sus escritos han abarcado una amplia gama de temas en el campo de la educación cristiana, y esta colección lo muestra bien. Su influencia positiva ha llegado tanto a través de sus escritos, de los que este es una buena muestra, como de sus relaciones con los demás. Su espíritu alentador, su deseo de ver a los demás crecer y compartir su trabajo, y su ejemplo positivo como académico y profesor, son profundamente apreciados por muchos de los que hemos tenido el placer de conocerle y trabajar con él en diferentes contextos. Estos escritos fueron oportunos cuando se publicaron, pero también resistirán bien la prueba del tiempo, ayudándonos a nosotros y a las futuras generaciones de líderes del ministerio educativo a pensar más clara y cuidadosamente sobre cómo ser fieles y eficaces en nuestros ministerios de enseñanza. ¡Bien hecho!

Dr. Kevin E. Lawson. Profesor de Estudios Educativos, Escuela de Teología Talbot, Universidad de Biola. Editor, Christian Education Journal: Research on Educational Ministry.

EDUCACIÓN CRISTIANA

PUBLICACIONES
KERIGMA
Ἐν ἀρχῇ ἦν ὁ Λόγος

EDUCACIÓN CRISTIANA

Pasado y futuro

Bob Pazmiño y Octavio Esqueda

PUBLICACIONES
KERIGMA
Ἐν ἀρχῇ ἦν ὁ Λόγος

© **2022 Publicaciones Kerigma**
Salem Oregón, Estados Unidos
http://www.publicacioneskerigma.org

Pedidos: 971 304-1735
www.publicacioneskerigma.org
ISBN: 978-1-956778-29-8

Impreso en los Estados Unidos
Printed in the United States

Dedicatoria

A la gloria de Dios revelada maravillosamente
en Jesucristo nuestro Maestro

Tabla de contenidos

PRÓLOGO 15

1 Homenaje a Robert W. Pazmiño.................................. 19

  Biografía... 20

  Contribuciones a la educación cristiana 23

    Referencias 30

    Lecturas recomendadas de Robert Pazmiño............ 31

2 Fuentes bíblicas para la revalorización de la educación 35

  Un modelo del Antiguo Testamento: Deuteronomio 30-32 36

    Encontrar la vida. 37

    Centrarse en la Palabra. 37

    Fomentar la liberación de las personas.................... 37

    Facilitar el culto.. 38

  Un modelo del Nuevo Testamento: El Evangelio de Mateo 38

    Compartir la visión, la misión y la memoria. 39

  Implicaciones para la reforma educativa 40

    Encontrar la vida 40

    Centrarse en la palabra 41

    Fomentar la liberación de las personas.................... 41

    Facilitar el culto.. 41

    Compartir la visión... 41

    Compartir la misión 42

    Compartir la memoria 42

  Conclusión... 43

    Para reflexionar y aplicar.. 43

3 Fundamentos del plan de estudios 45

  Plan de estudios: Metáforas propuestas....................... 47

  La metáfora de la producción 48

Descripción.. 48

Visión del maestro y de la enseñanza...................... 49

Defensores.. 49

Posibles puntos fuertes y débiles........................... 49

Puntos fuertes 49

Puntos débiles.. 50

La metáfora del crecimiento................................... 51

Descripción.. 51

La visión del maestro y la enseñanza 52

Defensores 52

Posibles puntos fuertes y débiles........................... 52

La metáfora del viaje.. 53

Descripción.. 53

Visión del maestro y de la enseñanza...................... 53

Defensores 53

Posibles puntos fuertes y débiles........................... 54

Decisiones 54

Los valores: Su lugar en la planificación curricular.... 54

El plan de estudios oculto.. 56

Plan de estudios: Una visión más amplia (Tito 2)....... 59

4 Diseño del plan de estudios de educación teológica urbana..... 63

Esfuerzos históricos.. 64

Un plan de estudios que asume riesgos 66

El contexto urbano.. 67

Personas de la ciudad 70

Contenido urbano 72

Fundamentos curriculares...................................... 73

Conclusión.. 76

5 Un plan de estudios transformador para la educación cristiana en la ciudad 77

La transformación y sus términos.................................... 78

El plan de estudios y sus conexiones............................. 83

La ciudad y sus rincones 86

6 Enseñar en el nombre de Jesús.................................... 89

La verdad y la enseñanza en el nombre de Jesús.......... 91

Amor y enseñanza en el nombre de Jesús 95

Fe y enseñanza en el nombre de Jesús........................... 98

Esperanza y enseñanza en el nombre de Jesús 101

Alegría y enseñanza en el nombre de Jesús................. 103

Conclusión.. 107

Referencias 108

7 La educación cristiana es más que una formación 111

Espiritualidad y educación cristiana............................ 112

Definiciones... 115

¿Formación con qué fines?.. 120

El peligro del reduccionismo....................................... 120

Conclusión.. 121

Referencias 122

8 El pecado y la enseñanza cristiana.. 125

¿Qué es el pecado? 126

Los siete pecados capitales como herramienta didáctica para entender el pecado y la gracia.. 128

Gula 129

Lujuria 130

Avaricia 130

Ira 130

Envidia 131

Pereza 131

Vanagloria 132

Enseñanza para el *Shalom* 135

Conclusión... 138

Referencias 139

9 Fragmentaciones generacionales y la educación cristiana..... 141

El problema 142

Testimonio bíblico.. 145

La genealogía de Jesús 148

Brechas generacionales y educación compensatoria 150

Desafío para las generaciones actuales y futuras 152

Reflexiones personales: Bob 154

Reflexiones personales: Steve 156

Referencias 158

10 Enseñanza ungida: dar los frutos de la liberación,............... 161

celebración y sustento 161

Enseñanza ungida que libera 161

1. Libertad de expresión, en todo el mundo 165

2. Libertad de culto en todo el mundo.................................. 165

3. La libertad de las necesidades 166

4. Libertad del miedo.. 166

Enseñanza ungida que celebra.................................... 167

1. Libertad para la verdad... 167

2. Libertad para el amor 167

3. Libertad para la fe.. 168

4. Libertad para la esperanza 169

5. Libertad para la alegría... 169

La enseñanza ungida que sostiene............................... 171

Los anawim 173

Defensa... 174

Perspectivas del tiempo 175

Conclusión.. 176

Referencias 176

11 El crecimiento y el impacto del pentecostalismo en América Latina.. **179**

El crecimiento pentecostal en América Latina 180

Valores pentecostales 181

Liderazgo autóctono 182

Participación social... 182

Énfasis en la comunidad: Especialmente la familia y los grupos pequeños 183

Necesidades y retos de la educación cristiana 184

Conclusión.. 185

Referencias 186

12 Enseñar quiénes y de quién somos:.................................... **187**

Honrando la individualidad y la conexión **187**

La identidad personal conecta la individualidad y la comunidad 189

Una paradoja en el ministerio educativo 190

De quién somos en la tradición cristiana................................. 192

El canto de alabanza de María 193

Escritura de memorias 194

Referencias 195

13 Sola Scriptura: Reflexiones personales y profesionales **197**

Reflexiones personales 197

Reflexiones profesionales.. 199

¿Qué? Naturaleza de la CE.. 200

¿Por qué? Objetivo de la EC 201

¿Dónde? Contexto de la CE 201

¿Cómo? Métodos de la EC 202

¿Cuándo? Preparación para la CE 203

¿Quién? Relaciones CE 203

Referencias 205

14 Fundamentos de la educación cristiana: Pasado y futuro ... **207**

¿Por qué molestarse con los fundamentos? 208

¿Dónde estabas? 209

¿Dónde estaban todos ustedes como educadores cristianos? . 215

¿Dónde estás? 219

¿Dónde estamos en 2020? 223

Conclusión 227

Referencias 228

Epílogo **229**

PRÓLOGO

En honor a la polifacética influencia de
Robert W. (Bob) Pazmiño

Octavio Javier Esqueda

Todos desempeñamos diferentes papeles en nuestra vida. Cada papel depende de las relaciones que tengamos, de los lugares donde vivamos y trabajemos, y de las diferentes estaciones de nuestra vida. Evidentemente, el Dr. Robert (Bob) W. Pazmiño también ha desempeñado diferentes papeles en su vida, pero sigue siendo la misma persona en todo momento. La integridad es una de sus virtudes más importantes, y el carácter su técnica de enseñanza más eficaz. Este libro es un homenaje para honrar su destacada carrera como educador cristiano, pero también un reconocimiento a su fidelidad como académico-docente-mentor y, lo que es más importante, como seguidor comprometido de Cristo.

El Dr. Pazmiño, el erudito

Robert W. Pazmiño es un nombre fácilmente reconocible en el campo de la educación cristiana. Es un escritor prolífico con muchas publicaciones importantes que han influido y formado a los estudiosos de la educación cristiana en todo el mundo. Varias de sus obras fundamentales están disponibles en diferentes idiomas y han llegado a diferentes generaciones. Yo, como muchos otros en América Latina, lo conocí por primera vez hace muchos años a través de la traducción al español de su libro fundamental *Foundational Issues in Christian Education*. El Dr.

15

Pazmiño sirvió activamente en diferentes gremios y organizaciones académicas durante su carrera. Su fuerte fe evangélica y, al mismo tiempo, su firme compromiso ecuménico de aprender de los demás y servir junto a todos, le dieron la oportunidad de influir en diferentes tradiciones y espacios teológicos. El Dr. Pazmiño es un ejemplo de erudición transformadora y de dedicación a la disciplina académica de la educación cristiana.

El profesor Pazmiño, el maestro

El profesor Pazmiño es un excelente educador. Su ministerio docente se ha extendido durante muchas décadas en diferentes entornos y lugares.

No era un erudito que casualmente enseñaba, sino que era un maestro que enseñaba todo el tiempo, tanto de forma oral como escrita. Demostró claramente su amor por todos sus alumnos de manera concreta. Una vez compartió conmigo una cita del educador judío Abraham Heschel que se ha convertido en un principio rector de mi ministerio de enseñanza y que él ejemplificó en su propia carrera docente: «La personalidad del maestro es el texto que los alumnos leen; el texto que nunca olvidarán». El profesor Pazmiño sabía y demostraba claramente que, como educadores, «enseñamos quiénes y de quién somos».

Bob Pazmiño, el mentor y colega

Los lectores conocen el nombre de Robert W. Pazmiño por sus escritos, pero cualquiera que haya tenido el privilegio de conocerle personalmente sabe que siempre se refiere a sí mismo como «Bob» e insiste en que todo el mundo le llame así. Bob Pazmiño ha sido un colega amable y generoso con todos. Su sincero deseo de aprender de los demás ha marcado su carrera docente. Valora las ideas porque valora y respeta a todas las personas. Conocí a Bob en 2003 en una conferencia académica en la zona de Boston. En ese momento, yo acababa de terminar mi doctorado y estaba a punto de empezar a enseñar a tiempo completo en una institución teológica de Texas. Desde entonces, Bob se convirtió en un alentador constante y en un querido mentor. Tuve el gran privilegio de ser coautor con él del libro <i>Anointed Teaching: Partnership with the Holy Spirit [Enseñanza ungida: asociación con el Espíritu Santo]</i>, también publicado por Publicaciones Kerigma. El legado duradero de los verdaderos educadores son sus alumnos y discípulos. Estoy agradecido de ser uno de ellos.

Bob, el gentil seguidor de Cristo

Bob Pazmiño es un sabio caballero cristiano, un fiel seguidor de Cristo que encarna en toda su extensión la mansedumbre. La sabiduría de Bob no proviene del conocimiento intelectual sino de su fe en Cristo. Santiago 3:17 describe la sabiduría de lo alto como «pura, pacífica, amable, razonable, llena de misericordia y de buenos frutos, inquebrantable, sin hipocresía». Estas virtudes son evidentes en el carácter de Bob, él es un hombre de familia con fuertes convicciones de fe. Al leer sus palabras puede estar seguro de que realmente «cumple con lo que dice».

Este libro *Educación cristiana: Pasado y futuro* honra la vida y el ministerio del Dr. Robert (Bob) W. Pazmiño. El libro es una colección de artículos sobre diferentes temas fundamentales de la educación cristiana que Bob publicó en la prestigiosa revista *Christian Education Journal* durante treinta y cinco años, de 1985 a 2000. Estos artículos son un reflejo de su viaje académico desde un joven erudito hasta un consumado experto y mentor que concluye discutiendo con uno de sus alumnos el pasado y el futuro de la educación cristiana.

Elizabeth Conde-Frazier es un nombre muy conocido en la educación cristiana y en la educación teológica hispana. Comienza el libro con un hermoso homenaje a la vida y el legado de Bob Pazmiño. Cada capítulo, en orden cronológico, representa todos los artículos de revista que Bob Pazmiño publicó en el CEJ. Tengo el privilegio de incluir dos capítulos que también publiqué en esta revista. Mi participación en el libro celebra la duradera influencia de Bob Pazmiño que sigue viva en sus innumerables alumnos y discípulos de todo el mundo.

Gracias por leer este libro y unirse a las muchas voces que honran al Dr. Robert (Bob) W. Pazmiño, el erudito, maestro, mentor, colega y gentil seguidor de Cristo.

1

Homenaje a Robert W. Pazmiño[1]

Elizabeth Conde-Frazier

ROBERT W. PAZMIÑO (1948-). Educador y mentor cristiano por excelencia. Ha ejercido como Profesor de Educación Cristiana Valeria Stone en la Andover Newton Theological School de Newton Centre, Massachusetts, desde 1986. También sirvió en esa institución como decano académico interino y como director del programa de Maestría en Divinidad. Está ordenado en las Iglesias Bautistas Americanas. Es autor de diez libros y numerosos capítulos y artículos. Entre sus libros se encuentran: *Foundational Issues in Christian Education [Elementos fundamentales en la educación cristiana],* 3ra. ed (2008), *So What Makes Our Teaching Christian?[¿Qué hace que nuestra enseñanza sea cristiana?]* (2008), *Doing Theological Research [Haciendo investigación teológica]* (2009), y *God Our Teacher [Dios nuestros maestro]* (2001). Es licenciado por la Universidad de Bucknell, tiene un máster en Divinidad por el Seminario Teológico Gordon-Conwell y un doctorado en Educación por el Teachers College de la Universidad de Columbia en colaboración con el Union Seminary.

---

[1] Conde-Frazier, E., (2018). «Robert W. Pazmiño» en Honoring Four Late-Twentieth-Century Christian Education Leaders: Christian Educators of the 20th Century Project. www.christianeducators20.com. *Christian Education Journal*, *15*(2), 278–289.

Biografía

Para entender a Robert Pazmiño como educador cristiano hay que conocer los detalles de su peregrinaje personal y de fe, ya que estos informan y moldean sus dones, percepciones, pasiones y compromisos como educador.

La familia de Robert Pazmiño era una familia multicultural. Su familia paterna procedía de Ecuador. Su bisabuelo, Felicísimo López, fue un médico y político que finalmente fue excomulgado de la Iglesia Católica por su defensa de la separación de la Iglesia y el Estado. López había sido ministro del Interior, donde parte de sus responsabilidades incluían la supervisión del programa nacional de educación. Tras el ostracismo social a causa de la excomunión, la familia se trasladó a Nueva York, donde el Sr. López ejerció de cónsul general de los ciudadanos ecuatorianos en la ciudad. Su padre, Albert August Pazmiño, nació en Brooklyn, Nueva York, y tras el servicio militar activo fue diácono en la Iglesia Bautista de Kenilworth.

Su madre, Laura Ruth Pazmiño, tenía raíces holandesas y alemanas de Pensilvania. Sus raíces holandesas incluían conexiones hugonotes. La familia había huido de Francia a Holanda en busca de libertad religiosa. Tras la muerte de sus padres, siendo ella adolescente, Laura Ruth llegó a la ciudad de Nueva York para encontrar empleo. Conoció a Albert August y ambos se casaron y sirvieron fielmente en la Iglesia Bautista. Fue maestra de escuela dominical, miembro del coro y diaconisa.

Aunque la familia comenzó su temprana afiliación religiosa en la Iglesia Episcopal y Pazmiño fue bautizado al nacer, posteriormente asistieron a la Iglesia Bautista de Kenilworth en Brooklyn, Nueva York. La experiencia de conversión de su padre se produjo cuando tenía siete años. En la iglesia de Kenilworth se crió Pazmiño. En sus memorias, que están siendo escritas para su publicación bajo el título *A Boy Grows in Brooklyn [Un niño crece en Brooklyn]*. Pazmiño cuenta cómo el desfile del Día de Brooklyn presentaba la música y los programas de las iglesias de los barrios de la sección de Flatbush de Brooklyn. El desfile mostraba una representación de los diversos programas de las iglesias que nutrían la ecología educativa de la zona. Esto sirvió para informar y formar su vida e identidad como cristiano protestante que más tarde se dedicaría a ser profesor de educación cristiana. Más tarde, Pazmiño utilizó el paradigma de las configuraciones educativas de Lawrence Cremin como lente interpretativa para su comprensión ampliada del ministerio de la educación cristiana. Incluiría a los Boy Scouts, los museos, los campamentos, De Molay y otros programas y organizaciones junto con la familia y la iglesia.

Pazmiño asistió a campamentos de verano, y estas experiencias sirvieron para alimentar su fe con un sentido de la presencia de Dios en la creación y en todo lo que tiene vida. Estas numerosas experiencias y el modelo de sus padres alimentaron su fe, pero después de una clase de preparación para el bautismo, Pazmiño decidió no someterse a una profesión pública de su fe mediante el bautismo. Encontró necesario seguir trabajando sobre preguntas intelectuales sobre la fe cristiana, haciendo de su adolescencia una temporada de búsqueda e indagación mientras seguía participando en la vida de la iglesia como miembro del coro, profesor de escuela dominical y consejero de campamento. No fue hasta el verano antes de ir a la universidad que, tras escuchar el mensaje evangélico predicado por un pastor visitante, Pazmiño se sintió conmovido hasta lo más profundo de su alma mientras miraba una cruz sobre una chimenea. La cruz se convirtió en un símbolo del sacrificio, la muerte y la resurrección de Cristo que en esos momentos se hizo muy personal para él y abrió su corazón y su vida al amor y la gracia de Dios en Jesús.

Ese otoño estaba en la Universidad de Bucknell y se unió a la hermandad cristiana Inter-Varsity (IVC). Ese grupo, apoyado por un pastor presbiteriano local, lo discipuló. Al final de ese año, se convirtió en el vicepresidente del capítulo. El capítulo dio liderazgo a los capítulos de Young Life en las escuelas secundarias locales y creció significativamente. Pazmiño había aportado liderazgo al IVC durante los años de crecimiento del capítulo, que más tarde fueron vistos como parte de un renacimiento. Muchos de los líderes del capítulo IVC fueron al seminario. Pazmiño no tenía intención de ir al seminario. Se había especializado en psicología y en religión, y esperaba convertirse en psicólogo clínico especializado en niños y familias. Así fue como, tras la universidad, se empleó como consejero de crisis para niños con trastornos emocionales en la división psiquiátrica del New York Hospital/Cornell Medical Center. También continuó dando expresión a su compromiso cristiano de servir a Dios sirviendo a las iglesias locales del Bronx y Manhattan enseñando a niños, jóvenes y adultos. Se hizo miembro de la Segunda Iglesia Bautista de habla hispana en East Harlem, a la que su esposa Wanda Ruth Meléndez asistía anteriormente y donde se casaron el 16 de agosto de 1969.

Pazmiño solicitó y fue aceptado en programas de doctorado y estudios de trabajo social. Sin embargo, su llamado a los estudios de seminario se confirmó, así como su amor por la enseñanza de la fe. El potencial de la educación cristiana como medio para llevar la transformación a la vida de las personas, las familias y las comunidades completas comenzó a surgir para él. Fue capaz de reconocer en sí mismo la alegría de enseñar y orientar a jóvenes, niños y familias. La congregación también reconoció y afirmó su vocación en esta área del ministerio. Pazmiño ingresó entonces al Seminario Gordon Conwell, graduándose en 1978, y el 21 de enero de 1979 fue ordenado en las Iglesias Bautistas Americanas. Continuó sus estudios en el Teachers College de la Universidad de Columbia en cooperación con el Union Seminary, obteniendo su doctorado en 1981. Durante sus estudios, Pazmiño ejerció de amo de casa mientras su esposa trabajaba a tiempo completo con estudiantes de derecho para apoyar su trabajo de posgrado. Su disertación fue «El pensamiento educativo de George W. Webber, educador teológico, y los problemas de la educación teológica». Posteriormente fue publicada en parte por la University Press of America con el título *The Seminary in the City: A Study of New York Theological Seminary.*

Mientras que escribir una disertación es un rito de paso del trabajo doctoral de uno, Pazmiño lo vio como una extensión de su ministerio, como parte de su llamado, y por lo tanto una manera de extender su enseñanza a aquellos que no podía encontrar en su salón de clases. Esto le dio un medio a través del cual compartir más ampliamente lo que Dios había puesto en su corazón y su mente con respecto a la enseñanza en el nombre, el espíritu y el poder de Jesús. A continuación examinaremos más detenidamente esta concepción de la enseñanza en el poder del Espíritu de Cristo.

Su primer puesto como profesor fue en el Seminario Teológico Gordon Conwell, donde enseñó desde 1981 hasta 1986. Durante ese tiempo, se dedicó a enriquecer la educación cristiana de las iglesias de la zona. Para ello predicó sermones sobre temas relacionados con la educación cristiana y formó parte de consejos de educación cristiana o dirigió conferencias sobre esos temas para organismos confesionales, en particular las Iglesias Bautistas Americanas. A continuación, se trasladó a la Andover Newton Theological School en 1986, donde ha ejercido como profesor hasta la actualidad. Fue decano en ese puesto en 1990 y decano interino de la facultad entre 2005 y 2006. Participó en una pequeña delegación a China y predicó en la Iglesia Comunitaria de Shanghai en mayo de 2000.

Los cursos que ha impartido no solo han sido los cursos obligatorios de educación cristiana, sino que también ha impartido diversos cursos sobre el contexto urbano, y el ministerio y el multiculturalismo. Ha impartido cursos en Costa Rica y ha asesorado a estudiantes de doctorado en la facultad de doctorado conjunta con Boston College, Princeton Theological Seminary, Southern Baptist Theological Seminary, la Universidad de Connecticut y la Universidad de Maine. En julio de 2018, se retiró de la enseñanza en el Seminario Teológico Andover Newton.

Contribuciones a la educación cristiana

Pazmiño es un educador con gran integridad; como tal, siempre se ha identificado como evangélico y centrado en Cristo. También ha sido realista en cuanto a quién pretende dirigirse cuando escribe y, como profesor, siempre se ha dirigido al aula con un profundo respeto por sus alumnos, incluso cuando estos creían de forma diferente a él. Los respetaba como personas y también respetaba sus puntos de vista. Creó un lugar en su aula donde todos podían sostener la diferencia. Mantener esa diferencia no significaba que temiera nunca presentar sus propios puntos de vista. Esto, en sí mismo, es una gran contribución en una época en la que, como evangélicos, estamos comprendiendo la importancia de las diferencias entre nosotros debido a la inmigración y a otras fuerzas que han acercado a otros. Es importante la forma en que aprendemos a reflexionar sobre nuestra historia del evangelismo y tratamos de eliminar las raíces del colonialismo de las formas en que llevamos el mensaje del Evangelio hoy. El compromiso respetuoso de Pazmiño nos ofrece un modelo a seguir.

Lo podemos ver en su libro Latin American Journey: Insights for Christian Education in North America [Viaje a América Latina: Ideas para la educación cristiana en América del Norte] (1994). En este libro, yuxtapone la teología de la liberación latinoamericana con la iglesia norteamericana explicando cómo la multiplicidad de culturas puede afectar a la equidad educativa. Modela la comprensión para el diálogo proporcionando definiciones teológicas de la teología de la liberación y el contexto de cómo surgió esta teología. Señala los puntos fuertes que cada teología puede aportar a la otra pero, sobre todo, Pazmiño muestra los retos que deben afrontar juntas si quieren crear entornos educativos que lleven a la plenitud de la salvación.

En *Latin American Journey,* Pazmiño ve que esto se está produciendo al tratar de crear equidad educativa. Esto es solo el comienzo de un proyecto educativo y teológico más amplio que consiste en liberar a las personas de la pobreza y de la devaluación de la vida que conlleva la prostitución, el abuso de sustancias, la violencia institucional y la destrucción del medio ambiente. En respuesta a este desafío, ve a la iglesia norteamericana aportando los dones intelectuales de su teología y a la teología de la liberación latinoamericana aportando su don de la ortopraxis, o la capacidad de experimentar la palabra de Dios, y verla implementada para lograr una salvación que incluya no solo las dimensiones espirituales de la propia vida, sino la liberación de la persona completa de los males que la asaltan a nivel personal, comunitario e institucional. Aquí es donde entra la reflexión y el análisis de lo implicados que estamos a nivel personal e histórico en los mismos males a los que pretendemos poner fin para el educador cristiano.

¿Cómo llegó Robert Pazmiño a esta importante reflexión como educador cristiano? ¿Cuál es su enfoque de la educación cristiana y qué elementos busca integrar? Vamos a rastrear su pensamiento. En la década de 1940, el campo liberal comenzó a adoptar un enfoque de ciencias sociales para la educación cristiana y los evangélicos comenzaron a resistirse a este movimiento para asegurar que la teología siguiera estando en el centro de la educación cristiana. En el diálogo, Frank E. Gaebelein levantó los fundamentos de la educación cristiana definidos por los evangélicos (Gaebelein, 1954). Randolph C. Miller respondió a los desafíos de Gaebelein con una teoría que integraba la teología y la práctica (Miller, 1950), pero su enfoque se consideró más neo-ortodoxo. Las voces que entraron en la conversación trataron de abordar la teología, y las ciencias sociales pasaron a un segundo plano en los argumentos.

Entre estas voces, fue Lawrence Richards quien, en 1975, presentó un enfoque de la educación cristiana que considera la vida como el camino para desarrollar una teología de la educación cristiana. Su enfoque sostenía que la Biblia era la revelación autorizada de la obra redentora de Dios en Jesucristo (Richards, 1975). Richards integró la teología, la filosofía y las construcciones teóricas educativas. En el año 2006, George Knight postuló que la educación cristiana se construye sobre una visión cristiana de la verdad, el valor y la realidad, de modo que la teología que construye las propias creencias se convierte en la base para la práctica de la educación cristiana y donde las ciencias sociales podrían resultar beneficiosas para la educación cristiana (Knight, 2006).

Pazmiño escribe muy consciente de los argumentos planteados y también de las cuestiones que están en juego dentro del mundo evangélico. A lo largo de su vida como educador cristiano, se define como evangélico. Al mismo tiempo, no se aísla en ese mundo, sino que está dispuesto a explorar y dialogar con otros enfoques teológicos. Al hacerlo, nunca compromete los principios básicos de la fe evangélica como educador cristiano, pero sus argumentos nos ayudan a todos a comprometernos con respeto y sin miedo. Su obra integra la teología, la práctica de la educación cristiana, la filosofía y las ciencias sociales.

Expone esta integración mostrando cómo, como evangélicos, se puede navegar por la integración. Pazmiño discute y equilibra los lugares donde puede haber controversia y proporciona preguntas para facilitar un camino para que uno continúe su desarrollo. Esto se traslada a su enseñanza, donde crea un espacio de diálogo continuo en el que se puede discrepar respetuosamente y/o aportar nuevas ideas.

Pazmiño propone cuatro distintivos teológicos para un enfoque evangélico de la educación cristiana en su libro *Cuestiones fundamentales de la educación cristiana*, ahora en su tercera edición (Pazmiño, 2008a). Estas doctrinas son: la Biblia como fuente primaria y autoridad para la fe cristiana, la conversión como necesidad, la obra redentora de Jesucristo como énfasis, y la piedad y espiritualidad personal. Las Escrituras proporcionan el contenido básico para la educación cristiana (Pazmiño, 2002; 2008a, pp. 58-69). La Biblia sirve de filtro para examinar todas las demás verdades; por tanto, la razón, la tradición y la experiencia han de medirse con la autoridad de la Biblia.

En esta posición, Pazmiño es coherente con sus predecesores. Sin embargo, Pazmiño también es consciente de la necesidad de equilibrar esta afirmación y habla de los peligros del literalismo bíblico y de la manipulación doctrinal. El primero divorcia la verdad bíblica de la aplicación a la realidad y el segundo impone sin permitir la reflexión y la apropiación personal por parte del lector (Pazmiño, 1992b).

Para Pazmiño el segundo componente de la educación cristiana es el encuentro con la gracia salvadora de Dios en Jesús que se apropia por la fe. Este encuentro señala la razón de ser de la enseñanza del evangelio y sus verdades básicas sobre la salvación para adquirir conocimientos con el objetivo de facilitar la aceptación del evangelio. Para que la enseñanza de la fe conduzca a la aceptación del evangelio debe incluir tres dimensiones: *notitia* (afirmación intelectual), *assensus* (afectiva o emocional), y *fiducia* (volitiva) (Pazmiño 1992b, pp. 47, 61). Teniendo en cuenta esto, Pazmiño postula que es imperativo presentar a las personas la plenitud de la comprensión de la conversión como una sumisión radical al señorío de Jesucristo o una «reorientación radical para las personas que requiere centrar toda la vida en la voluntad y el reino de Dios» (Pazmiño, 1992b, p. 91). Esto implica que la conversión tiene una dimensión corporativa y que la persona es impulsada a la obra del Espíritu en y a través de una comunidad.

La educación cristiana como enfoque en la obra redentora de Jesús es el énfasis de una teología evangélica, ya que las doctrinas del evangelismo dependen de la encarnación del nacimiento virginal de Cristo, su vida sin pecado y su expiación, su resurrección corporal, la justificación solo por fe y la regeneración de las personas que confían en la obra redentora de Cristo (Pazmiño, 2008a, pp. 69-72). Como parte de esta discusión, Pazmiño examina las categorías de Sara Little sobre la intersección entre la teología y la educación cristiana. De estos cinco puntos, Pazmiño señala tres de ellos como útiles para el educador cristiano: la teología como contenido de la educación cristiana, la teología como punto de referencia para lo que se enseña y para la metodología funcionando así como la norma para la educación cristiana y la teología, y la educación cristiana como disciplinas separadas que se comprometen mutua y colegiadamente en el avance del reino de Dios (Little, 1983, pp. 31-33). Emplea sus categorías de teología como el contenido para la educación cristiana y la teología como la norma para la práctica de la educación cristiana. La última posibilidad de Little de la teología en diálogo con la educación cristiana es considerada por Pazmiño como una herramienta útil para el educador cristiano (Pazmiño, 2008a, p. 66). Estas son las premisas que permiten a Pazmiño tener un diálogo respetuoso y académico con los educadores cristianos y religiosos. Desde aquí aborda teológicamente las propuestas teóricas y prácticas presentadas por otros educadores. Desde este paradigma examina las consideraciones educativas de otros bajo las áreas de soteriología, cristología, antropología, eclesiología, escatología y axiología.

El último de los distintivos de Pazmiño es la piedad personal o, como se denomina hoy más comúnmente, la espiritualidad. Es la vida devocional que cultiva la relación con Cristo. Pazmiño recurre a la riqueza teológica del orden de los amores de Agustín para definir la espiritualidad, pues considera que la vida espiritual es una vida ordenada en torno al amor. Combina esta noción con la comprensión evangélica del gran mandamiento de amar al Señor con todo el corazón, el alma, la mente y las fuerzas, seguido del mandato de amar al prójimo (Lc. 10:27) (Pazmiño, 1998, p. 26). Esto es posible para el creyente a través del Espíritu Santo que derrama amor en nuestros corazones (Rom. 5:5). Una nueva capa de profundidad que Pazmiño aporta a la definición de espiritualidad es la dimensión de las preocupaciones sociales (Pazmiño, 2008a, p. 68).

Un paradigma que Pazmiño ha aportado a su trabajo para la práctica de la educación cristiana es el de las tareas educativas basadas en las diferentes funciones de la iglesia del Nuevo Testamento. Este paradigma incluye las áreas de: *kerygma* (proclamación) que es invitarnos a una respuesta obediente de las enseñanzas de Cristo, y *koinonía* o comunión donde la comunidad enfatiza la necesidad de Cristo. Este cuerpo de Cristo es el contexto para la educación y el vehículo para la transmisión de los valores y las enseñanzas de Cristo y el lugar donde se nos capacita para vivir en armonía con Dios, los demás y la creación. «Otros» incluye la pluralidad de religiones mientras realizamos el trabajo del reino de Dios en el mundo local y globalmente. En ningún momento esta interacción compromete nuestra postura sobre la persona de Cristo, sino que se convierte en un testimonio del amor de Cristo y un reflejo del amor del Padre por todo el mundo.

Esto nos lleva a la *diakonía*, que es la forma en que expresamos el amor de Dios en el mundo, y a la propheteia o defensa. En el ámbito de la diaconía los educadores están llamados a equipar a los santos para la obra del ministerio para el servicio. La experiencia del servicio es el modo en que aprendemos. La defensa es la restauración de la comunidad y la sociedad que ayuda a recuperar la esperanza. Cuando los cristianos cumplen sus compromisos cristianos en el mundo, deben luchar con los valores e ideales de la sociedad que les rodea. La fidelidad nos llama a ser contraculturales. Nuestro amor en el mundo es ahora un amor por los oprimidos que nos hace clamar por la justicia y los derechos humanos para expresar nuestro amor social en el mundo (Pazmiño, 1994, p. 71).

El punto central en torno al cual integra las otras cuatro funciones es *la leitourgia* /adoración que anima a las personas a celebrar la presencia de Dios en todos los ámbitos de la vida (Pazmiño, 2006b, pp. 51-53). Pazmiño toma prestada la noción hebrea de que el aprendizaje es para reverenciar a Dios: «El principal fin y propósito de la educación, como de la vida, puede verse así en términos de glorificación y disfrute de Dios» (ibíd., p. 52).

Pazmiño ha escrito de forma sistemática estableciendo conexiones entre la educación cristiana y la teología. Hizo de la trinidad su paradigma, viendo la naturaleza de la relación entre las tres personas de la trinidad como interdependiente, interconectada e interpenetrante. Esta relación se conoce como *pericoresis*. Dentro de esta comprensión del Dios trino, Pazmiño incorpora su comprensión teológica de la educación cristiana. Ve el papel de la trinidad como «un tema emergente para el pensamiento y la práctica de la educación cristiana» (Pazmiño, 2001, p. 18). La trinidad educativa da forma al contenido que proviene de Dios creador, Jesús hijo y maestro, y el Espíritu Santo como tutor, consejero y sostenedor de la vida comunitaria tanto entre los cristianos como en la sociedad o contexto más amplio.

Al profundizar en la conexión entre la educación cristiana y la trinidad, Pazmiño plantea: «la trinidad refleja la expresión más plena del amor, ya que Dios Padre amó tanto al mundo que envió al hijo que, junto con el Padre, envía al Espíritu. El Espíritu, a su vez, equipa y envía a los llamados como maestros» (2001, p. 33). Este concepto es lo que Pazmiño denomina «Dios por nosotros».

El segundo concepto que enmarca en sus conexiones teológicas es «Dios a pesar de nosotros». Aquí Pazmiño desarrolla una antropología cristiana y describe la doctrina del pecado y la salvación. Considera que el pecado es «lo suficientemente omnipresente como para afectar a todos los ámbitos de nuestra vida personal y corporativa» (2001, p. 39), sin embargo, para Pazmiño, uno siempre puede ser redimido y la enseñanza juega un papel importante en la obra de restauración. Los educadores cristianos están en asociación con Dios con el propósito de intervenir para remediar el problema del pecado.

Para llevarlo a cabo, Pazmiño propone cuatro movimientos que se construyen a partir de una modificación de las cinco categorías teológicas de Lawrence asociadas a la salvación: la gracia preveniente, donde Dios nos atrae a sí mismo (gancho), la justificación que viene a través de la comprensión de las Escrituras (libro), la santificación donde los cristianos dan consideración a la gracia de Dios en nuestras vidas espirituales (mirar), y la glorificación o la perspectiva del reino de nuestra vida cristiana (tomar) (2001, p. 47).

La tercera conexión educativa de Pazmiño con la teología se recoge en la frase «Dios con nosotros». Se trata del ministerio de la enseñanza basado en una cristología práctica que incluye la encarnación, la crucifixión, la resurrección y su significado para la práctica de la educación cristiana. Esta base requiere que se enseñe en nombre de Jesús o como su autoridad representativa para que «revelemos su naturaleza esencial de alguna manera específica» (Pazmiño, 2008b, p. 172).

Una contribución notable que hace Pazmiño a su presentación de Jesús como maestro es el concepto del principio galileo que informa la dimensión multicultural de la educación cristiana. Aquí, Pazmiño afirma la importancia de aportar nuestro claro sentido de identidad como comunidad cristiana al mezclarnos con la diversidad de la humanidad para conducir a otros a la comunidad cristiana.

Dios en nosotros es la conexión que habla del Espíritu Santo enseñando en el maestro. El maestro y el Espíritu Santo se asocian en las dimensiones de preparación, instrucción y evaluación. En la preparación, el Espíritu está presente en la oración, la planificación y la reflexión. En la instrucción, el Espíritu se manifiesta en las preguntas, las respuestas y las acciones dentro del entorno de enseñanza/aprendizaje y, en la fase de evaluación. El Espíritu da el discernimiento para evaluar los frutos de la enseñanza a la luz del proceso de santificación y edificación. Finalmente, la quinta conexión entre la educación y la teología que aporta Pazmiño es Dios a través de nosotros donde Dios actúa a través de las cinco tareas de la iglesia antes mencionadas.

Pazmiño ha dado la mayor expresión de su enseñanza a través de su ministerio educativo en la Andover Newton Theological School, donde se incorporó al cuerpo docente en 1986. Imparte cursos que integran tanto la teoría como la práctica y desafían a sus estudiantes a desarrollar ministerios educativos en una variedad de entornos eclesiásticos y comunitarios y denominaciones. Fiel a sus propias raíces cristianas evangélicas, Pazmiño siempre aporta la plenitud de lo que es, al tiempo que permite a los estudiantes situarse donde están en su propia peregrinación de fe. Es respetuoso con todos sus alumnos y los lleva a la reflexión personal a la luz del diálogo entre las voces de los diferentes educadores, sus comunidades y la Biblia.

Entre los numerosos cursos que Pazmiño ha impartido a lo largo de los años se encuentran: Historia y Filosofía de la Educación Cristiana, Problemas y Cuestiones de la Educación Religiosa, Enseñanza: Principios y Prácticas, Enseñanza de la Biblia, Lucha contra el Racismo y el Sexismo, Desarrollo y Crecimiento en la Infancia, Educación y Urbanización, Ministerio Educativo a lo largo de la Vida, Métodos de Enseñanza, Ministerio Educativo con Niños (bilingüe), Teología y Filosofía Educativa, y Uso de los Medios de Comunicación en la Enseñanza y el Evangelismo. Además, ha impartido cursos de investigación para estudiantes de doctorado.

Quizás el educador que sirve de maestro a Pazmiño es Agustín. En todos sus cursos sobre historia y filosofía de la educación cristiana, Agustín ocupa un lugar destacado al principio del curso. En un borrador de sus memorias, Pazmiño comenta: «He tomado en serio la sabiduría del gran maestro cristiano norteafricano, Agustín, quien señaló que 'Un espíritu amoroso enciende a otro espíritu'».

Es necesario terminar esta sección hablando del mayor legado de Pazmiño: la mentoría. A lo largo de muchos años, ha dedicado mucho tiempo y energías reflexivas e intencionadas a la tutoría de estudiosos de la educación cristiana. En su haber, ha trabajado amorosamente con personas de diferentes denominaciones, expresiones teológicas y culturas. Al hacerlo, ha modelado lo que escribe; la preparación, la capacidad de escucha y la forma en que ha permitido que el Espíritu Santo lo guíe han sido evidentes. En esas relaciones, él apoya, desafía a la excelencia y sostiene el espejo para el alumno con el propósito de llevar a la persona a la plenitud de sus dones. Su don en esta área también ha sido a través de sus escritos, ya que señala los rasgos distintivos de la cultura hispana y las implicaciones que tienen para la tutoría de los latinos en la educación teológica. Sus contribuciones han sido no solo con sus propios estudiantes, sino en la tutoría de estudiantes y la preparación de mentores para la Iniciativa Teológica Hispana, una organización dedicada a apoyar la formación de becarios de doctorado en las diversas áreas para la enseñanza en la educación teológica y la iglesia. Eligen a los becarios que prometen tener un impacto en la comunidad de fe latina. También ha servido como consultor nacional para el Centro Wabash para la Enseñanza y el Aprendizaje en Teología y Religión, una organización que busca ser mentor de nuevos académicos y nutrir a los más experimentados. Escribo como una forma de honrar a Robert Pazmiño, que ha sido mi mentor.

Referencias

Gaebelein, F. E. (1954). *The pattern of God's truth.* Nueva York: Oxford University Press.

Knight, G. (2006). *Philosophy and education: An introduction in Christian perspective* (4ta. ed). Berrien Springs, MI: Andrews University Press.

Little, S. (1983). Theology and religious education. In M. Taylor (Ed.), *Foundations for Christian education in an era of change* (pp. 30-40). Nashville, TN: Abingdon.

Miller, R. C. (1950). *The clue to Christian education.* New York: Charles Scribner's Sons.

Pazmiño, R. W. (1992a). A comprehensive vision for conversion in Christian education. *Religious Education Journal,* 87 (winter), 87-101.

Pazmiño, R. (1992b). Principles and practices of Christian education: An evangelical perspective. Grand Rapids, MI: Baker Books.

Pazmiño, R. (1994). Latin American journey: Insights for Christian education in North America. Cleveland, OH: United Church.

Pazmiño, R. (1998). Basics of teaching for Christians: Preparation, instruction and evaluation. Grand Rapids, MI: Baker Books.

Pazmiño, R. (2001). God our father: Theological basics in Christian education. Grand Rapids, MI: Baker Academic.

Pazmiño, R. (2002). By what authority do we teach?: Sources for empowering Christian educators. Grand Rapids, MI: Baker Books.

Pazmiño, R. (2008a). Foundational issues in Christian education: An introduction in evangelical perspective (3rd ed). Grand Rapids, MI: Baker Academic.

Pazmiño, R. W. (2008b). Teaching in the name of Jesus. *Christian Education Journal,* 5(1), 171-189.

Richards, L. (1975). *A theology of Christian education.* Grand Rapids: Zondervan.

Lecturas recomendadas de Robert Pazmiño

Pazmiño, R. W. (1988). Double Dutch: Reflections of a Hispanic North-American on multicultural religious education. *Apuntes,* 8(2), 27-37. Este es un ensayo sobre el significado y el proceso de vivir como una persona bilingüe y bicultural. Se mencionan las dimensiones teológicas, sociológicas y psicológicas. Pazmiño utiliza la metáfora del juego holandés de la cuerda de saltar del doble para hablar de la dinámica de operar en dos mundos diferentes y mantenerlos integrados en la propia formación y autodefinición. Esta es una lectura obligada para quienes somos personas bilingües y biculturales que buscamos entender los problemas de formación de la identidad en relación con la vida diaria y la fe, así como una lectura importante para las personas que ejercen el ministerio con jóvenes biculturales y/o en congregaciones multiculturales.

Pazmiño, R. W. (2002). *Latin American journey: Insights for Christian education in North America.* Cleveland, OH: United Church Press. En esta obra Pazmiño aborda la necesidad de que la teología norteamericana hable e incluya en su misión las dimensiones sociales del evangelio. Yuxtapone la teología de la liberación con la teología de la iglesia norteamericana señalando los puntos fuertes y débiles de cada una y las posibilidades en el diálogo entre ambas. Considera que la iglesia latinoamericana aporta su fuerza al abordar la ortopraxis de la fe cristiana, mientras que la iglesia norteamericana es fuerte en su ortodoxia. Define los principios de fe de ambas y la necesidad de garantizar la equidad en la educación. Como el propio Pazmiño trata de demostrar cómo podría ser la equidad en la educación, propone un modelo de educación multicultural que afirma la identidad étnica de las personas como parte de este esfuerzo. También aboga por una iglesia norteamericana que sea consciente y evalúe las formas en que, como sociedad, hemos explotado a otros en América Latina. Plantea cómo entrar en diálogo con la iglesia latinoamericana puede ser una forma de colaborar para acabar con esa explotación que trae pobreza tanto en América Latina como en América del Norte. Este libro es una buena interfaz entre educación, cultura y justicia social. Pazmiño entreteje en el libro su propio viaje de fe como persona bicultural que vive en Norteamérica y que busca iniciar un diálogo con teólogos y educadores latinoamericanos.

Pazmiño, R. W. (2002). *Principios y prácticas de la educación cristiana: Una perspectiva evangélica.* Eugene, OR: Wipf & Stock. Este libro se publica también coreano. Se enseña al lector a comprender que la enseñanza es un proceso de transformación y que uno debe estar en asociación con Dios para llevarlo a cabo. La transformación llega cuando uno ayuda a conducir a los alumnos a la conversión personal. Para Pazmiño, a esto le sigue un proceso de discipulado no solo personal sino corporativo. Esto significa que a la conversión le siguen las conexiones entre las personas que conviven en la sociedad y aprenden a reconciliarse con Dios y con los demás de manera que, con el tiempo, surja la comunión, el servicio cristiano, la acción social y el culto como expresiones de fe y compromiso. Las Escrituras cristianas son el elemento central de esta transformación que produce los frutos mencionados. El modelo de la enseñanza de Jesús se define para nuestro contexto actual. La metodología fluye de este entendimiento e incluye los elementos de la interacción entre el estudiante y el maestro: la preparación del maestro para la instrucción y la capacidad del estudiante para madurar en la enseñanza del evangelio.

Pazmiño, R. W. (1996). *Cuestiones fundamentales de la educación cristiana.* Costa Rica. Editores Caribe/Betania. Este es el libro fundamental de Pazmiño. En él examina los fundamentos bíblicos, teológicos, filosóficos e históricos de la educación cristiana. También integra las ciencias sociales en su discusión. Esta tercera edición incluye el impacto que el posmodernismo ha tenido en los fundamentos filosóficos de la educación. Su discusión dialoga con los argumentos y contribuciones de los educadores cristianos en los últimos cincuenta años. Aporta una nueva perspectiva y sus propias contribuciones a los argumentos como educador cristiano evangélico, definiendo los parámentros teológicos que guían al educador cristiano y mostrando después cómo, incluso dentro de esos parámetros, se puede mantener un debate sólido con educadores que pueden no compartir los compromisos cristianos. Su discusión sobre las ciencias sociales -la sociología y la psicología en particular- ayuda a integrarlas de manera útil con la práctica de uno como educador, manteniendo al mismo tiempo el lugar esencial de las Escrituras y el conocimiento de Dios. El lector está expuesto a un gran número de teóricos en cada una de las disciplinas que integra en las discusiones filosóficas y educativas. El punto fuerte de Pazmiño es su capacidad para resumir los principales puntos teóricos y crear un diálogo entre teóricos comparando, contrastando y demostrando un pensamiento creativo y crítico. Los modelos integradores ayudan a que uno llegue a su propia síntesis y a que vea más posibilidades de dicha síntesis de las que había pensado. Cada capítulo tiene puntos sobre los que reflexionar, de modo que el propio libro invita a una dinámica de enseñanza/aprendizaje reflexiva.

Pazmiño, R. W. (2008). *So what makes our teaching Christian? Teaching in the name, Spirit, and power of Jesus.* Eugene, OR: Wipf & Stock. Este libro considera los elementos de la enseñanza que la hacen distintivamente cristiana. De manera refrescante se revisan las enseñanzas de Jesús y los apóstoles en el Nuevo Testamento con el propósito de explorar cómo la enseñanza en el nombre, el Espíritu y el poder de Jesús se relaciona con los ministerios de enseñanza tanto del clero como de los laicos. La integración de las dimensiones pastoral, teológica y educativa de la enseñanza aparecen en este escrito.

Pazmiño, R. W. (2009). *Doing theological research: An introductory guide for survival in theological education.* Eugene, OR: Wipf & Stock. Se trata de una obra concisa que guía a su lector hacia la excelencia en la escritura y la investigación para los estudios teológicos. Como todos los escritos de Pazmiño, nos ofrece una perspectiva teológica sobre el arte y la ciencia de la escritura teológica. La presenta como una práctica espiritual y un acto de culto. Los apéndices incluyen muestras de distintos tipos de escritos, como una exégesis. El lector puede comprender las expectativas del profesor en cuanto a los trabajos, tesis y otros escritos que forman parte de la educación teológica.

2

Fuentes bíblicas para la revalorización de la educación[2]

Robert W. Pazmiño

Con la publicación de «*A Nation at Risk: The Imperative for Educational Reform*» [*Una nación en peligro: El imperativo de la reforma educativa*], la opinión pública estadounidense se ha visto confrontada con preguntas críticas sobre sus esfuerzos de escolarización. La historia revela que periódicamente la nación se ha enfrentado a la necesidad de reevaluar los propósitos, procesos y productos de su educación. En la mayoría de los casos, esta reevaluación revela problemas que exigen una reforma. Tal es el caso del informe más reciente. «*A Nation at Risk*», el informe de la Comisión Nacional para la Excelencia en la Educación, hace recomendaciones explícitas para la educación en las áreas de contenido, estándares, expectativas, tiempo, enseñanza, liderazgo y apoyo fiscal. Las sugerencias del informe se dirigen no solo al personal de las escuelas públicas y a los responsables políticos, sino también a los padres y a los propios estudiantes.

Los cristianos están llamados a afirmar el esfuerzo por evaluar los esfuerzos de escolarización de la nación y deben participar activamente en todos los niveles de la educación en nuestra sociedad. Pero los cristianos también están llamados a reconsiderar los distintivos de la

---

[2] Pazmiño, R. W. (1985). Biblical sources for the reappraisal of education. *Christian Education Journal*, 6(1), 47–51.

educación que es cristiana. Esta reconsideración es necesaria para que los educadores, los responsables políticos, los padres y los estudiantes que son cristianos puedan juzgar los esfuerzos educativos, es decir, aquellos en los contextos de la escuela, el hogar, la iglesia local, etc.

Para esta tarea de revalorización, los cristianos deben examinar cuidadosamente los fundamentos bíblicos de la educación cristiana. Aquellos que piensan y/o practican la educación cristiana deben guiarse por las verdades reveladas por Dios mientras buscan obedecer al Señor en las tareas de la educación. Pero los cristianos están sometidos a una confusa pluralidad de filosofías educativas en la sociedad contemporánea. En nuestra situación, los modelos bíblicos proporcionan una norma para juzgar la excelencia en la educación. El examen de los fundamentos bíblicos esenciales no da lugar a una teoría y una práctica educativa estéril y rígida, carente de diversidad y creatividad. Por el contrario, la educación cristiana basada en modelos bíblicos proporciona la experiencia educativa más satisfactoria.

Se pueden identificar dos modelos bíblicos, uno centrado en el Antiguo Testamento y otro en el Nuevo Testamento. Estos dos modelos proporcionan una visión para evaluar los esfuerzos en la educación cristiana. Todos los educadores tienen modelos que guían sus pensamientos y su práctica sobre la educación. En la mayoría de los casos, estos modelos no se examinan. El reto para los cristianos es examinar sus modelos de educación, hacerlos explícitos y conformar los modelos interiorizados según los modelos sugeridos en las Escrituras. Los modelos bíblicos proporcionan una norma para evaluar los esfuerzos educativos pasados, actuales y futuros. Cada modelo proporciona una visión de la teoría y la práctica de la educación y, por consiguiente, posibles áreas en las que trabajar para la reforma educativa.

Un modelo del Antiguo Testamento: Deuteronomio 30-32

Este pasaje ofrece una descripción de la renovación del pacto y de la educación en los tiempos del Antiguo Testamento que llegó a su máxima expresión en Jesucristo. Nuestro Señor hizo repetidas referencias al Deuteronomio en su experiencia en el desierto (Mt. 4:1-11; Lc. 4:1-13). En el actual desierto educativo, con su pluralidad de valores educativos, los cristianos preocupados por la educación pueden obtener claridad considerando Deuteronomio, en particular 30:11-20; 31:9-13; y 31:30-32:4.

Encontrar la vida.

Deuteronomio 30:11-20 esboza los temas que fueron tratados por Moisés al instruir a la nación de Israel. Moisés declara que la oferta de vida o muerte de Dios a las personas depende de su respuesta obediente a Dios. Los educadores cristianos también deben animar a las personas de todas las edades a elegir la vida que Dios les ofrece. Elegir la vida requiere amar a Dios, escuchar su voz y aferrarse a Él en todas las áreas de la vida personal y corporativa. Esta decisión de las personas es tan imperativa hoy como lo fue en los tiempos del Antiguo Testamento, porque el Señor Dios es la fuente misma de la vida. En el Nuevo Testamento, la vida se ofrece en la persona y la obra de Jesucristo. Jesús es la fuente de agua de vida (Jn. 4:10-14; 7:38) y es el Pan de Vida (6:35). Jesús viene a ofrecer vida eterna a todos los que creen en Él (3:16, 36). La educación cristiana implica compartir el conocimiento de Dios y fomentar una respuesta a él que dé como resultado la vida. La educación cristiana puede evaluarse en la medida en que permite a las personas encontrar la vida que se ofrece en Jesucristo.

Centrarse en la Palabra.

Deuteronomio 31:9-13 subraya la importancia de leer y escuchar la Ley de Dios, revelada a Moisés y, a través de él, a todo el pueblo. Todos son responsables de escuchar y seguir cuidadosamente todas las palabras de la Ley de Dios. La Ley de Dios es una confianza, una herencia que debe ser compartida no solo con los adultos, sino también con los niños y los jóvenes. La importancia de la Ley de Dios se extiende a toda la Escritura (2Tim. 3:15-16); la Palabra de Dios proporciona así el contenido esencial para la enseñanza. La Palabra escrita de Dios es central en la educación cristiana porque a través de ella las personas se encuentran con el Verbo encarnado, Jesucristo (Juan 1:1-18). La educación cristiana puede ser evaluada en términos de su enfoque en la revelación de Dios y su eficacia en la transmisión de la Palabra de Dios de una generación a otra.

Fomentar la liberación de las personas.

En Deuteronomio 31:30-32:4 se recoge un canto que da testimonio del pacto de Dios con su pueblo. Moisés enseñó este cántico al pueblo para que lo cantaran ellos mismos. La canción incluye consejos prácticos para recordar al pueblo el camino que debe seguir. Describe el deseo de Moisés de que su enseñanza libere a las personas para que crezcan en

Dios. La enseñanza de Moisés debía liberar en el sentido de capacitar a las personas para ser todo lo que Dios quería que fueran como miembros de su comunidad del pacto. Esta educación liberadora requería la acción eficaz de Dios para reformar a las personas de modo que pudieran reflejar su imagen en sus vidas, al igual que la lluvia restauraba la vida de las plantas en un entorno desértico. La liberación es la capacidad de ser todo lo que Dios ha querido que las personas sean por su acción en la transformación de los individuos. Por lo tanto, la educación cristiana debe caracterizarse por una enseñanza que fomente la liberación de las personas. Las palabras de Jesús afirman este énfasis: «Si os aferráis a mi enseñanza, seréis realmente mis discípulos. Entonces conoceréis la verdad, y la verdad os hará libres» (Jn. 8:31-32). En Jesucristo se da la más plena realización de la liberación. La educación cristiana puede evaluarse en la medida en que permite la liberación de las personas.

Facilitar el culto.

La enseñanza descrita en Deuteronomio 31:30-32:4 también supuso una celebración. Se animaba a los participantes a alabar a Dios por su ser, su amor y su santidad en toda la vida. En la enseñanza de Moisés se alababa a Dios por su actividad de gracia, su cuidado, su providencia, su juicio, su justicia y su rectitud. Esta enseñanza se comparte en forma de una canción que se convirtió en un vehículo creativo de alabanza. Los participantes en esta enseñanza fueron llamados a reconocer su total dependencia de Dios como Creador, Sustentador y Señor y a responder con obediencia. Además de la liberación, la celebración describe la educación que es cristiana. Estar en Cristo proporciona a los cristianos la ocasión de celebrar (Jn. 15:9-11). Los esfuerzos educativos pueden ser evaluados en la medida en que facilitan la adoración, en la medida en que permiten a los participantes alabar a Dios en sus vidas.

Un modelo del Nuevo Testamento: El Evangelio de Mateo

En el Nuevo Testamento, la iglesia recibió una nueva agenda para los esfuerzos educativos. Esta agenda es más explícita en Mateo 28:16-20 que incluye la comisión de Cristo resucitado a sus discípulos. Mateo registra explícitamente que el propósito de los ministerios de los discípulos es capacitar a otras personas para que se conviertan en discípulos obedientes de Jesucristo. Enseñar la obediencia es una tarea difícil. Aquellos que han enseñado a niños o jóvenes pueden apreciar esta dificultad. Sin embargo, existe la promesa de que la misma presencia de Cristo, así como su autoridad, capacitará a sus discípulos para realizar la tarea de discipular a otros. El propósito de hacer discípulos depende inextricablemente de compartir el contenido de las propias enseñanzas de Jesús, aquellas verdades propositivas reveladas por Dios que tienen implicaciones directas para la vida. El reto que se plantea a los esfuerzos actuales en la educación cristiana es el siguiente: ¿Se está educando y enseñando a los discípulos obedientes de Jesucristo todo lo que Jesús enseñó?

Compartir la visión, la misión y la memoria.

Además de este encargo educativo, todo el patrón de instrucción del Evangelio de Mateo muestra cómo se impartía la enseñanza en la iglesia primitiva. El Evangelio de Mateo era un manual de enseñanza para los cristianos gentiles. Las cinco secciones principales de enseñanza incluían lo siguiente Mateo 5:1-7:27; 10:1-42; 13:1-52; 18:1-35; y 23:1-25:46. Estas diversas secciones de enseñanza son exhaustivas al abordar las principales áreas de la vida cristiana (Glen W. Barker, William L. Lane y J. Ramsey Michaels, *The New Testament Speaks* [Nueva York: Harper and Row, 1969], pp. 264-266). Pueden clasificarse en función de los tres elementos que comparte una comunidad cristiana: una visión, una misión y una memoria.

La primera sección de enseñanza es el Sermón del Monte, Mateo 5:1-7:27. Este pasaje contiene la enseñanza de Jesús sobre la ética personal y social del reino. Ofrece una *visión* de la participación en el reino de Dios.

Mateo 10:1-42, la segunda sección de enseñanza, registra el encargo de Jesús a los 12 discípulos, esbozando su enseñanza sobre la *misión*. El Señor envía a sus discípulos como una extensión de su ministerio con directivas específicas para guiar sus ministerios.

La tercera sección de enseñanza, Mateo 13:1- 52, incluye las parábolas del reino, en las que Jesús enseña sobre la *historia* redentora y proporciona ideas para discernir la naturaleza del propio reino. Se describe el reino con sus pequeños comienzos, pero sujeto a crecimiento en medio de una situación impura en la iglesia. Esta historia del reino proporciona un marco para comprender la evolución pasada, actual y futura.

La cuarta sección de enseñanza, Mateo 18:1-35, contiene el discurso de Jesús sobre la disciplina de la iglesia, en el que describe la naturaleza de los compromisos de sus discípulos entre sí en el amor y la verdad. Este pasaje aborda el área de *la misión* en relación con un cuerpo local de discípulos que están llamados a modelar una comunidad de amor, sanidad, reconciliación y justicia. Mientras que este pasaje aborda la misión dentro de la comunidad cristiana, la segunda sección aborda la misión fuera de la comunidad.

Mateo 23:1-25:26, la quinta sección de enseñanza, contiene la enseñanza de Jesús sobre escatología. Se describen los acontecimientos del final de la era actual con la irrupción de la venida del reino de Dios cumplida en la tierra. De este modo, el enfoque se centra de nuevo en la *visión.*

Los tres elementos de la educación que se esbozan son la visión, *la misión* y la *memoria.* Este modelo neotestamentario de enseñanza cristiana se centra en la visión, la misión y la memoria cristianas que se comparten, ya que los seguidores de Jesucristo tratan de ser fieles al llamado de Dios en el mundo.

En relación con los esfuerzos educativos actuales, los cristianos están llamados a evaluar hasta qué punto la visión cristiana, la misión cristiana y la memoria cristiana son efectivamente compartidas. Estos criterios proporcionan normas para evaluar la educación cristiana hoy.

Implicaciones para la reforma educativa

Las sugerencias para la reforma de la educación cristiana en la iglesia local surgen de la consideración de los modelos bíblicos ofrecidos en Deuteronomio y Mateo. Son las siguientes: encontrar la vida, centrarse en la Palabra, fomentar la liberación de las personas, facilitar el culto, compartir la visión, compartir la misión y compartir la memoria.

Encontrar la vida

1. Reenfatizar las funciones evangelizadoras de la Escuela Dominical y otros programas educativos de la iglesia local.
2. Capacitar a los maestros de la Escuela Dominical y a los participantes adultos en las áreas de evangelización y seguimiento.
3. Explorar las posibilidades de clases y grupos de estudio bíblico orientados a quienes se interesan por la fe cristiana.
4. Orar y anticipar las decisiones para un compromiso de por vida con Jesucristo como Señor y Salvador.

Centrarse en la palabra

1. Desarrollar y trabajar hacia objetivos de alfabetización bíblica a lo largo de toda la edad.
2. Evaluar y seleccionar un plan de estudios que esté centrado en la Biblia y que trate de forma exhaustiva todo el consejo de Dios.
3. Relacionar los temas bíblicos con la vida contemporánea y ayudar a los estudiantes de todos los programas educativos a lidiar con las implicaciones de la verdad bíblica.

Fomentar la liberación de las personas

1. Maximizar la participación activa de todas las personas en los programas educativos.
2. Complementar la acción con tiempo para pensar y reflexionar seriamente en diálogo con los demás.
3. Plantear preguntas sobre los estilos de vida cristianos distintivos en una sociedad pluralista. Preguntar: ¿Qué significa afirmar el señorío de Cristo en este ámbito de la vida?
4. Confiar conscientemente en la obra renovadora del Espíritu Santo en la vida de las personas y los grupos.

Facilitar el culto

1. Trabajar para coordinar los programas educativos con los temas y énfasis del culto corporativo semanal.
2. Preparar a los niños y jóvenes para el culto corporativo y exponerlos a él. Proporcionar ayuda a los padres en esta área de preparación.
3. Permitir ocasiones espontáneas y planificadas de culto durante los eventos educativos.
4. Pregunte sobre el crecimiento espiritual de las personas en sus programas.

Compartir la visión

1. Los líderes educativos de la iglesia local, incluido el pastor, deben declarar explícitamente, preferiblemente por escrito, su visión de la obra de Dios en su localidad específica.

2. Proporcionar un período de tiempo prolongado, tal vez en formato de retiro, en el que las personas involucradas en los ministerios educativos puedan estudiar las ideas bíblicas para la educación y puedan compartir sus visiones para el ministerio.
3. Dedicar periódicamente tiempo a evaluar la aplicación de una visión para un ministerio específico y reorientar los esfuerzos.

Compartir la misión

1. Desarrollar una declaración de misión para guiar el trabajo educativo de una iglesia local, que identifique propósitos y metas específicas para períodos de tiempo a largo y corto plazo.
2. Considerar las necesidades dentro y fuera de la comunidad cristiana inmediata y las exigencias bíblicas al considerar la misión. (Los desafíos de las misiones en el país y en el extranjero no pueden descuidarse al centrarse en las preocupaciones locales).
3. Delegar responsabilidades específicas y establecer vías de rendición de cuentas para los distintos componentes de la ejecución de la misión.
4. Evaluar los programas y esfuerzos existentes en términos de una declaración de misión acordada.
5. Reconsiderar periódicamente la declaración de misión a la luz de los nuevos retos y las situaciones cambiantes.

Compartir la memoria

1. Planificar momentos en los que se pueda contar y celebrar la historia de la obra de Dios en una comunidad eclesiástica local y/o denominación en particular.
2. Relacionar la historia local con el avance del reino de Dios a lo largo de los siglos.
3. Identificar puntos específicos de continuidad y discontinuidad con el pasado en relación con el presente y el futuro de la iglesia local.
4. Incluir a los niños y jóvenes en la exploración de las raíces históricas.

Conclusión

Los dos modelos bíblicos considerados proporcionan algunas ideas iniciales para identificar los criterios de excelencia en la educación cristiana. Los cristianos tienen el reto de buscar la excelencia en relación con los propósitos que las Escrituras afirman en el ministerio vital de educar a las personas en la fe cristiana. Las necesidades de reforma en los esfuerzos educativos son múltiples. A la luz de estas necesidades, los educadores cristianos están llamados a equilibrar elementos de renovación con elementos que mantengan las continuidades esenciales en la educación que es cristiana. En las diversas tareas de la educación cristiana, los que ministran están llamados a reconocer que su suficiencia es de Dios. Por lo tanto, los modelos bíblicos de educación deben recibir la atención continua de aquellos que buscan seguir a Cristo como Señor en sus diversos esfuerzos educativos.

Para reflexionar y aplicar

1. A partir de Deuteronomio 30-32, ¿qué cuatro criterios deberían utilizarse para evaluar los esfuerzos actuales en la educación cristiana?
2. ¿Cómo ayuda su iglesia a otros a encontrar una nueva vida en Cristo? ¿Qué nuevos programas de alcance podrían mejorar los esfuerzos de evangelización existentes en su iglesia?
3. ¿Cómo sugeriría que su iglesia trabajara para lograr la alfabetización bíblica entre sus miembros? Además de un plan de estudios de escuela dominical con base bíblica, ¿qué otras ayudas para el estudio de la Biblia sugerirías que se introdujeran en su iglesia?

3

Fundamentos del plan de estudios[3]

Robert W. Pazmiño

Una cuestión de interés inmediato al considerar el plan de estudios es la definición. Se han sugerido varias definiciones y concepciones de plan de estudios que reflejan distintas orientaciones de valores y compromisos en el campo. Entre las definiciones sugeridas desde diversas perspectivas se encuentran las siguientes:

1. El plan de estudios es el contenido que se pone a disposición de los alumnos.[4]
2. El plan de estudios es la experiencia de aprendizaje planificada y guiada de los alumnos.[5]
3. El plan de estudios es la experiencia real de un estudiante o de los participantes.[6]
4. En general, el plan de estudios incluye tanto los materiales como las experiencias de aprendizaje. Específicamente, el plan de estudios son los cursos

---

[3] Pazmiño, R. W. (1987). Curriculum foundations. *Christian Education Journal*, 8(1), 31–44.
[4] Dwayne F. Huebner, entrevistado por William B. Kennedy, «From Theory to Practice: Curriculum», *Religious Education*, vol. 77 (Julio-Agosto 1982), p. 363.
[5] John Dewey, *Experience and Education* (New York: Macmillan, 1944), pp. 16,86.
[6] Alice Miel, *Changing the Curriculum: A Social Process* (New York: Appleton-Century-Crofts, Inc, 1946), p. 9.

escritos para el estudio utilizados para la educación cristiana.[7]

5. El plan de estudios es la organización de actividades de aprendizaje guiadas por un maestro con la intención de cambiar el comportamiento.[8]

Algunos teóricos consideran que el plan de estudios es lo que planifican o pretenden los educadores, mientras que la instrucción es lo que realmente experimentan los alumnos. En este caso, lo que se experimenta puede ser muy similar o muy distinto de lo que se planifica o pretende En contraste con los que mantienen esta distinción, mi definición incluye aspectos de la instrucción junto con el plan de estudios tal y como se define más estrictamente Yo defino el plan de estudios como el contenido puesto a disposición de los estudiantes y sus experiencias reales de aprendizaje guiadas por un maestro. Esta definición implica que el maestro debe asumir la responsabilidad en términos de contenido y experiencia en la planificación, implementación y evaluación de la enseñanza.

Para justificar esta perspectiva, son útiles los comentarios de Lois LeBar. Ella observó que el contenido cristiano sin experiencia está vacío, y que la experiencia sin contenido es ciega.9 El reto en la construcción del plan de estudios es fusionar o mezclar tanto el contenido como la experiencia cristiana para que las mentes y las vidas de los estudiantes sean impactadas y transformadas por la verdad de Dios. Un énfasis exclusivo en el contenido en la ortodoxia (creencia correcta) puede ignorar la dimensión esencial de la experiencia cristiana, sin la cual la educación cristiana está vacía. Del mismo modo, un énfasis exclusivo en la experiencia en la ortopraxis (práctica correcta) puede ignorar la dimensión esencial del contenido cristiano, sin el cual la educación cristiana es ciega. Un plan de estudios eficaz es aquel que une el contenido cristiano y la experiencia y, por tanto, es transformador de la vida. Una cuestión clave que hay que plantear es cómo se puede hacer esto.

No existe una fórmula sencilla para lograr una combinación adecuada de contenidos y experiencias, pero se pueden compartir ciertas pautas. El maestro está llamado a conocer y ser sensible a las dimensiones del

---

[7] Iris Cully, *Manning and Selecting Curriculum for Christian Education* (Valley Forge: Judson Press, 1983).

[8] Lois E. LeBar, *Education That Is Christian*, rev. ed. (OldTappan, N.J.: Fleming H. Revell, 1981), p. 211.

[9] Lois E. LeBar, «Curriculum», *An Introduction to Evangelical Christian Education* (Chicago: Moody Press, 1964), p. 89.

contenido y a las diversas experiencias de los alumnos. Gracias a este conocimiento y sensibilidad, el maestro puede adaptar la presentación del material a sus alumnos. Esta combinación implica preocupaciones complementarias por la verdad y el amor en una visión cristiana del mundo. La verdad es el contenido esencial de la enseñanza cristiana, la verdad revelada en las Escrituras a través del ministerio del Espíritu Santo y la verdad discernida en la creación. Toda verdad es la verdad de Dios. El amor es el carácter de la relación y el medio a través del cual se comunica eficazmente la verdad. A los cristianos se les ordena amar y dar testimonio de su fe mediante este amor (Jn. 13:34-35). Las Escrituras mezclan estas dos virtudes en el plan de estudios del ministerio cristiano. En Efesios 4:15, el apóstol Pablo describe la necesidad de decir la verdad con amor. En 2Juan: 1-2, el Apóstol Juan describe su relación con la dama elegida y sus hijos, probablemente refiriéndose a una iglesia y sus miembros. Afirma que ama a estas personas en la verdad por la verdad que vive en ellas. Por lo tanto, para combinar el contenido y la experiencia, el maestro cristiano debe vivir fielmente la preocupación por la verdad y el amor en su plan de estudios.

Una preocupación por la verdad que no está templada por una preocupación igual, por el amor puede llevar a la dureza. Una preocupación por el amor que no está templada por una preocupación igual por la verdad puede llevar a la licencia. En otras palabras, la verdad sin amor se vuelve dura, mientras que el amor sin verdad se vuelve blando. Con demasiada frecuencia, los cristianos evangélicos han proclamado tanto la verdad a un mundo también necesitado de amor, que el mensaje del Evangelio ha quedado desatendido por ser inapropiadamente duro. Del mismo modo, los cristianos liberales han enfatizado tanto el amor a un mundo también necesitado de escuchar la verdad de Dios, que el mensaje del Evangelio ha sido considerado insignificante por ser inapropiadamente blando. Este análisis limitado de los evangélicos y los liberales señala la necesidad desesperada de un plan de estudios equilibrado en el tratamiento justo de estas dos virtudes cristianas esenciales.

Plan de estudios: Metáforas propuestas

Herbert M. Kliebard ha proporcionado un análisis perspicaz de las raíces metafóricas del diseño curricular. En su escrito, identificó tres metáforas que han influido en el pensamiento y la práctica del diseño curricular tanto en la educación general como en la cristiana.10 Estas tres metáforas son las de la producción, el crecimiento y el viaje. Es posible situar estas metáforas a lo largo de un continuo en el que en un polo se enfatiza la dirección del maestro y en el otro polo, la dirección del alumno, como se representa en la Figura 1.

Resulta útil explorar cada una de estas metáforas en su relación con las decisiones curriculares. Cada una de estas metáforas se discutirá en términos de su descripción general, visión del maestro y de la enseñanza, defensores, y posibles puntos fuertes y débiles.

Figura 1

Metáfora	Producción	Viaje	Crecimiento
Énfasis	Dirigido por el maestro	Mutuamente dirigido	Dirigido por el estudiante
Visión de la enseñanza	Ciencia	Ciencia-arte	Arte

La metáfora de la producción

Descripción

El plan de estudios es el medio de producción en la educación; los alumnos son la materia prima que se transformará en un producto acabado y útil bajo el control de técnicos altamente calificados, es decir, los maestro. El resultado de la producción se traza cuidadosamente de antemano de acuerdo con rígidas especificaciones de diseño con la preocupación de eliminar el desperdicio y maximizar la eficiencia. Otros descriptores de este enfoque han sido la educación dirigida por el maestro, o la pedagogía, que se refiere al arte y la ciencia de enseñar a los niños. Los objetivos de aprendizaje de los alumnos en esta metáfora son estructurados de forma competitiva por los maestros con la preocupación de formar a los alumnos en relación con objetivos predeterminados.

---

[10] Herbert M. Kliebard, «The Metaphorical Roots of Curriculum Design», *Curriculum Theorizing: The Reconceptualists*, (Berkeley: McCutchan Pub. Corp., 1975), pp. 84-85.

Visión del maestro y de la enseñanza

El maestro es visto como el escultor o el ingeniero social, que moldea y desmenuza activamente la materia prima de los alumnos. Siempre que sea posible, la enseñanza se considera una ciencia que especifica, mide y combina diversos factores para maximizar el impacto del esfuerzo en la vida de los alumnos.

Defensores

El defensor más fuerte y conocido de esta concepción en la educación general es B.F. Skinner, quien ha subrayado la necesidad de moldear el comportamiento de las personas mediante un condicionamiento o modificación de la conducta cuidadoso y sistemático. Además, ha habido varios defensores en el área del diseño instruccional, como Robert Mager, Robert Gagne y William E. Hug, que han hecho hincapié en la gestión eficiente de diversos elementos educativos. En el área de la formación del plan de estudios, Ralph Tyler desarrolló un razonamiento que es el marco dominante para la planificación y redacción del plan de estudios. Este razonamiento apoya una metáfora de producción en los cuatro pasos básicos de identificación de objetivos educativos, selección de experiencias de aprendizaje apropiadas, organización de experiencias de aprendizaje y evaluación del aprendizaje.[11]

Posibles puntos fuertes y débiles

En relación con el marco de Tyler, es posible identificar siete puntos fuertes y siete puntos débiles. Se justifica un análisis exhaustivo de esta metáfora, dado su predominio en el campo curricular de la educación cristiana.

Puntos fuertes

Este marco ha sido generalmente exitoso y popular dada su racionalidad básica. Se proporciona un orden lógico y secuencial.

---

[11] Ralph W. Tyler, *Basic Principles of Curriculum and Instruction* (Chicago: University of Chicago Press, 1949). Véase también Robert F. Mager, *Preparing Instructional Objectives* (Palo Alto: Fearson Publishers, 1962); Robert M. Gagne, *The Conditions of Learning* (Nueva York: Holt, Rinehart and Winston, 1970); y William E. Hug, *Instructional Design and the Media Program* (Chicago: American Library Association, 1975).

El marco de Tyler no hace hincapié en los detalles minuciosos en la redacción de los objetivos, en comparación con Mager y otros que trabajan en el ámbito del diseño y la tecnología de la instrucción.

Es un modelo potente para los aspectos técnicos del plan de estudios, aquellos que pueden medirse, cuantificarse y evaluarse fácilmente.

Tyler hizo hincapié en una neutralidad o posición libre de valores a la hora de abordar las concepciones contrapuestas de los objetivos. (Esta neutralidad puede ser cuestionada).

Tyler define la educación como el «proceso de cambiar los patrones de comportamiento de las personas». Al hacerlo, utiliza el comportamiento en un sentido amplio para incluir el pensamiento, el sentimiento y la acción.

Tyler considera que el alumno es activo en el sentido de que responde a la información adecuada. Las experiencias de aprendizaje deben equilibrar la disciplina y la libertad. Así, el énfasis de Tyler es distinto del compromiso de Skinner de descontar el lugar de la libertad y la dignidad humanas en la educación.

El razonamiento de Tyler desvió la atención de las pruebas en la planificación curricular, situándola en los objetivos del programa educativo.[12]

Puntos débiles

Philip Jackson, en *Life in the Classrooms* [*La vida en las aulas*], sugiere que la idea de Tyler está demasiado simplificada en relación con lo que realmente ocurre en la enseñanza en el aula. Sostiene que el maestro ordinario está demasiado ocupado para centrarse exclusivamente en los objetivos planificados de antemano. La enseñanza a través de Jackson y, por tanto, la planificación del plan de estudios debe tener en cuenta la naturaleza oportunista de las interacciones en el aula. Dado que el maestro debe trabajar con un alto grado de incertidumbre y ambigüedad, aunque sea una ambigüedad creativa, el razonamiento de Tyler es inadecuado.[13]

La planificación y la aplicación de los planes de estudio es más un arte o un oficio que una ciencia. Por lo tanto, la imposición de un enfoque científico y sistemático no es adecuada para obtener los mejores resultados.

---

[12] Herbert M. Kliebard, «The Tyler Rationale», *School Review*, vol. 78 (Febrero 1970), pp. 259-272.

[13] Philip W. Jackson, *Life in the Classrooms* (Nueva York: Holt, Rinehart and Winston, 1968), pp. 165-166.

El razonamiento de Tyler puede excluir otras consideraciones, como las variaciones de los estilos de enseñanza y aprendizaje de maestros y alumnos, que limitarían la eficacia de la identificación de objetivos comunes para cualquier grupo. Es necesario incluir la capacidad de respuesta, la variedad y la flexibilidad que este marco no fomenta adecuadamente.

La declaración o formulación de objetivos, que es el paso crucial en la justificación de Tyler, puede no fomentar adecuadamente la consideración de los valores y la filosofía propios. Tampoco puede permitir una colaboración adecuada con los demás, incluidos los estudiantes cuando sea apropiado.

Es cuestionable que enunciar los objetivos cuando representan metas externas supuestamente alcanzadas a través de la manipulación de las experiencias de aprendizaje, sea una forma fructífera de concebir el proceso de planificación curricular. Es necesario un enfoque más amplio.

El concepto de experiencia de aprendizaje de Tyler (es decir, la interacción entre el alumno y las condiciones externas del entorno) no aborda las relaciones interpersonales, que son fundamentales para la enseñanza y el aprendizaje.

La evaluación puede ignorar los resultados latentes al concentrarse en los manifiestos y previstos. Los resultados latentes, esas percepciones o resultados imprevistos de la enseñanza que a menudo se describen como aprendizaje incidental, pueden ser tan importantes como los objetivos declarados.[14]

En el otro extremo del continuo de la metáfora de la producción está la metáfora del crecimiento.

La metáfora del crecimiento

Descripción

El plan de estudios es el cuidado rutinario que se proporciona en una situación de invernadero en la que los alumnos crecen y se desarrollan al máximo bajo la sabia y paciente atención del jardinero o maestro. Las plantas que crecen en el invernadero son de todas las variedades, pero el jardinero cuida de cada planta de forma única para que cada una llegue a florecer. A cada persona se le enseña de acuerdo con sus necesidades personales. Los resultados de los alumnos se estructuran de forma

---

[14] Herbert M. Kliebard, op. cit., «The Tyler Rationale».

individual e independiente, siendo la norma la enseñanza individualizada.

La visión del maestro y la enseñanza

El *maestro* es visto como el jardinero que cuida de las necesidades individuales de cada planta o vida en crecimiento. El maestro necesita una gran sensibilidad y perspicacia para maximizar el crecimiento adecuado en los distintos momentos del desarrollo de los alumnos. Se hace todo lo posible para discernir con precisión las características únicas de los alumnos y el plan de tratamiento mejor adaptado para fomentar el crecimiento. La enseñanza desde esta perspectiva se percibe como un arte, similar al paciente arte de la horticultura, el cuidado de viveros o la jardinería.

Defensores

Dado el impacto de la psicología en la educación, el psicólogo Carl Rogers ha sido el más asociado con esta perspectiva. En el propio campo de la educación, los que hacen hincapié en la educación progresiva en la tradición de John Dewey han puesto un énfasis similar en el crecimiento y la crianza.

Posibles puntos fuertes y débiles

Los puntos fuertes de esta metáfora son la atención a las necesidades individuales, la preocupación por los alumnos más allá de sus respuestas y la libertad para destacar las diferencias y los rasgos distintivos. Entre los puntos débiles se encuentran los factores que limitan físicamente la capacidad de individualizar el aprendizaje en varias aulas. Los maestros suelen dirigir su enseñanza a un rango medio de alumnos en cuanto a sus capacidades. El énfasis en el aprendizaje individualizado supone que los alumnos son, hasta cierto punto, autodirigidos y capaces de proseguir las tareas sobre la base de una mayor motivación intrínseca. Esta metáfora puede restar importancia al lugar que ocupan la estructura y la disciplina como requisitos previos necesarios para el crecimiento y la creatividad. El crecimiento en sí mismo puede ser un objetivo inadecuado si está mal orientado y es aleatorio.

La metáfora del viaje

Descripción

Esta metáfora representa un equilibrio entre los enfoques dirigidos por el maestro y por el alumno. Los alumnos son relativamente interdependientes con los maestros, en comparación con la dependencia principal de la metáfora de producción dirigida por el maestro y la independencia principal de la metáfora de crecimiento dirigida por el alumno. Los objetivos de aprendizaje de los alumnos se estructuran de forma cooperativa o colaborativa, lo que supone un grado de responsabilidad por parte de los alumnos. La enseñanza se relaciona con un peregrinaje o ruta que los estudiantes recorrerán bajo la dirección de un guía o compañero experimentado. Cada viajero o estudiante se verá afectado de manera diferente por el viaje, ya que su efecto depende tanto de las expectativas, la inteligencia, los intereses y las intenciones de los viajeros como de los contornos de la ruta y las habilidades del guía. No se hace ningún esfuerzo por anticipar la naturaleza exacta del efecto sobre el viajero. Pero sí se hace un gran esfuerzo por trazar la ruta para que el viaje sea lo más rico, fascinante y memorable posible.

Visión del maestro y de la enseñanza

El maestro es el guía experimentado y el acompañante que cuida y estimula a aquellos con los que viaja. La enseñanza se considera un arte y una ciencia, o un arte-ciencia cooperativa que emplea elementos artísticos y científicos de tal manera que se conservan tanto la creatividad del ámbito del arte como la validez del ámbito de la ciencia.[15]

Defensores

Los teóricos que han hecho hincapié en el lugar de la peregrinación en la vida de las personas, comunicada a través de historias, han apoyado esta metáfora. James Fowler, en el ámbito del desarrollo de la fe, ha destacado el lugar de la peregrinación en relación con el desarrollo o el crecimiento, lo que combina ambas metáforas. Richard Peace, en una de

---

[15] James Michael Lee describe la enseñanza en estos terminus en *The Flow of Religious Instruction* (Dayton, OH: Pflaum/Standard, 1973), pp. 215-221.

sus obras titulada *Pilgrimage* [*Peregrinaje*], también ha hecho hincapié en esta metáfora.[16]

Posibles puntos fuertes y débiles

Esta metáfora es atractiva, dada la naturaleza de cuento o calidad narrativa de la experiencia humana. Los maestros han actuado como guías y acompañantes de los alumnos en la exploración de diversas áreas de estudio. Entre los posibles puntos débiles de esta metáfora se encuentra la necesidad de tiempo para desarrollar relaciones personales entre maestros y alumnos. Este método también supone una medida de creatividad y flexibilidad por parte del maestro para responder a las características únicas del recorrido y de los alumnos.

Decisiones

Una vez examinadas estas diversas metáforas, cabe plantear la siguiente pregunta: *¿Qué metáfora es la mejor y, por lo tanto, debe guiar las concepciones y decisiones sobre el plan de estudios?* No se puede dar una respuesta simplificada. Se requiere sensibilidad en relación con los propósitos, el contenido, las necesidades de los alumnos y los *maestros*, y los estilos. En la enseñanza de una habilidad altamente técnica, la metáfora de la producción estaría justificada. En la enseñanza de una sensibilidad creativa que conlleva un aprendizaje individual, estaría justificada la metáfora del crecimiento. En la enseñanza de un curso de estudio de una materia muy diversa, la metáfora del peregrinaje sería la elección. Una cuestión más amplia que está en juego en la elección de una metáfora o metáforas en la planificación curricular es la cuestión de los valores.

Los valores: Su lugar en la planificación curricular

Un plan de estudios encarna los valores en relación con aquellos conocimientos, actitudes, habilidades y comportamientos que se han elegido para compartir con los alumnos. Cada una de las metáforas anteriormente comentadas encarna determinados valores. Los valores se definen generalmente como concepciones a las que se ha atribuido valor,

---

[16] James W. Fowler, *Stages of Faith: The Psychology of Human Development and the Quest for Meaning* (San Francisco: Harper & Row, 1981) and Richard Peace, *Pilgrimage: A Workbook on Christian Growth* (Los Angeles: Acton House, 970).

interés y bondad. Una vez que los cristianos identifican los valores en la educación que son consistentes con una cosmovisión cristiana y una cosmovisión de la vida, tienen ciertas obligaciones para considerar estos valores en la planificación curricular y la enseñanza. Estas obligaciones son cuatro.[17]

En primer lugar, los cristianos están llamados a un compromiso personal con los valores cristianos.

Los cristianos deben poseer y vivir los valores que profesan. Se trata de un llamado a la integridad en la toma de decisiones y la planificación curricular. Podemos citar tres ejemplos. En primer lugar, si los cristianos afirman el valor de cada individuo como creado a imagen de Dios, deben adaptar o ajustar los estilos de enseñanza para que las distintas personas puedan aprender y aplicar la verdad de Dios de forma coherente con las exigencias de Dios y con sus propios estilos de aprendizaje. Si no es así, la planificación curricular y la enseñanza están sujetas a la imposición inapropiada de contenidos y métodos a los alumnos. En segundo lugar, si los cristianos afirman la visión de un Padre Celestial que disciplina a sus hijos para su beneficio, deben mantener una disciplina y un orden adecuados en la planificación curricular y la enseñanza que beneficien a los alumnos y glorifiquen a Dios. Esta obligación es una tarea especialmente difícil en un contexto social generalmente indisciplinado y desenfrenado que, irónicamente, también lucha contra el abuso de diversos tipos en proporciones epidémicas. En tercer lugar, si los cristianos afirman el potencial creativo de cada persona que ha sido creada con creatividad, deben permitir la expresión creativa y los objetivos expresivos en la planificación curricular. Una adhesión servil a los objetivos de comportamiento en la planificación curricular puede, de hecho, sofocar la libertad y las respuestas abiertas necesarias para la expresión creativa en el aula.

Cabe señalar una segunda obligación en la planificación curricular. Para vivir los valores cristianos, *los cristianos deben traducir sus valores en los propósitos y objetivos del plan de estudios*. A menudo ocurre que los propósitos y objetivos se enuncian sin cuestionar su relación con los valores subyacentes endémicos de una cosmovisión cristiana. El resultado es una experiencia educativa truncada que solo puede pretender ser cristiana de nombre, pero no de fondo. Se pueden citar dos ejemplos desarrollando las implicaciones de dos principios en la educación. Un principio es que toda verdad es la verdad de Dios. Esto implica el propósito de capacitar a los estudiantes para pensar

---

[17] Véase la discusión sobre los valores.

«cristianamente» sobre cualquier área de estudio. También implica el propósito de integrar la verdad en diversas áreas a la verdad de Dios como se revela en la Biblia siempre que sea posible. Un segundo principio es que el amor y la verdad deben estar equilibrados. En el plan de estudios, esto implica el propósito de enseñar la verdad y animar a los estudiantes a amar la verdad. También implica el propósito de fomentar el amor entre el maestro y los alumnos y entre los alumnos. Mientras que estos propósitos pueden ser vistos como simples y asumidos en la planificación curricular, en realidad son profundos y omnipresentes en su impacto.

Una tercera obligación implica *la necesidad de perseguir los valores en los órdenes institucionales de la vida cotidiana*. Estos órdenes institucionales incluyen los del hogar, la iglesia, la escuela, la comunidad, la sociedad y otras agrupaciones. Los valores se privatizan con demasiada facilidad y se pierde su arraigo en nuestras vidas. La vida es inherentemente social y corporativa. Por lo tanto, las instituciones, los grupos y las comunidades encarnan diversos valores que, por desgracia, a menudo no se examinan. Estos valores no examinados pueden ir en contra de los valores y propósitos declarados en el plan de estudios. (A continuación se explica esta obligación en el análisis de «El plan de estudios oculto»).

Una cuarta obligación está relacionada con la necesidad constante de renovación en la formación curricular. Se trata de *la necesidad de reafirmar los valores y objetivos básicos*. Existe el peligro real del «fundamentalismo morfológico» en el plan de estudios. Este término se refiere al hecho de que ciertas formas o estructuras pueden adquirir el carácter de sagradas y, por tanto, exentas de cuestionamiento o examen. Se convierten en fundamentales y esenciales. En el caso del plan de estudios, este peligro implica la necesidad de una evaluación y adaptación constantes. El cambio y la transformación son realidades que hay que tener en cuenta y planificar en el desarrollo de cualquier plan de estudios. Hay que animar a quienes utilizan un plan de estudios a que adapten el material a su grupo y entorno particulares. Sin un cierto grado de flexibilidad y adaptabilidad, un plan de estudios puede resultar fácilmente obsoleto e inapropiado.

El plan de estudios oculto

Los valores se plasman no solo en el plan de estudios explícito, sino en el «oculto». Pero, ¿qué es el plan de estudios oculto? Elizabeth Vallance señala que el plan de estudios oculto identifica los efectos secundarios no académicos y sistemáticos de la educación que se perciben, pero que no pueden explicarse adecuadamente por referencia al plan de estudios explícito. También sugiere tres dimensiones en las que se pueden considerar los aspectos del plan de estudios oculto:

1. El plan de estudios oculto puede referirse a cualquiera de los contextos de la educación, incluyendo la unidad de interacción alumno-maestro, la estructura del aula, todo el patrón organizativo del centro educativo como microcosmos del sistema de valores sociales;

2. El plan de estudios oculto puede tener que ver con una serie de procesos que operan en o a través de las escuelas, las iglesias o los hogares, incluyendo la adquisición de valores, la socialización, el mantenimiento de una estructura social y;

3. El plan de estudios oculto puede abarcar diferentes grados de intencionalidad y profundidad de la «ocultación», que van desde subproductos incidentales y bastante involuntarios de las disposiciones curriculares hasta resultados más profundamente arraigados en la función social histórica de la educación en diferentes comunidades.[18]

¿Cómo se relacionan las ideas de Vallance con la educación cristiana? Los ejemplos de un contexto educativo pueden ayudar. Un colegio evangélico o un seminario teológico pueden mantener los siguientes aspectos de su plan de estudios oculto:

1. Cada persona de la comunidad debe haber tenido una experiencia personal con Jesús como Señor y Salvador.
2. Variar con la escuela, la erudición, el servicio, la disciplina o la piedad es el más alto ideal en el ministerio cristiano.
3. Siendo evangélico, usted no es un liberal que es visto como un enemigo de la fe evangélica.
4. Los graduados de universidades o instituciones evangélicas específicas deben ser reverenciados.

---

[18] Elizabeth Vallance, «Hiding the Hidden Curriculum: An Interpretation of the Language of Justification in Nineteenth-Century Educational Reform», *Curriculum Theory Network*, vol.4 (1973/74): pp. 5-21.

5. Un evangélico fiel es miembro del Partido Republicano o un evangélico pensante es miembro del Partido Demócrata.
6. Con una adhesión cada vez menor, los evangélicos no son comunistas, ni activistas sociales, ni capitalistas de éxito. Los evangélicos son sospechosos si se alinean inadecuadamente en lo político o en lo económico.
7. Los evangélicos son la columna vertebral de la sociedad estadounidense de clase media.
8. La fe evangélica es la fiel encarnación del cristianismo histórico ortodoxo en el mundo moderno.
9. Si Jesús viviera hoy, sería un evangélico.

Estos aspectos del plan de estudios oculto se mantienen en distintos grados y con efectos variados en los alumnos.

Además de estos nueve aspectos, Lawrence Richards, en su análisis de la formación en los seminarios, sostiene que el plan de estudios oculto de la mayoría de los programas también incluye la estructuración conceptual de los contenidos, lo que da lugar a que los estudiantes sean formados para estudiar y dominar las Escrituras de una manera intelectual más que personal o relacional. También incluye un entorno de aprendizaje en gran medida impersonal que se traslada a un estilo impersonal de ministrar después del seminario. Además, el aprendizaje se ve como un conocimiento que repercute en el ministerio al hacer hincapié en la información bíblica en lugar de modelar la vida cristiana. Por último, en el análisis de Richards, la formación en el seminario hace hincapié en que el aprendizaje es principalmente individual y competitivo, excluyendo relativamente los modelos corporativos y cooperativos.19 Las reflexiones de Richards son en general de gran interés, pero la evolución desde 1975 indica un cierto alejamiento del modelo dominante de formación en los seminarios.

Richards sostiene que el plan de estudios oculto es la fuerza educativa más poderosa con la que trata la educación cristiana. Este es el caso no solo en el nivel del seminario sino en todos los niveles de la educación. Esta afirmación se desprende naturalmente de su énfasis en la socialización y la crianza a través de modelos en su teoría de la educación cristiana. De hecho, define el plan de estudios oculto como aquellos elementos de cada entorno en el que los creyentes interactúan

---

[19] Lawrence Richards, *A Theology of Christian Education* (Grand Rapids: Zondervan, 1975), pp. 251-252.

que apoyan o inhiben el proceso de transformación.[20] Para Richards, el proceso de transformación es la esencia de la educación cristiana que comunica la fe cristiana como vida.

En relación con el argumento de Richards, este autor sostiene que tanto el plan de estudios explícito como el oculto requieren la misma atención. Ambos son fuerzas poderosas y deben complementarse mutuamente. El énfasis en el plan de estudios oculto no debe disminuir la preocupación por las dimensiones académicas explícitas del plan de estudios. Del mismo modo, el énfasis en el plan de estudios explícito no debe disminuir la preocupación por el plan de estudios oculto. El educador cristiano está llamado a asumir responsabilidades en ambas áreas y a complementar los énfasis académicos y no académicos siempre que sea posible. Como se mencionó anteriormente en este artículo, tanto el contenido como la experiencia deben ser abordados. Tanto los componentes educativos formales como los informales son materia de planificación curricular. Tanto el plan de estudios explícito como el oculto son las preocupaciones del educador cristiano a la hora de planificar e implementar un programa educativo eficaz.

Plan de estudios: Una visión más amplia (Tito 2)

Un estudio de la mayoría de los planes de estudio impresos revela que un gran número de ellos especifica lo que los estudiantes deben saber, sentir o hacer como resultado de una clase o curso concreto. Esto ha sido el resultado de enfatizar el lugar de los objetivos conductuales en la enseñanza y el aprendizaje. Hay que afirmar la claridad y la especificidad en relación con los propósitos, las metas y los objetivos, pero se sugiere una visión más amplia al explorar los modelos bíblicos. En materia curricular, se puede plantear la siguiente pregunta: ¿Cómo se compara el modelo dominante, que enfatiza la identificación, realización y evaluación de objetivos conductuales, con un modelo implicado en el contexto de un ministerio del Nuevo Testamento? En relación con esta pregunta, Tito 2 ofrece algunas ideas útiles.

> Tú, en cambio, predica lo que está de acuerdo con la sana doctrina. A los ancianos, enséñales que sean moderados, respetables, sensatos, e íntegros en la fe, en el amor y en la constancia. A las ancianas, enséñales que sean reverentes en su conducta, y no calumniadoras ni adictas al mucho vino. Deben

---

[20] *Ibid.*, p. 321.

enseñar lo bueno y aconsejar a las jóvenes a amar a sus esposos y a sus hijos, a ser sensatas y puras, cuidadosas del hogar, bondadosas y sumisas a sus esposos, para que no se hable mal de la palabra de Dios. A los jóvenes, exhórtalos a ser sensatos. Con tus buenas obras, dales tú mismo ejemplo en todo. Cuando enseñes, hazlo con integridad y seriedad, y con un mensaje sano e intachable. Así se avergonzará cualquiera que se oponga, pues no podrá decir nada malo de nosotros. Enseña a los esclavos a someterse en todo a sus amos, a procurar agradarles y a no ser respondones. No deben robarles, sino demostrar que son dignos de toda confianza, para que en todo hagan honor a la enseñanza de Dios nuestro Salvador. En verdad, Dios ha manifestado a toda la humanidad su gracia, la cual trae salvación y nos enseña a rechazar la impiedad y las pasiones mundanas. Así podremos vivir en este mundo con justicia, piedad y dominio propio, mientras aguardamos la bendita esperanza, es decir, la gloriosa venida de nuestro gran Dios y Salvador Jesucristo. Él se entregó por nosotros para rescatarnos de toda maldad y purificar para sí un pueblo elegido, dedicado a hacer el bien. Esto es lo que debes enseñar. Exhorta y reprende con toda autoridad. Que nadie te menosprecie. (Tito 2: 1-15).

Tito era un gentil convertido al cristianismo que se convirtió en compañero de trabajo y asistente de Pablo en su ministerio. La carta de Pablo a Tito lo encuentra en Creta donde tiene la responsabilidad de supervisar el trabajo de la iglesia. Parte de esta supervisión implicaba que Tito enseñara a varios grupos con sus distintas necesidades y responsabilidades. En este pasaje, Tito recibe instrucciones sobre el contenido y los métodos de enseñanza a los distintos grupos de hombres mayores, mujeres mayores, mujeres jóvenes, hombres jóvenes y esclavos. Así, a Tito se le aconseja tanto lo que debe enseñar como la forma de enseñar a cada uno de estos grupos. Había especificaciones por edades junto con directrices generales para el plan de estudios.

En términos generales, se animó a Tito a enseñar a varios grupos a ser algo o algo más. Sin duda, el saber, el sentir y el hacer están implícitos en el llamado a ser, pero la preocupación por ser implica un propósito mayor, una visión más amplia. Tito debía preocuparse por la formación del carácter. Las buenas obras y la conducta debían fluir de la sana doctrina y de la correcta relación de la persona con Dios y con los demás. Hay un lugar definido en la educación cristiana para preocuparse por los valores y las virtudes cristianas que las personas están llamadas a encarnar en sus propias vidas.

Se trata de una visión más amplia que la que la cultura estadounidense suele asociar con el plan de estudios, que a menudo tiene que ver con la formación y los estrechos intereses vocacionales. Tito debía enseñar a los hombres mayores a ser moderados, dignos de respeto, sensatos y sanos en la fe, el amor y la constancia. Tito debía enseñar a las mujeres mayores a ser reverentes en su manera de vivir, a no ser calumniadoras ni adictas al vino, sino a ser maestras de lo que es bueno. Las mujeres jóvenes debían ser enseñadas por las mayores a amar a sus maridos e hijos, a ser sensatas y puras, a ocuparse en el hogar, a ser amables y a estar sujetas a sus maridos. Los hombres jóvenes debían ser enseñados a ser sobrios. Tito, un hombre joven, debía ser un ejemplo haciendo lo que es bueno y mostrando integridad, seriedad y solidez de palabra. Implícitamente, otros jóvenes debían ser alentados a ser como Tito. A los esclavos se les enseñaba a ser sumisos a sus amos en todo, a tratar de complacerlos, a no contestarles y a no robarles, sino a demostrar que se podía confiar plenamente en ellos. Este plan de estudios, incluso en términos de cada grupo de edad, es bastante extenso. ¿Cómo pudo Tito llevar a cabo esta tarea? ¿Cómo pueden los maestros enseñar a otros a ser?

Se pueden sugerir varias respuestas. Al comentar Tito 2, Wilbur Wallis afirmó que la gracia de Dios no solo salva a las personas, sino que también las enseña y adiestra en una vida sobria y piadosa.[21] Esta es una posible respuesta. Todo maestro cristiano puede confesar la necesidad de la gracia de Dios para lograr cualquier resultado en la vida de los alumnos. La gracia de Dios es una realidad no solo a través de las habilidades y sensibilidades de maestros y alumnos en el aula, sino también a través del medio de la oración, ya que todos los participantes confían en la sabiduría y la obra de Dios. Así, la oración y la espera de la obra del Espíritu Santo son elementos esenciales.

Una segunda respuesta posible se sugiere también en el propio texto de Tito. Se anima a Tito a dar ejemplo haciendo lo que es bueno y mostrando integridad, seriedad y solidez. ¿Cómo debía Tito enseñar a otros a ser? Siendo él mismo. Del mismo modo, es de esperar que los maestros animen a los alumnos a ser de un determinado carácter en aquellas áreas en las que ellos mismos encarnan ese mismo carácter. Este ministerio no elimina la posibilidad de que los alumnos superen a sus maestros y manifiesten habilidades y aspectos del carácter más allá de sus ejemplos. Pero los maestros deben ser conscientes de su propio

---

[21] Wilbur B. Wallis, «The Epistle to Titus», *The Wycliffe Bible Commentary* (Chicago: Moody Press, 1962), p. 1395.

ejemplo o modelo a la hora de intentar animar a los alumnos a ser otros de lo que son o de fomentar las virtudes presentes de forma seminal.

Una tercera respuesta vuelve a las dos virtudes cristianas del amor y la verdad que se han destacado antes en el debate sobre la combinación de contenido y experiencia. Pablo instruye a Tito para que «enseñe lo que está de acuerdo con la sana doctrina» (2:1, NVI) y «reprenda con toda autoridad» (2:15, NVI). Tito debía afirmar la norma de la verdad de Dios. Esta norma requería que las personas dijeran no a la impiedad y a las pasiones mundanas para vivir con autocontrol, rectitud y piedad. La preocupación por la verdad implica una lucha seria con las normas de Dios sobre la santidad y la pureza en la vida personal y corporativa. Además de esta preocupación por la verdad, a Tito se le instruye para que anime a varias personas en su necesidad de ser enseñadas y, para que él logre esto de manera efectiva, necesitaba amarlas, un tema que no se aborda aquí pero sí en otras porciones de las Escrituras.

En conclusión, Tito debía enseñar a los demás a serlo confiando en la gracia de Dios, siendo él mismo un ejemplo y enseñando de acuerdo con la verdad y en el amor. Estas son respuestas simples, pero profundas, a las preguntas de cómo animar a otros a estar en Cristo. Vivir estas respuestas requiere los esfuerzos diligentes de un maestro en una relación de trabajo con Dios.

4
Diseño del plan de estudios de educación teológica urbana[22]

Robert W. Pazmiño

El ministerio en las ciudades de los Estados Unidos y en todo el mundo exige los mejores esfuerzos de los educadores teológicos para abordar los desafíos de vincular el Evangelio de Jesucristo con las realidades urbanas.[23] En tales esfuerzos, los educadores deben discernir los distintivos del contexto, las personas y el contenido de la enseñanza que pretenden ofrecer junto con lo que se puede aprender de los esfuerzos anteriores. Una definición de la educación incorpora estos tres elementos de la enseñanza, es decir, **el contexto**, **las personas** y el **contenido**: la educación es el proceso de compartir **contenidos** con **las personas** en el **contexto** de su comunidad y sociedad. En relación con las realidades urbanas, la cuestión del contexto distintivo de la ciudad se identifica como una prioridad debido a su impacto en el diseño de un plan de estudios para la educación teológica.[24] Pero antes de centrarse en

---

[22] Pazmiño, R. W. (1997). Designing the Urban Theological Education Curriculum. *Christian Education Journal*, *1*(2), 7–17.

[23] Se aprecia a todos los participantes del CUTEEP (Programa de Educación Teológica Urbana Contextualizada) La Mesa redonda I que se celebró el 4 de junio de 1995 en Boston, Massachusetts. Su diálogo y debate sobre el tema del diseño del currículo urbano fomentó el desarrollo de mis ideas. Este trabajo apareció originalmente en *The Urban Theological Education Curriculum: Occasional Papers*, eds. Eldin Villafañe y Bruce Jackson, eds. (Boston: CUTEEP, 1996), 13-22.

[24] Para un análisis de los fundamentos curriculares en la educación cristiana, véase Robert W. Pazmiño *Foundational Issues in Christian Education: An Introduction in Evangelical Perspective*, 2da. ed. (Grand Rapids: Baker, 1997), 223-242; y Robert W. Pazmiño, *Principles and Practices of Christian Education: An Evangelical Perspective* (Grand Rapids: Baker, 1992), 91-115 para un debate sobre el contenido educativo en relación con las decisiones curriculares.

las realidades actuales, los esfuerzos históricos para diseñar un plan de estudios de teología urbana deben ser explorados para obtener ideas aplicables a las tareas actuales.

Esfuerzos históricos

¿Qué se puede aprender de los esfuerzos históricos por abordar las realidades urbanas en la teoría y la práctica de la educación teológica? En sus esfuerzos posteriores a la Segunda Guerra Mundial en Estados Unidos, George Younger sugirió que los seminarios teológicos manifestaban una incapacidad e inercia general para responder a la sociedad más compleja que se encuentra en la ciudad. Como resultado de este déficit, la década de los 60 vio la proliferación de una variedad de esfuerzos de formación. Estos esfuerzos, denominados de acción y formación urbana, fueron desarrollados por las juntas misioneras protestantes nacionales y estaban dirigidos a capacitar a las iglesias para responder al desafío urbano.[25] Algunos de estos esfuerzos ignoraron el trabajo de las comunidades de fe de las minorías raciales y étnicas, ya que pretendían fomentar la reflexión teológica sobre la misión y el ministerio de la iglesia cristiana en la ciudad. Pero todos estos avances marcaron la contextualización de la educación teológica, el esfuerzo por ofrecer experiencias educativas relacionadas con las necesidades y demandas de la vida y el ministerio urbanos.

Una enseñanza básica del movimiento de formación en la acción es que hay que dar prioridad al **contexto** en el diseño inicial de un plan de estudios de teología urbana porque se ha ignorado con demasiada facilidad. Dado este énfasis en el contexto, el peligro siempre presente es el del contextualismo, donde el contexto inmediato del ministerio en la ciudad es todo lo que se aborda. El contextualismo da lugar a un reduccionismo que no permite aprender adecuadamente de otros contextos ni atender adecuadamente tanto a las personas presentes como al contenido de la educación teológica. Un enfoque exclusivo en el contexto de la comunidad o la sociedad puede no atender adecuadamente a las personas reales que han venido a aprender y las formas en que pueden o no ser representativas de su contexto particular. La particularidad del contexto debe equilibrarse con una preocupación por el alcance global y universal del evangelio, el contenido cristiano que es central en la educación teológica en la fe cristiana. El contenido

---

[25] George D. Younger, *From New Creation to Urban Crisis: A History of Action Training Ministries 1962-1975* (Chicago: Center for the Scientific Study of Religion, 1987), 3-5.

puede transformar el contexto, al igual que el contexto proporciona un punto de vista distintivo desde el que abordar el contenido.

El movimiento de formación para la acción también hizo hincapié en la misión y la actividad en el mundo urbano. En este sentido, el movimiento encarnó lo que Martin Kaehler observó sobre la misión, es decir, que «la misión es la madre de la teología».[26] Este énfasis en la misión y la acción, al tiempo que se afirma, debe equilibrarse también con una preocupación por la reflexión como componente complementario del proceso educativo. Esta advertencia se recoge en el proverbio educativo: la educación es el mejor maestro. La experiencia debe ser valorada, pero la educación asume la importancia de la reflexión sobre la experiencia y la oportunidad de aprender de la experiencia de otros.[27] La educación teológica también asume la oportunidad de luchar con el lugar de la teología y la teoría, entendiendo que una buena teoría es la más práctica de todas las cosas. Esto es así porque una buena teoría proporciona un medio para orientar y mejorar la práctica y una forma de ver las cosas que, de otro modo, serían ignoradas en un entorno urbano concreto. Esta perspectiva educativa parte de la base de que las teorías que se comparten son realmente buenas. Las buenas teorías responden a las percepciones obtenidas de la práctica en los entornos urbanos y sirven para equipar a las personas que luchan con las realidades urbanas. Permiten a las personas participar en ministerios activos con fuerza y alegría renovadas.

Un esfuerzo histórico digno de mención para diseñar un plan de estudios de seminario que respondiera a la ciudad es el del Seminario Teológico de Nueva York bajo la dirección de George W. Webber.[28] Bajo la dirección de Webber, el Seminario de Nueva York llevó a cabo una reforma en la formación profesional para el ministerio haciendo hincapié en la educación contextual y basada en el campo que incluía a laicos, clérigos y seminaristas. Además, el seminario hizo la educación teológica mucho más accesible a diversas comunidades raciales y étnicas que antes estaban excluidas. Otros desarrollos más recientes son los programas del Consorcio de Seminarios para la Educación Pastoral Urbana (SCUPE) en Chicago y el Centro para la Educación Ministerial

---

[26] Esto está citado por Orlando Costas en «Educación Teológica y Misión», en *Nuevas Alternativas de Educación Teológica*, ed. C. René Padilla (Grand Rapids: Nueva Creación, 1986), 9.

[27] Para un debate sobre el lugar de la experiencia y la reflexión en la educación, véase Robert W. Pazmiño *By What Authority Do We Teach? Sources for Empowering Christian Educators* (Grand Rapids: Baker, 1994), 77-118.

[28] Entre las obras que relatan la historia de esta escuela se encuentran: George W. Webber, *Led By the Spirit: The Story of New York Theological Seminary* (New York Pilgrim, 1990); y Robert W. Pazmiño, *The Seminary in the City: A Study of New York Theological Seminary* (Lanham, MD: University Press of America, 1988).

Urbana (CUME) en Boston. Todos estos esfuerzos han asumido riesgos al explorar planes de estudio alternativos a las formas tradicionales. Sugieren la necesidad de desarrollar un plan de estudios que asuma riesgos al diseñar un plan de estudios para una educación teológica urbana eficaz.

Un plan de estudios que asume riesgos

Una pregunta preliminar es qué se entiende por plan de estudios si se va a diseñar uno que sea apropiado para la educación teológica en el contexto urbano. Una definición práctica de plan de estudios es el contenido que se pone a disposición de los participantes y sus experiencias reales de aprendizaje guiadas por un maestro. Un plan de estudios es el vehículo o el medio a través del cual la visión educativa echa raíces en el contenido real que se ofrece. El contenido planificado y puesto a disposición puede incluir aspectos cognitivos, afectivos y conductuales que sirven para informar y ampliar a los participantes. Un plan de estudios holístico de este tipo busca involucrar la cabeza, el corazón y las manos de los participantes de forma transformadora. El diseño curricular también incluye la delimitación de las experiencias reales que los participantes encontrarán junto a su maestro o maestros. La orientación del maestro supone que la experiencia es algo más que una simple experiencia. Esta orientación exige una experiencia informada y examinada con amplias oportunidades para reflexionar sobre las experiencias compartidas de las personas y para dialogar con la sabiduría heredada y emergente de los demás. Por supuesto, la sabiduría puede ser compartida tanto por los maestros como por los participantes en dicho proceso curricular. Pero la vocación distintiva del maestro es proporcionar acceso a la sabiduría acumulada que puede ser formativa y transformadora de las personas, las comunidades, los sistemas y las estructuras dentro y fuera de la ciudad.

Los riesgos son inevitables en este proceso de intercambio, ya que las personas pueden retomar las realidades urbanas desde perspectivas diferentes a sus respuestas iniciales, que pueden o no ser bienvenidas en sus comunidades y familias de origen. El problema de la traducción y adaptación de los nuevos aprendizajes de vuelta a casa sigue existiendo para los participantes, pero se puede diseñar un plan de estudios que permita un espacio para ese cuestionamiento y la exploración de las tareas de transferencia del aprendizaje. Al reconocer el carácter cambiante de las realidades urbanas, los educadores teológicos pueden anticipar puntos de continuidad y cambio en el desarrollo de las personas, las comunidades y las sociedades que apoyan y se resisten a las posibilidades exploradas en las experiencias educativas. Los riesgos también son inevitables si se fomenta el diálogo genuino en el plan de estudios teológico. La denominación de teología denota un estudio de Dios que se revela en los relatos bíblicos como transformador y reformador de la vida humana como su núcleo mismo. Dicha transformación es una posibilidad en los niveles personal y corporativo de la vida de la ciudad y bien puede esperarse de los exiliados de Dios al buscar el bienestar y la paz de la ciudad en la que son llamados (Jer. 29:7). Como se ha sugerido anteriormente, la planificación de la educación teológica urbana debe tomar en serio el contexto urbano.

El contexto urbano

Gail, de ocho años de edad, ofrece una descripción provocativa del contexto urbano y habla de su vecindario junto con su teología emergente:

> En mi barrio hay muchos tiroteos y tres personas recibieron disparos. Al día siguiente, cuando iba a la escuela, vi un pequeño reguero de sangre en el suelo. Un día, después de la escuela, mi madre y yo tuvimos que esquivar las balas; no tuve miedo. En mi barrio hay una iglesia y una escuela. . . Otro día vi cómo disparaban a un chico llamado Zak por J & B. Por el instituto King dispararon a Susan Harris y murió. Salió en el periódico. Cuando mi madre y yo íbamos a la iglesia podíamos ver el fuego de las armas que se disparaban en el edificio 4414. No tenía miedo... Dios va a volver algún día y juzgará a todo el mundo. No solo mi barrio. Sé que estas son cosas muy malas, pero tengo algunas cosas buenas en mi barrio. Como que a veces mi barrio es pacífico y tranquilo y no hay disparos.... A veces los niños de mi edificio van a la escuela dominical conmigo y con mi madre. Además, el edificio en el que vivo es tan alto que puedo ver el centro y el lago. Es muy bonito. Creo en Dios y sé que un día estaremos en un lugar mejor que el actual.[29]

---

[29] Linda Waldman, ed. *My Neighborhood: The Words and Pictures of Inner City Children* (Chicago: Hyde Park Foundation, 1993) como citado en Marian Wright Edelman, «Cease Fire! Stopping the Gun War Against Children in the United States,» en *Religious Education* 89 (Fall 1994): 461.

En relación con esta descripción, Marian Wright Edelman, del Fondo de Defensa de los Niños, propone que se diseñe un plan de estudios para que:

La educación teológica prepara al clero para el liderazgo y el servicio a los niños y sus familias, tanto dentro como fuera de la congregación. ¿Ofrecen los seminarios cursos sobre las crisis a las que se enfrentan los niños y ayudan a los estudiantes a ver la defensa de los niños como una parte integral de su futuro ministerio? ¿Preparan las instituciones teológicas a los estudiantes para que desarrollen los programas de extensión que deberían ser una parte vital de la presencia de una congregación en la comunidad? Por supuesto, el principal cometido de un seminario es ayudar a los estudiantes a prepararse para atender las necesidades espirituales de los futuros feligreses. Pero ¿qué mejor lugar que los seminarios para plantear las necesidades físicas, emocionales, económicas y de otro tipo— además de las espirituales— de los niños, y ayudar a los estudiantes de teología a considerar el llamado a abogar por los niños pobres y vulnerables, mientras formulan y definen su visión y comprensión del ministerio?[30]

Yo añadiría a esta propuesta la adición de los laicos al clero nombrado debido a la necesidad de educación teológica de todo el pueblo de Dios en la ciudad. Sin embargo, Edelman otorga una alta prioridad a una de las cinco tareas de la iglesia que he identificado como crucial para la educación teológica en la tradición cristiana. Esa tarea es la defensa y se puede sugerir que tanto la defensa como la correspondiente tarea de servicio son las dos tareas clave que sirven para establecer la credibilidad en el contexto urbano. Las otras tres tareas son la proclamación, la formación de la comunidad y el culto, que sirven para distinguir la agenda educativa de la iglesia cristiana de la educación en general.[31] Estas cinco tareas son componentes de la misión cristiana en el mundo y son los dones del Espíritu Santo a la iglesia cristiana cuando vive en el mundo urbanizado en los albores del tercer milenio. El cumplimiento de las tareas de defensa y servicio en la ciudad implica inevitablemente riesgos, pero bien vale la pena asumirlos para marcar la diferencia.

---

[30] Marian Wright Edelman, «Cease Fire!», 478-79.

[31] Para una discusión del modelo de las cinco tareas, véase Pazmiño, *Principles and Practices of Christian Education*, 37-57; y Robert W. Pazmiño, *Latin American Journey: Insights for Christian Education in North America* (Cleveland: United Church Press, 1994), 55-75.

Las características distintivas del contexto urbano pueden incluir su composición multicultural, fragmentada y con dificultades económicas. ¿Cómo influyen estas características en el diseño de los planes de estudio? La dimensión multicultural puede incluir a las personas que son inmigrantes recientes junto con las que han vivido durante muchos años en la ciudad. Esta dimensión multicultural exige un compromiso con la educación multicultural. La educación multicultural es un tipo de educación que se ocupa de crear entornos educativos en los que los participantes de todos los grupos culturales experimenten la equidad educativa.[32] La «equidad educativa» puede definirse en términos de acceso a los recursos educativos, respeto a la diferencia, espacio para ser escuchado, especialmente en la lengua materna, modelos de conducta adecuados y poder compartido para tomar decisiones educativas.[33]

El carácter fragmentado de la vida urbana exige una cuidadosa atención al principio de conexión en el diseño curricular. Se pueden proponer diez posibles conexiones para guiar las relaciones entre las cinco tareas de proclamación, comunidad, servicio, defensa y culto que he elaborado en otros escritos.[34] Pero más allá de estas conexiones, el plan de estudios debe ayudar a los participantes a ver los puentes entre sus experiencias educativas y la vida en las calles de la ciudad. Si no se fomenta este vínculo, la relevancia contextual de la enseñanza y el aprendizaje es sospechosa. La conciencia de las realidades y los retos urbanos debe ocupar un lugar destacado en los problemas y temas elegidos y debatidos.

Una realidad urbana para muchos participantes es la privación económica y la opresión que muchos sufren, lo que exige prestar atención a la cuestión de la supervivencia, que es una preocupación creciente en relación con la descripción de Gail de la violencia que encuentra a diario en su barrio. Esto sugiere para el plan de estudios teológico la necesidad de abordar las realidades sistémicas y estructurales que perpetúan no solo los patrones de privación económica, sino la opresión política y social de diversas formas. Hay que luchar contra las fuerzas, los principados y los poderes del racismo, el sexismo y el clasismo al considerar el contexto más amplio de la vida en la ciudad. Centrarse solo en la ética personal no es suficiente con las exigencias de justicia y paz que requieren la consideración de la ética

---

[32] Véase la obra de Ricardo L. Garcia, *Teaching in a Pluralistic Society: Concepts, Models, Strategies* (New York: Harper & Row, 1982), 8.

[33] Para un análisis más detallado de la educación multicultural y teológica, véase Pazmiño, *Latin American Journey*, 76-122.

[34] Estas diez conexiones se analizan en detalle en Pazmiño, *Principles and Practices of Christian Education*, 91-115.

social. El Evangelio cristiano tiene implicaciones para toda la vida en el contexto urbano y en cualquier otro. Un plan de estudios para la educación teológica urbana debe fomentar el desarrollo de una teología pública que permita a los cristianos ser la sal y la luz en la comunidad y la sociedad más amplia en la que están llamados a vivir como fieles discípulos de Jesucristo. El trabajo pionero de Eldin Villafañe es especialmente instructivo en el ámbito del desarrollo de una ética y una agenda social urbana.[35] No se pueden ofrecer fórmulas sencillas sobre cómo se relaciona la fe cristiana con la vida urbana moderna, pero la tarea educativa consiste en plantear las cuestiones clave con las que deben lidiar los cristianos. Esta lucha supone que las personas cristianas pueden acordar discrepar en algunas cuestiones de política pública.

Personas de la ciudad

El elemento de las personas en el plan de estudios teológico urbano puede considerarse en términos de quién está presente y quién está ausente de la oportunidad educativa. Este elemento se concibe mejor en relación con una definición metafórica del plan de estudios. El plan de estudios puede definirse como el banquete que se ofrece en la mesa común de la enseñanza para que las personas participen. Se plantea entonces la cuestión de quién es bienvenido a la mesa y quién ha sido ignorado. Esta metáfora también considera la necesidad de poner todas las cuestiones educativas sobre la mesa para que todos vean lo que está en juego. Guillermo Cook ha escrito una parábola que recoge este reto de forma gráfica:

Es como si un gran número de personas se apiñaran bajo una gran mesa cargada de comida. Pueden oler la comida, pero todo lo que ven es la parte inferior, la base de la mesa. Solo unos pocos privilegiados están sentados alrededor de la mesa disfrutando de la plenitud de la generosidad de la naturaleza. Algunos son totalmente inconscientes de lo que ocurre debajo de la mesa. Otros son tenuemente conscientes de ello y de vez en cuando pasan algunas migajas a los de abajo. Pero varios banqueteros saben bien quién está debajo de la mesa, pero hacen todo lo posible — y lo peor— por mantener las cosas como están. No quieren que nadie les estropee la comida. Entonces

---

[35] Eldin Villafañe, *The Liberating Spirit: Toward an Hispanic American Social Ethic* (Grand Rapids: Eerdmans, 1993).

una persona entra en la sala. Se acerca a la mesa. Pero en lugar de ocupar su lugar en el asiento de honor, se agacha y se mete debajo de la mesa. Se sienta con los desesperados de abajo y les muestra su amor y preocupación. Con él como jefe, empiezan a tener esperanza. Dios los ama. Dios les tiene reservado algo bueno. Se reúnen en pequeños grupos para cantar, orar y estudiar su Palabra. Con el tiempo, estarán preparados para salir de debajo de la mesa y unirse a los pocos privilegiados en una comida común alrededor de la mesa.[36]

Cómo se pone la mesa, se prepara el festín educativo y se da la bienvenida a todos son decisiones cruciales que repercuten en las personas de la educación teológica urbana. Los que vienen pueden ser los líderes existentes o emergentes de sus comunidades de fe con mucha sabiduría para compartir o traer a la mesa. Es necesario prestar una cuidadosa atención a quienes acuden a la fiesta, reconociendo sus puntos de partida o de entrada únicos en el proceso educativo. Un diálogo genuino que permita un intercambio honesto requiere una apertura y vulnerabilidad por parte de los que ejercen de maestros. También se fomenta el aprendizaje entre iguales, que permite compartir activamente la sabiduría que el maestro o los maestros pueden no tener. Dados los retos del contexto urbano, el proceso educativo debe ser abierto para fomentar el aprendizaje permanente dentro de las redes de relaciones. El carácter biprofesional de gran parte de la pastoral urbana también requiere sensibilidad ante las limitaciones de tiempo con las que pueden lidiar los participantes y la necesidad de fomentar el aprendizaje a través de la práctica o la actividad. Este énfasis también debe estar relacionado con el lugar de la reflexión, como se ha señalado anteriormente, pero la reflexión puede ser de diferentes tipos. Es necesario reconocer la diversidad de dones dentro del Cuerpo de Cristo y el lugar de la interdependencia. Las personas en entornos urbanos, como en todos los entornos educativos, tienen una variedad de estilos de aprendizaje y esto debe ser respetado en el diseño curricular.[37]

---

[36] Guillermo Cook, *Let My People Live: Faith and Struggle in Latin America* (Grand Rapids: Eerdmans, 1988), xiv-xv.

[37] Para un análisis de esta diversidad de estilos de aprendizaje y enseñanza, véase Pazmiño, *Principles and Practices of Christian Education*, 107-109.

Contenido urbano

El contenido de un plan de estudios para la educación teológica urbana debe estar atento a los plan de estudioss explícito, implícito y nulo que sugiere la obra del educador Elliot Eisner. El plan de estudios explícito comprende los eventos declarados y planificados que pretenden producir determinadas consecuencias educativas. Es público y sus metas u objetivos son comúnmente comprendidos por quienes participan en él. Por el contrario, el plan de estudios implícito u oculto incluye las dimensiones sociológicas, culturales y psicológicas de la educación que se captan en lugar de enseñarse intencionadamente. Los aspectos del plan de estudios implícito incluyen la naturaleza de los comportamientos fomentados entre los participantes, el tipo de relaciones fomentadas y los valores enfatizados en la vida común. El plan de estudios nulo es lo que no se enseña. Puede ser tan importante como lo que se enseña porque afecta al tipo de opciones que uno es capaz de considerar, a las alternativas que puede examinar y a las perspectivas desde las que puede ver una situación o un problema. El reto que se plantea con el plan de estudios nulo es que los diseñadores educativos se esfuercen conscientemente por estructurar el plan de estudios de forma que las omisiones sean intencionadas y no se permitan de forma irresponsable.[38]

En cuanto al plan de estudios explícito, se pueden hacer varias observaciones. Al mismo tiempo que se parte de las necesidades expresadas por los participantes, el contenido que se comparta debe llevar a los participantes a enfrentarse a las exigencias de Dios y del Evangelio para sus vidas personales y corporativas. El contenido debe luchar con el llamado a encarnar los compromisos de fe en sus contextos particulares de vida y ministerio. La persona y la obra de Dios Espíritu deben ser honradas y, por lo tanto, permitir el lugar de adoración y celebración que sostengo es central para las cinco tareas de la educación que es cristiana. El plan de estudios urbano también debe capacitar a los participantes para hacer exégesis de su propio entorno cultural a través de un análisis social e histórico que se relacione con la reflexión bíblica y teológica.[39]

En cuanto al plan de estudios implícito en la educación teológica urbana, los diseñadores deben esforzarse por fomentar la formación espiritual de los participantes. El modelado de las relaciones cristianas y el sentido de una comunidad cristiana acogedora es un requisito básico

---

[38] Elliot W. Eisner, *The Educational Imagination: On Design and Evaluation of School Programs*, 2da. ed. (Nueva York: Macmillan, 1985), 87-107.
[39] Para una exploración de estos fundamentos, véase Pazmiño, *Fundamentos de la educación cristiana.*

para una educación teológica fiel. Esto exige el reconocimiento de la presencia de Dios en los demás y el respeto de las diferencias. La sociedad en general asocia con demasiada facilidad la diferencia con la deficiencia, pero esto no puede caracterizar un entorno que se esfuerza por encarnar la integridad cristiana. La preocupación por la verdad cristiana debe estar equilibrada con la demostración del amor cristiano. La preocupación por la verdad se deteriora con demasiada facilidad en la imposición de perspectivas que los participantes deben adoptar a través de su propio estudio y discernimiento en oración en conversación con el revelador de la verdad, el bendito Espíritu Santo. Esto requiere que los diseñadores de planes de estudio y los maestros creen un espacio en el que el Espíritu pueda actuar y que confíen en la oración para que el Espíritu actúe.

Por último, en lo que respecta al plan de estudios nulo, es importante, a modo de evaluación, identificar aquellas perspectivas y procedimientos que no se han abordado y ofrecer recursos y alternativas a los participantes para complementar lo que ha sido su dieta educativa dentro de un programa concreto. Los diseñadores del plan de estudios urbano deben estar atentos a las voces y perspectivas excluidas y proponer formas de acoger a toda la mesa, sin dejar a nadie debajo de la mesa para que reciba solo las migajas que caigan. La perspectiva metafórica de bajo de la mesa puede ser a menudo instructiva con respecto a lo que realmente está sirviendo de base para el diseño curricular.

Fundamentos curriculares

Al escribir a la iglesia de Corinto, el apóstol Pablo comparte su preocupación por las divisiones que había en la iglesia. Estas divisiones no son muy diferentes de la fragmentación a la que se enfrentan los diseñadores de planes de estudio cuando desarrollan planes para la educación teológica urbana:

> Según la gracia de Dios que me ha sido concedida, como un hábil maestro de obras he puesto los cimientos, y otro está construyendo sobre ellos. Cada constructor debe elegir con cuidado cómo construir sobre él. Porque nadie puede poner otro fundamento que el que ha sido puesto; ese fundamento es Jesucristo. Ahora bien, si alguien construye sobre el fundamento con oro, plata, piedras preciosas, madera, heno, paja... la obra de cada constructor se hará visible, pues el Día la revelará, porque

se revelará con fuego, y el fuego probará qué clase de obra ha hecho cada uno. Si lo que se ha construido sobre los cimientos sobrevive, el constructor recibirá una recompensa. Si la obra se quema, el constructor sufrirá pérdidas; el constructor se salvará, pero solo como a través del fuego. (1Cor. 3:10-15)

Este pasaje sugiere la responsabilidad ante Dios de una cuidadosa construcción curricular que discierne el fundamento que es Jesucristo. Un fundamento cristiano proporciona la base no solo para el diseño curricular, sino también para la evaluación del plan de estudios. Desde mi perspectiva como educador, la exhortación de Pablo señala la necesidad de un plan de estudios conectado o integrado que atienda al contexto, a las personas y al contenido de la ciudad. También sugiere la importancia de relacionar el plan de estudios teológico con la misión de la iglesia cristiana tal y como fue encargada por su Señor y Salvador. Una forma de identificar las tareas de esa misión es el modelo de cinco tareas que propuse anteriormente y que incluye la proclamación, la comunidad, el servicio, la defensa y el culto. ¿Cómo podría relacionarse un plan de estudios teológico con cada una de estas tareas?

En un sentido, todos los cursos o asignaturas del plan de estudios deberían atender a estas tareas de una u otra forma. Pero en una aplicación más directa cada una de estas tareas puede expresarse en diversos estudios teológicos. La proclamación es claramente el enfoque de los cursos de predicación y enseñanza en los que las personas se preparan para proclamar la Palabra de Dios a la comunidad urbana con palabras. Esta proclamación de la Palabra de Dios supone que los estudiantes tienen conocimiento y comprensión de la historia cristiana y del contenido de la fe cristiana tal como se ha discernido a lo largo de los tiempos. Este conocimiento y comprensión se obtienen a través de estudios bíblicos, teológicos, históricos y éticos. Además, los cursos que se centran en el ministerio social y todas las formas de teología práctica luchan con la proclamación y la integridad del Evangelio en hechos o acciones además de las palabras.

En relación con la formación de la comunidad, el estudio teológico debe atender a las cuestiones de liderazgo y administración junto con la comprensión del proceso y el cuidado del grupo. Los líderes pastorales y laicos están llamados a ser los formadores y agitadores de la comunidad cristiana, tanto en sus expresiones reunidas como dispersas. Los aspectos importantes del campo, la supervisión y/o el ministerio con mentores permiten a los estudiantes explorar sus habilidades de liderazgo junto con su refinamiento en el fuego de la práctica. El discernimiento de los puntos fuertes y las aristas crecientes ayuda a la formación de líderes que se espera que desarrollen habilidades para trabajar con la diversidad de personas y comunidades en el contexto urbano. A menudo, en los enfoques más tradicionales, una dimensión del plan de estudios nulo es la relación entre la iglesia y la comunidad más amplia.

La tarea del servicio se aborda en aquellos estudios que exploran los diversos aspectos de la teología práctica. Estos aspectos incluyen la asesoría de diversas formas y los ministerios sociales que también incluyen una variedad de expresiones. Resulta útil abordar el «qué» y el «por qué» de la ética social y personal como base para explorar los ministerios diaconales de las iglesias. Los estudios teológicos tradicionales de la Biblia, la teología cristiana y la historia de la iglesia sientan una base para el servicio y pueden proporcionar ejemplos de servicio fiel en los esfuerzos pasados de la iglesia.

La defensa encuentra su expresión más directa en los cursos de ética cristiana, pero también puede estar presente tanto en los cursos de predicación como en los de enseñanza que fomentan posturas sobre cuestiones que afectan al entorno urbano. La interfaz de la reflexión teológica junto con los análisis históricos, sociales, culturales, políticos y económicos proporcionan ocasiones en las que pueden surgir cuestiones de defensa. El Evangelio de Jesucristo tiene implicaciones para toda la vida y la Iglesia cristiana tiene un papel de defensa en todos los contextos, con un reto especial en las ciudades. Es a menudo en las ciudades donde las personas y las comunidades están marginadas y necesitan un defensor. Este ministerio de defensa tiene tres dimensiones, como sugiere el trabajo de Arthur Becker al abordar los efectos de la discriminación por razón de edad. Las ideas de Becker tienen implicaciones para todas las cuestiones de defensa. La defensa requiere la corrección de la injusticia, la búsqueda positiva de la justicia y la prevención de la injusticia.[40] Las cuestiones de justicia y la correspondiente preocupación por la rectitud son temas recurrentes que deben abordarse en un plan de estudios de teología urbana.

La quinta y última tarea es el culto o la celebración. Los cursos que se relacionan directamente con esta tarea son, naturalmente, los cursos sobre el culto, las artes y la liturgia. Pero una preocupación más amplia es ver cómo las preocupaciones por la espiritualidad y la formación espiritual inciden en todos los aspectos de la educación teológica. Los tiempos para la oración, la meditación, el estudio devocional de las escrituras y la expresión de los dones espirituales pueden dispersarse a lo largo del programa educativo. Además, los tiempos regulares para el

---

[40] Arthur Becker, *Ministry with Older Persons* (Minneapolis: Augsburg, 1986), 196.

culto y la celebración son cruciales para los planes de estudio explícitos e implícitos. Estos momentos fomentan el desarrollo de un ethos en la educación teológica que reserva un lugar para la maravilla, el asombro y la reverencia en los actos de enseñanza y aprendizaje. También fomentan la adoración de Dios y la labor continua del Espíritu Santo que busca guiar a la iglesia a toda la verdad (Jn. 16:13). Ciertamente, se pueden dar otros ejemplos posibles de las conexiones entre las cinco tareas y el plan de estudios teológico. Pero estos sirven para ilustrar la importancia de la evaluación en relación con los temas fundamentales.[41]

Conclusión

El diseño de un plan de estudios para la educación teológica urbana es una tarea que requiere valor e imaginación. Como constructores de un plan de estudios de este tipo, los educadores teológicos deben tener cuidado en la forma en que erigen las estructuras educativas sobre el fundamento de Jesucristo y relacionan sus esfuerzos con la misión de la iglesia cristiana en la ciudad. Pero en tal esfuerzo podemos estar seguros de los recursos de Dios para marcar la diferencia, como sugiere el apóstol Pablo, el gran estratega de la misión urbana, en Romanos 8:32: «El que no escatimó a su propio Hijo, sino que lo entregó por todos nosotros, ¿no nos dará también con él todo lo demás?».

---

[41] Para una evaluación educative, véase Pazmiño, *Principles and Practices of Christian Education*, 145-68.

5

Un plan de estudios transformador para la educación cristiana en la ciudad[42]

Robert W. Pazmiño

Hablar de la transformación en relación con un plan de estudios para la ciudad sugiere la importancia de una educación cristiana que vaya más allá de la mera presentación de conocimientos. Un plan de estudios transformador trataría de aplicar el conocimiento (de muchas fuentes) para capacitar a las personas que pueden convertirse en agentes transformadores en la iglesia y en la comunidad en general.[43] Es posible explorar este tema, pero el mayor desafío que queda es realizar la transformación de las vidas y las comunidades en la ciudad de manera que sean fieles al Evangelio de Jesucristo. Mi primera reacción ante el reto mayor es que no es posible una respuesta fiel si confiamos únicamente en nuestras estrategias, planes y recursos. Necesitamos ganar perspectiva respecto a los recursos de Dios para los ministerios de la educación cristiana y aprender de lo que Dios ha estado haciendo en diversos contextos.

---

[42] Pazmiño, R. W. (2002). A transformative curriculum for Christian education in the city. *Christian Education Journal*, 6(1), 73–82.

[43] Esta descripción procede de un taller presentado en la conferencia CUTEEP (Contextualized Urban Theological Education Enablement Program) celebrada del 26 al 28 de marzo de 1998 en Boston, Massachusetts. Expreso mi agradecimiento a los participantes del taller por su diálogo sobre el tema. Este artículo es la continuación de otro anterior. Véase Robert W. Pazmiño, «Designing the Urban Theological Education Curriculum», *Christian Education Journal* 1 NS (Fall 1997): 7-17.

El tema de este trabajo nos obliga a luchar con tres conceptos, cada uno de los cuales ha sido objeto de un amplio debate tanto histórico como actual. Los tres conceptos son la transformación, el plan de estudios y la ciudad. Propongo considerar cada uno de estos tres conceptos en relación con algunos juegos de palabras aliterados. En primer lugar, en relación con la transformación podemos considerar sus términos.

En segundo lugar, en relación con el plan de estudios podemos considerar sus conexiones. En tercer lugar, en relación con la ciudad, podemos considerar sus rincones. Pero, de forma lúdica, muchas palabras pueden relacionarse con la ciudad, incluyendo subtítulos, colores, gritos, ciclos, curiosidades, bordillos, fuegos cruzados, crímenes, credos, locuras, cajas, choques, conflictos, cunas, grietas, compañeros de trabajo, consejos, conversiones, controversias, controles, contratos, contenidos, contactos, construcciones, conectivos, congestiones, confusiones, enfrentamientos, explanadas, concentraciones, cónclaves, convenciones, conferencias, comunidades, comunicaciones, complejos, empresas, compañeros, comisiones, comunes (y «The Commons» en Boston, Massachusetts), comuniones, comodidades, comandos, regresos, combinaciones, colisiones, colectivos, coaliciones, relojes, claustros, limpiezas, aulas, círculos, crónicas, cronologías, acordes, elecciones, coros, capacidades, encantos, personajes, cambios, oportunidades, cámaras, desafíos, ceremonias, centros, bodegas, cavidades, causas, categorías, caucus, cuidados, coches, cuidadores, carillones, carreras, cautivos, cánticos, marquesinas, cánones, campamentos, llamadas e incluso taxis. La elección de «rincones» entre todas estas opciones se relaciona con la obra de David Simon y Edward Burns *The Corner: A Year in the Life of an Inner-City Neighborhood [El rincón: Un año en la vida de un vecindario del interior]* (Broadway Books, 1997). Se trata de una mirada indagadora a la «cultura» de las esquinas de los barrios urbanos realizada por un escritor (autor del premiado *Homicidio* que inspiró la serie de televisión del mismo nombre) y un maestro de escuela urbana (con 20 años previos en un cuerpo de policía de la ciudad).[44]

La transformación y sus términos

El primer concepto «transformación» ha sido objeto de interés actual en todos los ámbitos de estudio. En general, la transformación puede

---

[44] Gabriel Fackre me hizo considerer esta producción en, *Theology and Culture Newsletter* 37 (Advent 1997), 1.

definirse como el proceso de ir más allá de las formas existentes o dominantes hacia una realidad nueva o emergente.[45] Un pasaje de las Escrituras que ofrece una visión especialmente útil sobre la transformación desde mi punto de vista es 2Corintios 3:1-18:

> ¿Empezamos a recomendarnos de nuevo? Seguramente no necesitamos, como algunos, cartas de recomendación para vosotros o de vosotros, ¿verdad? [2]Vosotros mismos sois nuestra carta, escrita en nuestros corazones, para ser conocida y leída por todos; [3]y mostráis que sois una carta de Cristo, preparada por nosotros, escrita no con tinta sino con el Espíritu del Dios amoroso, no en tablas de piedra sino en tablas de corazones humanos. [4]Tal es la confianza que tenemos en Cristo para con Dios. [5]No es que seamos competentes por nosotros mismos para afirmar que algo viene de nosotros; nuestra competencia viene de Dios, [6]que nos ha hecho competentes para ser ministros de un nuevo pacto, no de letra sino de espíritu; porque la letra mata, pero el Espíritu da vida. [7]Ahora bien, si el ministerio de la muerte, cincelado en letras sobre tablas de piedra, vino con gloria, de modo que el pueblo de Israel no podía mirar el rostro de Moisés a causa de la gloria de su rostro, una gloria ahora apartada, [8]¿cuánto más vendrá con gloria el ministerio del Espíritu? [9]Porque si hubo gloria en el ministerio de la condenación, mucho más abunda en gloria el ministerio de la justificación. [10]En efecto, lo que antes tenía gloria ha perdido su gloria a causa de la gloria mayor; [11]pues si lo que se apartó vino por la gloria, ¡mucho más ha venido lo permanente en la gloria! [12]Puesto que tenemos tal esperanza, actuamos con gran audacia, [13]no como Moisés, que puso un velo sobre su rostro para impedir que el pueblo de Israel contemplara el final de la gloria que se estaba apartando. [14]Pero sus mentes se endurecieron. De hecho, hasta el día de hoy, cuando escuchan la lectura del antiguo pacto, ese mismo velo sigue ahí, ya que solo en Cristo se aparta. [15]En efecto, hasta el día de hoy, cuando se lee a Moisés, un velo se extiende sobre sus mentes; [16] pero cuando uno se vuelve al Señor, el velo se quita. [17]Ahora bien, el Señor es el Espíritu, y donde está el Espíritu del Señor, hay libertad. [18]Y todos nosotros, con los rostros descubiertos, viendo la gloria del Señor como si

---

[45] Robert W. Pazmiño, *Latin American Journey: Insights for Christian Education in North America* (Cleveland: United Church Press, 1994), 55. Véase también el capítulo 3 de esta obra para un análisis de la «Educación cristiana transformadora», 63.

se reflejara en un espejo, nos vamos transformando en su imagen de un grado de gloria a otro; porque esto viene del Señor, el Espíritu.

En este pasaje, Pablo describe cómo funcionan los ministros del nuevo o segundo pacto y cómo la transformación se convierte en una posibilidad.

Segunda de Corintios es una carta que aborda una serie de cuestiones relacionadas con el ministerio de la enseñanza y, por ende, con la educación teológica. Es conocida por ser una carta desarticulada en cuanto a sus argumentos, no muy diferente a la ambigüedad creativa que uno puede enfrentar en un salón de clases o en un ambiente ministerial. Los conflictos y los problemas caracterizan el entorno de Corinto, con diferentes estilos y diversos elementos que interactúan. Esto no es diferente a la enseñanza con diversos estilos de aprendizaje y perspectivas representadas y las diversas corrientes que uno encuentra en las ciudades hoy en día. El punto principal de este pasaje es reconocer que el Espíritu Santo es el agente de transformación en toda la vida, tanto en la vida corporativa como en la personal. La obra del Espíritu incluye ciertamente la vida de la mente como foco principal, pero no exclusivo, de la educación. La transformación propuesta en este capítulo exige distinguir las nuevas formas de la fe cristiana de sus raíces en el judaísmo.

En el versículo 3 de este pasaje, se compara a las personas con una carta escrita con el Espíritu del Dios vivo en tablas de corazones humanos. La relación del corazón con la mente es un área a considerar en la planificación curricular. El interés por el corazón también se relaciona con la preocupación de los cristianos por el alma y el espíritu de las personas. El gran educador judío Abraham Joshua Heschel observó que «educar significa cultivar el alma, no solo la mente. Se cultiva el alma cultivando la empatía y la reverencia por los demás, llamando la atención sobre la grandeza y el misterio de todo el ser, sobre la dimensión sagrada de la existencia humana, enseñando a relacionar lo común con lo espiritual».[46] No se pueden proponer fórmulas fáciles sobre cómo hacerlo, dadas las dotes de fe y las sensibilidades distintivas de cada educador cristiano, pero la preparación del alma o del espíritu de cada uno creo que es fundamental para una educación cristiana transformadora. El arte de la enseñanza y la preparación para la práctica

---

[46] Abraham J. Heschel, «The Values of Jewish Education». *Proceedings of the Rabbinical Assembly of America* 26:29, como citado en Shulamith Reich Elster, «Learning with 'The Other.' New Perspectives on Distinctiveness.» *Religious Education* 91 (Otoño 1996), 571.

de este arte exige la nutrición del espíritu y del alma del maestro en comunión con Dios y una llenura diaria del Espíritu Santo. La llenura se produce al invitar al Espíritu a actuar en la propia vida y al esperar pacientemente al Espíritu, que se mueve como el viento y sopla donde quiere (Jn. 3:8). Isaías 50:4 sugiere que la espera paciente requiere escuchar: «El Señor Dios me ha dado lengua de maestro, para que sepa sostener al cansado con una palabra. Mañana tras mañana despierta mi oído para escuchar como los que son enseñados». Tal escucha implica reverencia.

Robin Smith, educador cristiano, sostiene que la enseñanza de la reverencia es una necesidad tanto teológica como educativa. Smith considera que la reverencia es un sentimiento de profundo respeto mezclado con asombro y afecto. Propone cuatro principios teológicos que pueden marcar la diferencia en la planificación y la práctica de la enseñanza. Los cuatro principios son la *vulnerabilidad, la creatividad, la gracia* y el *diálogo*.[47] Antes de enseñar la reverencia a sus alumnos, los educadores teológicos están llamados a cultivar una reverencia por Dios en su caminar diario y a atender a los movimientos del Espíritu de Dios que trae refresco y renovación al espíritu humano.

Aplicado a los educadores cristianos, se les pide que sean *vulnerables* a Dios a través de la oración y la meditación mientras planifican; que estén abiertos a las posibilidades *creativas* que previamente se consideraron y que pueden comprometer la *creatividad* de los participantes; que sean receptivos a la *gracia* de Dios en sus diversas formas en sus propias vidas y en las vidas de sus estudiantes que pueden ser compartidas en la propia enseñanza; y que planifiquen el *diálogo* en la propia enseñanza que requiere tiempo y espacio suficientes.

En el versículo 6, la vida misma se asocia con el Espíritu en contraste con la confianza en la letra que no da lugar a la vida. En la preparación de la enseñanza, los maestros y los planificadores curriculares deben considerar cómo el contenido propuesto afecta a la vida, a la vida de los alumnos y a la vida de los maestros. En este sentido, el maestro de educación cristiana puede considerar las conexiones que pueden establecerse con la vida, y en particular con la vida urbana.[48]

El versículo 8 describe el ministerio del Espíritu como uno que viene en gloria, con la gloria asociada a la presencia de Dios y la revelación que emite el honor y la alabanza a Dios. Este es el potencial de

---

[47] Robin Smith, «Teaching Reverence: A Theological and Educational Necessity,» *Christian Education Journal* 15 (Spring 1995): 64-70.

[48] El principio de organización de la conexión se analiza en detalle en la obra Robert W. Pazmiño, *Principles and Practices of Christian Education: An Evangelical Perspective* (Grand Rapids: Baker, 1992).

cualquier área de estudio teológico que explore la maravilla y la majestuosidad de la creación de Dios que incluye reflejos de Dios en las ciudades del mundo. Dios actúa en el mundo urbano y podemos preguntarnos cómo reconocemos y celebramos la actuación de Dios en la ciudad.

El versículo 17 afirma que «el Señor es el Espíritu y donde está el Espíritu del Señor hay libertad». La libertad de indagación y de pensamiento es uno de los rasgos distintivos de una enseñanza eficaz en la educación cristiana, ya que los alumnos desarrollan su capacidad de pensamiento crítico. En la preparación de la enseñanza y en la planificación de un plan de estudios, este ideal puede traducirse en tiempos para considerar diversas perspectivas y dialogar con el planteamiento de preguntas críticas para su consideración que se relacionan con el entorno urbano y sus diversas corrientes cruzadas.

El verso 18 menciona la posibilidad de transformación que es intrínseca al llamado a enseñar, donde las mentes, los corazones y los espíritus de los participantes abrazan nuevas posibilidades para ellos mismos y para la comunidad en general.

Más allá de las ideas de 2Corintios, los maestros pueden reconocer que el Espíritu puede estar iluminando sus mentes en sus esfuerzos diarios. El pensamiento normal, e incluso en algunos casos anormal en un sentido profético, puede ser visto como un don de Dios para la educación cristiana. A través de la preparación diaria en el estudio para la enseñanza y la reflexión sobre el qué, el por qué, el dónde, el cuándo y el cómo de un plan de estudios, los maestros pueden reconocer la presencia y la iluminación del Espíritu de Dios.[49] Richard Baxter (1616-1691), el pastor presbiteriano inglés del siglo XVII y capellán del rey Carlos II, afirmó esta visión de la enseñanza en su *Autobiografía* cuando observó: «Después me di cuenta de que la educación es el camino ordinario de Dios para la transmisión de su gracia, y no debe oponerse al Espíritu más que la predicación de la Palabra».[50] La preparación ordinaria para la enseñanza y la planificación curricular, cuando el maestro piensa en las opciones y la progresión normal del aprendizaje de los alumnos, pueden ser una expresión de la gracia, el cuidado y la providencia de Dios en la situación humana, en el entorno urbano. Por supuesto, el maestro no debe aplastar la visión extraordinaria que el Espíritu de Dios pueda sugerir o suministrar.

---

[49] El lugar del estudio y la reflexión en la enseñanza se discute en Robert W. Pazmiño, *By What Authority Do We Teach? Sources for Empowering Christian Educators* (Grand Rapids: Baker, 1994), 97-118.

[50] Como citado por John M. Mulder, «Conversion», en *Harper's Encyclopedia of Religious Education*, eds. Iris V. Cully y Kendig B. Cully (San Francisco: Harper & Row, 1990). 163.

Mi propia práctica es mantener un bloc de papel en blanco y un lápiz en la mesilla de noche junto a mi cama para las ideas inspiradoras que pueden surgir en distintos momentos de la noche. Prefiero el lápiz al bolígrafo para poder borrar algunos apuntes que no deben ver la luz del día. Pero el maestro no debe descartar la presencia de la inspiración del Espíritu en el proceso ordinario de seguir un plan de estudios publicado y desarrollar planes de lecciones que guíen sistemáticamente a los estudiantes hacia un nuevo territorio, que fomenten el diálogo con los estudiantes en relación con los desafíos del ministerio urbano, y que permitan un tiempo significativo para escuchar activamente a los estudiantes y lo que están aprendiendo.

La exploración de la transformación y sus términos en la educación cristiana nos lleva, como cristianos, a afirmar que el Espíritu Santo es el agente esencial de la transformación, como se describe en 2Corintios 3. La pregunta que se plantea un educador cristiano es *cómo ponemos la mesa para el Espíritu Santo en nuestro plan de estudios.*

El plan de estudios y sus conexiones

¿Qué se entiende por plan de estudios y qué conexiones se pueden sugerir para que un plan de estudios fomente la transformación en la vida de las personas llamadas a servir a Cristo en las ciudades de este mundo?

Defino el plan de estudios como el contenido que se pone a disposición de los estudiantes o participantes y sus experiencias reales de aprendizaje guiadas por un maestro.[51] Esta definición supone que el educador cristiano se responsabiliza del contenido y la experiencia de los participantes en la preparación, instrucción y evaluación de la enseñanza.[52] ¿Cómo es esto posible? ¿Cómo puede el educador cristiano trabajar en colaboración con el Espíritu Santo para fomentar el proceso de transformación? La obra de James Loder es especialmente útil para considerar el proceso de transformación y sus implicaciones educativas. Sin embargo, en mi definición de plan de estudios hay que considerar primero la cuestión del contenido. El contenido en este caso incluye la cabeza, el corazón y las manos de los participantes. Por lo tanto, las dimensiones cognitiva, afectiva e intencional/conductual de las personas

---

[51] Robert W. Pazmiño, *Foundational Issues in Christian Education: An Introduction in Evangelical Perspective* 2da ed. (Grand Rapids: Baker, 1997), 224.

[52] Las tres fases de la enseñanza (preparación, instrucción y evaluación) se exploran en Robert W. Pazmiño, *Basics of Teaching for Christians: Preparation,, Instruction and Evaluation* (Grand Rapids: Baker, 1998).

se tienen en cuenta a la hora de planificar un plan de estudios que conecte con la vida de las personas y las comunidades de la ciudad. El conjunto o la totalidad de las personas es la preocupación de la oración del educador cristiano y el cuidado debe ejercerse en todas estas áreas al planificar y aplicar un plan de estudios.

El trabajo de James Loder ayuda a esbozar los distintos pasos que intervienen en los momentos de transformación que pueden facilitarse a través de un plan de estudios y la instrucción real que se desprende de él. Los cinco pasos que identifica Loder son: el conflicto en el contexto; el interludio para la exploración; la percepción sentida con la fuerza intuitiva; la liberación y el repateo; y la interpretación y la verificación.[53]

El primer paso de la transformación sugiere que los educadores cristianos pueden ayudar a las personas planteando realmente conflictos y problemas o suscitando cuestiones que no habían sido consideradas previamente por ellas. El educador también está llamado a permitir que se nombren los conflictos y que surjan, de modo que se hagan evidentes para los participantes los puntos de incoherencia y fragmentación con las comprensiones que se tenían anteriormente. Esto sugiere que las contradicciones y las paradojas son apropiadas para ser consideradas en la tradición de Jesús, quien las presentó a sus oyentes a través de su enseñanza. Este primer paso también sugiere un plan de estudios de planteamiento de problemas para la educación teológica que Paulo Freire propuso en su obra *La pedagogía del oprimido*.[54] A partir de mi experiencia en la pastoral juvenil en East Harlem, Nueva York, fui llamado a ir más allá de mis oraciones para ir a la corte y abogar por los jóvenes allí. También me llamaron a abrir mi casa los fines de semana para los jóvenes que experimentaban conflictos en sus hogares y, en una ocasión, a viajar a Brooklyn desde Manhattan a medianoche para recibir asesoría en caso de crisis. Los enfoques tradicionales que solo se centraban en actividades en el edificio de la iglesia tenían que cambiar para satisfacer las necesidades de la juventud urbana y sus familias.

En el segundo paso, el educador cristiano puede sugerir fuentes que los alumnos pueden utilizar en su exploración o búsqueda para que puedan descubrir nuevas perspectivas sobre la situación a la que se enfrentan. Esto puede incluir ciertamente la interacción con ministros urbanos eficaces de una variedad de entornos. En términos de metáfora musical, esto sugiere el lugar de la improvisación que es distintivo de la música de jazz. El educador puede animar a los alumnos a «improvisar»

---

[53] James E. Loder, *The Transforming Moment: Understanding Convictional Experiences*, 2da. ed. (Colorado Springs: Helmers & Howard, 1989), 3-4.

[54] Paulo Freire, *The Pedagogy of the Oppressed*, traducido por by Myra Bergman Ramos (New York: Continuum, 1970).

en el sentido de juego y creatividad en la exploración. Los estudiantes necesitan el permiso y el modelo de los educadores y los profesionales urbanos para hacer esto en sus experiencias educativas. Ejemplos de interludios para tal exploración vinieron de un curso de liderazgo juvenil los sábados por la mañana impartido en un instituto denominacional con un antiguo joven que estaba comenzando sus estudios en el seminario y una formación de 6 semanas en mi casa con 12 personas que incluía la planificación de un evento musical con tres grupos de jóvenes de la iglesia y cantantes/músicos hawaianos. Este evento reunió diversas tradiciones denominacionales y culturales y nuevas fuentes.

En el tercer paso, el educador fomenta el uso de la intuición y confirma las ideas emergentes que los alumnos se animan a explorar. En este paso, el educador honra la sorpresa y el deleite del Espíritu cuando los alumnos se lanzan a una corazonada o a una intuición para afrontar los retos de la vida y el ministerio urbanos. Los participantes en la formación de seis semanas dieron ejemplos de intuiciones, entre las que se incluyen tres personas que cursaron estudios de teología y otros alumnos que formaron un equipo de pastoral juvenil en la iglesia local.

El cuarto paso de la liberación y la redistribución requiere que el educador teológico proporcione espacio y libertad para que las personas vean y exploren alternativas y presentimientos iniciales. Parker Palmer sugiere que enseñar es crear un espacio en el que se practica la comunidad de la verdad.[55] En la escuela de teología en la que enseño, fomentar la liberación y la re-esquematización implica animar a los estudiantes a descubrir su propia voz y a lanzarse en áreas inexploradas mientras se apropian de la herencia de una disciplina teológica y proponen nuevas posibilidades e integración en varias áreas de estudio. En ocasiones, y especialmente en el caso de los adultos jóvenes, esto requiere que las personas vayan más allá e incluso critiquen constructivamente a sus mentores como medio para ganar cierta independencia antes de explorar puntos de interdependencia con una tradición eclesiástica, escuela teológica o comunidad religiosa concreta. Un ejemplo de este paso proviene de una estudiante que trabajaba con residentes de Alzheimer y que vio la necesidad de desarrollar recursos curriculares para personas que otros pensaban que no podían aprender juntos de manera significativa. Ella demostró que los demás estaban equivocados.

El quinto paso de interpretación y verificación en la comprensión de Loder de la transformación sugeriría para el educador cristiano un

---

[55] Parker Palmer, *To Know As We Are Known: Education as a Spiritual Journey* (San Francisco: Harper San Francisco, 1993), xii.

ministerio de confirmación que anime a los estudiantes a compartir sus descubrimientos verbalmente y/o por escrito como una revelación pública de sus nuevos entendimientos. Este intercambio público sirve para continuar con el proceso de transformación, ya que pueden revelarse nuevos problemas y conflictos, pero también confirma de forma directa las percepciones y perspectivas emergentes como propias. Este quinto paso sirve para completar la apropiación personal de la transformación, del mismo modo que el testimonio público de la nueva fe en Jesús fomenta el sentido de la identidad cristiana. Los ejemplos de este quinto paso provienen de las presentaciones, propuestas, documentos y artículos de los estudiantes a lo largo de los años que han hecho públicos y compartido los conocimientos de sus descubrimientos.

La ciudad y sus rincones

Al explorar la ciudad y sus rincones, nos centramos en el contexto de la educación cristiana. También sugerimos que la cultura de las esquinas para un plan de estudios transformador debería poner en conexión a la iglesia y su comunidad; a nivel local, regional, nacional e internacional en círculos cada vez más amplios.

La descripción de la transformación señala el fondo: capacitar a personas que puedan convertirse en agentes transformadores en la iglesia y la comunidad. ¿Cómo podemos fomentar esta realidad a través de la educación cristiana? La pregunta del cómo ha fascinado a los educadores a lo largo de los años.

Pero antes de abordar esta cuestión esencial, me gustaría discrepar con una palabra alternativa que a menudo se sugiere para sustituir a «potenciar» en la primera frase de este artículo. La palabra que a menudo se propone como sustituto es «producir». La palabra «producir» sugiere una metáfora de producción para la enseñanza. Se trata de una metáfora popular y prominente para la planificación curricular, pero es una metáfora que debemos cuestionar.

Existen tres metáforas dominantes para la planificación curricular, identificadas por Herbert Kliebard, de las que hablo en uno de mis trabajos.[56] Básicamente son las metáforas de la producción, el crecimiento y el viaje o peregrinaje. Cada una de las metáforas sugiere un proceso y unos valores distintos para la educación cristiana para y en la ciudad.

---

[56] Pazmiño, *Foundational Issues, 2da. ed.,* 229-34.

La metáfora de la producción propone un proceso cuidadosamente diseñado que moldea a las personas de forma precisa para que funcionen como agentes transformadores. Esta metáfora valora el control, la eficiencia y la formación rigurosa que puede predecirse fácilmente y perfilarse secuencialmente a lo largo del tiempo. En la jerga popular, esto es «hacer las cosas bien». Podemos preguntarnos: ¿Cómo somos buenos administradores de los recursos de Dios en nuestros esfuerzos de formación y animamos a los alumnos a hacer lo mismo?

La metáfora del crecimiento propone un proceso individualizado que permite a las personas discernir sus dones espirituales y contribuciones distintivas que se desarrollan en planes personales de aprendizaje y transformación. Esta metáfora valora la creatividad, la individualidad y la autodirección bajo supervisión. En la jerga popular esto es «hacer lo tuyo», es decir, lo que Dios le ha dado a usted personal o individualmente para hacer. Podemos preguntar a nuestros alumnos: ¿Qué es lo que Dios le llama a hacer personalmente?

La metáfora de la peregrinación, el viaje o la travesía propone un proceso mutuamente dirigido que fomenta los esfuerzos de cooperación y colaboración para la organización y la transformación comunitarias. Esta metáfora valora mucho las perspectivas divergentes, la propiedad comunitaria y los esfuerzos conjuntos. En la jerga popular, se trata de «hacerlo juntos con otros». Podemos preguntar: ¿Dónde y cómo llama Dios a la gente a asociarse en la ciudad?

Otra cuestión a tener en cuenta es si es posible descubrir un terreno común desde el punto de vista educativo con estas tres metáforas en funcionamiento. En otras palabras, ¿qué ocurre cuando las tres se encuentran en la esquina de la ciudad? En el lugar donde crecí, en la esquina de Glenwood Road, East 27th Street y Amesfort Place, en el sector de Flatbush de Brooklyn, Nueva York, mis amigos y yo jugábamos en una zona de seguridad formada en esta intersección de esas tres calles frente a un edificio de forma triangular. Esta intersección era el escenario de nuestros partidos de juegos con balones y, antes de romper demasiadas ventanas del edificio triangular, de softbol. De la misma manera que ocurrieron muchas cosas en esta esquina de la ciudad para mí y mis amigos, el potencial de transformación espera a aquellos que juegan educativamente en la intersección de las tres metáforas curriculares. ¿Cómo es posible?

Para mí, la educación es un proceso de compartir contenidos con las personas en el contexto de su comunidad y sociedad.[57] Los tres elementos de la educación son el *contenido, las personas* y el *contexto.*

---

[57] Pazmiño, *By What Authority?*, 78.

La metáfora de la producción se centra en el contenido, la materia de la educación, y sugiere una ordenación lógica o temática del plan de estudios. La metáfora del crecimiento hace hincapié en las personas individuales que participan y en sus necesidades e intereses, y sugiere una ordenación psicológica o existencial del plan de estudios. La metáfora del peregrinaje hace hincapié en el contexto de la comunidad y la sociedad y sugiere una ordenación cultural o sociológica del plan de estudios. Las tres metáforas o perspectivas tienen algo que enseñarnos a la hora de encarnar un plan de estudios transformador para la ciudad. Al adoptar cualquiera de ellas, el educador debe ser consciente de los peligros del reduccionismo.[58] Sin embargo, los educadores también pueden considerar una cuestión adicional: *¿Qué otras metáforas, además de la producción, el crecimiento y la peregrinación, podrían proponerse?*

Para volver a la pregunta del cómo, necesitamos explorar lo que el Espíritu de Dios nos está enseñando sobre las posibilidades de una educación cristiana transformadora. ¿Qué está sucediendo en las esquinas de las ciudades donde los cristianos están marcando la diferencia? ¿Cómo ha sido su educación cristiana, la educación teológica del clero y de los laicos, la educación teológica de todo el pueblo de Dios, un factor de apoyo a su ministerio? (También debemos preguntar: ¿Cómo ha sido un obstáculo?) Sus historias deben ser contadas y relatadas junto con los desafíos que plantean para el futuro. ¿Qué diferencia, si es que hay alguna, hizo su educación cristiana en sus vidas y en su ministerio? Tal vez, una pregunta más cercana para algunos de nosotros es ¿qué diferencia, si es que hay alguna, hizo nuestra educación teológica en nuestras vidas y ministerios?

En conclusión, el reto de un plan de estudios transformador para la ciudad puede captarse en una idea de un honrado maestro de la iglesia. Agustín reflexionó sobre las ciudades de Dios y del hombre. Observó: «Un espíritu amoroso enciende a otro espíritu». Ese tipo de fuegos, apoyados por una enseñanza fiel y un plan de estudios que esté abierto al cambio mientras sostiene las continuidades, puede ser transformador para la ciudad. Esos fuegos pueden proporcionar una alternativa redentora a otros fuegos que a menudo se producen como expresión de rabia en nuestras ciudades.[59]

---

[58] Este peligro se analiza en detalle en Pazmiño, *Principles and Practices of Christian Education*

[59] La expresión de la rabia puede entenderse, si no apoyarse, como una respuesta a las indignantes condiciones en las que la gente tiene que vivir en muchos centros urbanos.

6

Enseñar en el nombre de Jesús[60]

Robert W. Pazmiño

Enseñar en nombre de Jesús exige una reflexión bíblica y teológica sobre lo que esto significa realmente para los cristianos en los entornos contemporáneos. Este artículo explora este significado considerando cinco virtudes cristianas que caracterizaron la enseñanza de Jesús y que pueden guiar los esfuerzos educativos de los cristianos a través de los tiempos. Si bien se afirma que Jesús fue un maestro ejemplar, la vocación particular de los discípulos de Jesús, tal como se demuestra en el libro de los Hechos, es enseñar en el nombre, el espíritu y el poder de Jesús. Este artículo trata de la primera dimensión de la enseñanza en el nombre de Jesús, reservando la enseñanza en el espíritu y el poder de Jesús para un debate posterior.

Como maestro con vocación de pensar y practicar la enseñanza en la tradición cristiana, me fascina cómo las Escrituras describen el ministerio de la enseñanza. La enseñanza cristiana se describe como enseñar «en el nombre de Jesús». La frase «en el nombre de Jesús» aparece en varios pasajes del Nuevo Testamento y se asocia a una serie de actividades. Estas actividades incluyen venir y guiar (Mt. 24:5), orar o pedir (Jn. 14:13, 14; 15:16; 16:23-24, 26), proclamar (Lc. 24:47; Hch. 8:12), hablar o predicar (Hch. 9:27), glorificar (Ap. 15:4), reunir (Mt. 18:20), recibir o dar la bienvenida (Mateo 18:5), llevar o traer

[60] Pazmiño, R. W. (2008). Teaching in the name of Jesus. *Christian Education Journal*, 5(1), 171–188.

(Apocalipsis 18:6). 18:5), llevar o traer (Hechos 9:15), profetizar (Mt. 7:22), alabar (Hch. 19:17), sanar (Hch. 3:6), creer (Jn. 20:31), bautizar (Mt. 28:19), ungir (Stg. 5:14), expulsar demonios (Mc. 9:38; Lc. 9:49), vivir (Jn. 20:31), morir (Hch. 21:13) y enseñar (Hch. 4:18; 5:28). Me pregunto qué puede significar para los cristianos de hoy enseñar en el nombre de Jesús.

Hacer algo en nombre de otra persona supone que uno tiene autoridad y que está sirviendo de forma representativa. Enseñar en nombre de Jesús o invocar su nombre es a la vez una gran responsabilidad y un claro privilegio. La responsabilidad se señala de forma llamativa en Santiago 3:1: «No debéis ser muchos los que os hagáis maestros, hermanos míos, porque sabéis que los que enseñamos seremos juzgados con mayor rigor». El privilegio se sugiere en Mateo 28:18-20, que puede verse como una comisión educativa que promete la autoridad, el poder y la presencia de Jesús para hacer discípulos y enseñarles a obedecer todo lo que Jesús mismo ordenó.

La enseñanza en el nombre de Jesús se señala o está implícita en los relatos de Lucas/Hechos sobre el ministerio de los discípulos de Jesús (Lc. 24:47; Hch. 4:17-18; 5:28, 40) si se incluye tanto la predicación como la enseñanza en la proclamación del Evangelio. Raymond Abba, al describir el significado de un nombre, indica que en «el pensamiento bíblico un nombre no es una mera etiqueta de identificación; es una expresión de la naturaleza esencial de su portador» (Abba, 1962, p. 500). ¿Qué significa llevar el nombre de Jesús en nuestra enseñanza como en otras actividades ministeriales? Como cristianos, hemos sido llamados, salvados, bautizados, autorizados, vivificados y empoderados por el nombre y la persona de Jesús. Llevar o reflejar la imagen de Jesús en nuestra enseñanza es una tarea sorprendente e incluso abrumadora. Invocar el nombre de Jesús en nuestra enseñanza es una responsabilidad y un privilegio que implica tanto una gran obligación como una abundante bendición. Colosenses 3:17 establece una norma para todas nuestras actividades como cristianos: «Y todo lo que hagáis, de palabra o de obra, hacedlo en nombre del Señor Jesús, dando gracias a Dios Padre por medio de él». Llevar el nombre de Jesús en nuestra enseñanza debería revelar su naturaleza esencial de algunas maneras específicas.

Propongo que los cristianos tengan formas específicas de reflejar las virtudes que el propio Jesús manifestó en su enseñanza terrenal. Cinco virtudes en particular para la práctica cristiana son la verdad, la fe, la esperanza, el amor y la alegría. Se asocian a los siguientes llamados: verdad, un llamado a la integridad; amor, un llamado al cuidado; fe, un llamado a la acción; esperanza, un llamada a la valentía; y alegría, un llamado a la celebración.[61] Mi análisis de estas cinco virtudes comienza con la verdad y el amor con el mandato bíblico de «decir la verdad en amor». (Ef. 4:15) que se aplica a todos los ministerios, incluida la enseñanza. Estas cinco virtudes representan cinco gemas que pueden adornar nuestro ministerio de enseñanza en el nombre y servicio de Jesucristo. Pero más que un adorno, estas virtudes proporcionan una base teológica para la evaluación de la enseñanza cristiana.

La verdad y la enseñanza en el nombre de Jesús

La cuestión de la verdad es central y crucial para el ministerio de la enseñanza. La búsqueda de la verdad fundamenta el proceso de enseñanza y los resultados que se buscan en el aprendizaje. Con el auge de la posmodernidad, los resultados propuestos por cualquier búsqueda de la verdad han sido objeto de cuestionamiento en relación con las pretensiones de universalidad. Este cambio cultural y epistemológico va en contra de las afirmaciones históricas de la fe cristiana como reveladora de la verdad universal. Al mismo tiempo que afirma la universalidad, la fe cristiana ha celebrado paradójicamente el lugar de la particularidad que se hace más explícita en la encarnación de Jesús de Nazaret. De hecho, la fe cristiana acepta el escándalo de la particularidad de que Dios asuma una forma humana en la persona de un carpintero judío galileo del siglo I. Los cambios posmodernos proporcionan la ocasión de celebrar la naturaleza particular incrustada de cada persona y contexto junto con las verdades distintivas reveladas, discernidas y descubiertas. Al mismo tiempo, estos cambios dan lugar a un hambre profunda de comunidad y relación en las vidas de las nuevas generaciones y de aquellos que experimentan la fragmentación con la pérdida de una totalidad integradora en la vida. En la angustia de este dilema posmoderno, los cristianos afirman que en Jesucristo y sus enseñanzas las personas pueden encontrar una respuesta a sus anhelos de verdad que proporcione una perspectiva para nuestras vidas individuales particulares y para nuestro ser más público con anhelos universales. Aunque proporciona respuestas, la fe cristiana sigue siendo una necedad y una piedra de tropiezo (1Cor. 1:18-31) para muchas personas hoy en día.

Jesús, como persona humana, ofrece a una humanidad distanciada una visión de la psique y del propio espíritu de las personas. Jesús, en

---

[61] Describo los valores o virtudes modelados en la enseñanza de Jesús en Pazmiño, 1998, pp. 76-99 y los resumo en Pazmiño, 2001, pp. 76-78.

su persona, encarna una nueva humanidad que está radicalmente abierta a Dios y, al mismo tiempo, en relación con todos sus vecinos terrenales, integrada en la totalidad de la creación. Los términos para que las personas descubran su verdadero ser se sugieren en los dos grandes mandamientos que Jesús enseñó. Amar a Dios con todo el corazón, el alma, la mente y las fuerzas es el primero de los mandamientos (Lc. 10:27). Este primer mandamiento orienta a las personas sobre su verdadero origen, identidad y destino. Las grandes preguntas de la mente y el espíritu humanos, como de dónde vengo, quién soy y a dónde voy, encuentran su respuesta en Dios. Las personas son creadas a imagen y semejanza de Dios (Gén. 1:27) y, como criaturas de Dios, son responsables de cumplir los propósitos de Dios para toda la creación. Las personas encuentran su identidad principal como hijos de Dios y potencialmente amigos y seguidores de Jesucristo y vasos del Espíritu Santo en el mundo.

La presencia de Jesús se extiende hoy en día a través de la persona y el ministerio del Espíritu Santo, que también se identifica como el propio Espíritu de Cristo (Rom. 8:9; Gál. 4:6) dado a los discípulos y seguidores de Jesús (Jn. 20:22; Hch. 1:8; 2:1-13). Este Espíritu Santo también se identifica como el Espíritu de Verdad (Jn. 14:17; 15:26; 1Jn. 4:6; 5:6) al que se identifica Jesús como descrito: «Cuando venga el Espíritu de verdad, os guiará a toda la verdad». (Jn. 16:13). Tal promesa tiene implicaciones y obligaciones de gran alcance para la enseñanza en el nombre de Jesús. Sugiere que la enseñanza en sí misma debe ser vista como un ministerio espiritual con sus correspondientes dones espirituales. Sugiere que la guía del Espíritu a la que se accede a través de la oración, el estudio, el diálogo amoroso y la reflexión sobre la propia vida es crucial para el discernimiento de la verdad. Sugiere que la apertura a la sabiduría y a la revelación del Espíritu por parte de los maestros exige que se honre la variedad de formas en que el Espíritu de Dios ha actuado en el pasado.

La vida trinitaria de Dios impregna toda la creación y se pueden discernir atisbos de Dios para guiar el pensamiento y la práctica de la educación cristiana (Pazmiño, 2001, pp.15-36). Decir la verdad en la enseñanza también exige enfrentarse a lo que Sixto García identifica como «disfuncionalismo trinitario"» Este disfuncionalismo es el fracaso de las personas y las estructuras humanas para imaginar la relación pericorética de diálogo amoroso y vida compartida entre las personas divinas de la Trinidad (García, 1992, p. 98-100; Diaz, 2001, pp. 54-56). La verdad revelada o encarnada en el cuidado amoroso de las personas, las estructuras y toda la creación refleja fielmente la vida compartida modelada en la Trinidad. La norma bíblica para esta calidad de vida individual/corporativa expresada a través de la comunidad es «hablar la verdad en amor» (Ef. 4:15). El hablar incluye tanto las acciones como las palabras y se hace eco de la forma en que Dios habla de la creación en la realidad (Gén. 1:1-2:4; Jn. 1:1-5). La enseñanza puede fomentar el intercambio de palabras vivas que se traducen en acciones que cumplen los propósitos de Dios en el mundo. Las posibilidades recreativas de la verdad revelada y descubierta a través de la enseñanza y el aprendizaje en el amor encierran una promesa. La promesa es la presencia misma de Jesús en el cumplimiento de su encargo de enseñar (Mt. 28:18-20).

Enseñar la verdad en amor siguiendo el ministerio terrenal ejemplar de Jesús invita a la transformación de las personas, los grupos, las comunidades y las estructuras sociales de manera que glorifiquen a Dios. Para que esto sea posible, a menudo se requiere la confrontación para exponer el disfuncionalismo. Esta es la tarea profética descrita en las Escrituras que se relaciona con el lugar de desafío o ejercicio en la enseñanza. El movimiento complementario en la enseñanza y, más ampliamente, en el ministerio, es la tarea pastoral de apoyo y estímulo. Las buenas noticias de la gracia y la provisión de Dios en las personas y los ministerios de Jesucristo y el Espíritu Santo complementan las malas noticias del pecado o el disfuncionalismo personal y corporativo. La enseñanza que nos libera de la opresión pecaminosa en sus diversas formas mediante la confrontación también celebra el cuidado providencial y la plenitud de Dios. La enseñanza problemática de la que hablaba el educador brasileño Paulo Freire puede plantear conflictos que a menudo se evitan en los encuentros educativos (Freire, 1970; Pazmiño, 1994, pp. 28-54). La proclamación de la verdad a través de la enseñanza implica tanto la denuncia como la anulación.

La verdad sobre el alcance del disfuncionalismo o del pecado, junto con la complicidad de las estructuras y disposiciones existentes para apoyarlo, a menudo no puede evitar el conflicto. La forma de resolver el conflicto de forma no violenta requiere el ministerio de la reconciliación que el apóstol Pablo describe en 2Corintios 5: 17-6:1. Las ofensas y el pecado se abordan directamente y la reconciliación solo es posible una vez que se revela la verdad. Los viejos esquemas se transforman en la nueva creación hecha posible por la provisión de Dios de Jesucristo. La rectitud, la justicia, la reconciliación y el *shalom* prometido por Dios son posibles siempre y cuando se haya compartido el requisito previo de la verdad de nuestra condición humana personal y corporativa. La aceptación de la gracia de Dios también invita a una experiencia continua de reconciliación y transformación en todas las dimensiones de la vida humana y de la creación.

Enseñar en el nombre de Jesús puede fomentar este proceso recreativo y renovador puesto a disposición de todos. Pero decir la verdad implica riesgos y costes reales. Los profetas del antiguo y del nuevo pacto no eran personas populares en sus comunidades. La propia sugerencia de cambio puede plantear un conflicto, dada la inversión en el statu quo existente. No todos los cambios propuestos cumplen los propósitos de Dios. Se requiere discernimiento espiritual para distinguir aquellos cambios que cumplirán con la rectitud, la justicia, la paz y el *shalom* que Dios busca para toda la humanidad y la creación. En relación con la enseñanza, la tarea del discernimiento se recoge en la parábola de Mateo 13:52 (Conde-Frazier, 2001, p. 267) «Por eso, todo maestro de la ley que ha sido instruido sobre el reino de los cielos es como el dueño de una casa que saca de la despensa tanto tesoros nuevos como antiguos». Los tesoros antiguos afirman puntos de continuidad, normas y virtudes que han superado la prueba del tiempo. Estos viejos tesoros pueden sostener a las personas y a las comunidades en tiempos de transición e inestabilidad. Los nuevos tesoros afirman los puntos necesarios de transformación, las nuevas creaciones y las salidas radicales que Dios nos llama a abrazar. Estos nuevos tesoros buscan un mayor cumplimiento de los propósitos de Dios, tal y como fueron modelados en la vida, la muerte y la resurrección de Jesucristo, y tal y como son potenciados por el Espíritu Santo en el mundo.

Enseñar la verdad en nombre de Jesús también plantea la cuestión crucial de la integridad (Pazmiño, 1998, pp. 78-83). Proclamar el Evangelio a través de la enseñanza requiere compartir todo el consejo de Dios (Hch. 20:27) y revelar la belleza de la sabiduría de Dios que contrasta con la sabiduría mundana (Stg. 3:13-18). La integridad es una entereza de carácter modelada en Jesús. Stephen L. Carter sugiere que una persona íntegra es aquella en la que «sentimos que podemos confiar en que hará lo correcto, en que cumplirá las normas y en que mantendrá sus compromisos» (Carter, 1996, p. 7). La veracidad de la persona de un maestro está en juego en términos de integridad. Lo que se encarna en la vida de un maestro es un testimonio. Modelar la entereza y la integridad es un reto de por vida para los maestros cristianos al seguir a Jesús en sus clases y también fuera de ellas.

La cuestión de la integridad se puede tratar en la propia evaluación de la enseñanza. Teniendo en cuenta las cinco virtudes propuestas para los maestros cristianos, la evaluación puede comenzar explorando las siguientes cuestiones específicas:

1. Verdad: ¿Qué nuevas verdades descubrimos los alumnos y yo? ¿Qué verdades antiguas se afirmaron?

2. Amor: ¿Cómo nos preocupamos los participantes y yo por la(s) asignatura(s) considerada(s)? ¿Cómo me sentí desafiado a preocuparme por los estudiantes de nuevas maneras y por el contexto de la enseñanza en general?
3. La fe: ¿Qué acciones o movimientos pedagógicos fueron efectivos/inefectivos y por qué?
4. Esperanza: ¿Cómo puedo abogar por los cambios educativos en mi entorno? ¿Qué puntos de continuidad se pueden mantener?
5. Alegría: Identificar fuentes de alegría para celebrar en mi enseñanza y, de forma complementaria, áreas para lamentar.

La denominación de lamento puede suponer un reto, pero la alegría puede experimentarse junto con el lamento en las paradojas de la vida, como sugiere el profeta en Habacuc 3:17-19, donde se experimenta el regocijo incluso en presencia de la pérdida, el fracaso y el sufrimiento.

La verdad, como se destaca en esta virtud, puede convertirse en una realidad dura si no se equilibra con el amor. Sin embargo, el amor sin la verdad puede volverse blando al no proporcionar la revelación de la realidad que se requiere en la vida y que puede invitar a la transformación de Dios.

Amor y enseñanza en el nombre de Jesús

Una cita que siempre me ha fascinado en relación con la enseñanza proviene del gran maestro africano de la Iglesia cristiana Agustín de Hipona. Agustín observó que «un espíritu amoroso enciende otro espíritu».[62] Explorar el amor en relación con la enseñanza en nombre de Jesús proporciona una variedad de perspectivas a considerar. En primer lugar, está el amor por la enseñanza en sí mismo, que potencialmente subyace a toda la enseñanza. Ese amor por la enseñanza adquiere una cualidad particular cuando su fuente generadora se remonta a Jesús de Nazaret y a su ejemplo terrenal. Para los cristianos, Jesús es el maestro ejemplar que establece el modelo para todas las personas que le siguen como discípulos (Pazmiño, 2001, pp. 59-86). Jesús es el modelo para amar y nuestra fuente principal para entender tanto el amor de Dios como las más altas expresiones del amor humano. El nuevo

---

[62] Atribuyo esto a la tradición oral de Agustín.

mandamiento que Jesús propone a sus discípulos, se encuentra en Juan 13:34-35: «Os doy un mandamiento nuevo: que os améis unos a otros. Como yo os he amado, también vosotros debéis amaros los unos a los otros. En esto reconocerán todos que sois mis discípulos, si os tenéis amor unos a otros». Jesús demostró su amor por la humanidad y por toda la creación mediante su vida y su muerte en la cruz. La enseñanza y el amor a la enseñanza manifestado en los actos cotidianos de enseñanza se convierten en una expresión visible del amor a los demás. Seguir la tradición de Jesús proporciona pistas sobre cómo los maestros actuales pueden expresar su amor por la enseñanza compartiendo sus vidas además de sus enseñanzas. El apóstol Pablo lo hace explícito al proporcionar una norma para los maestros cristianos, es decir, compartir sus vidas así como el Evangelio (1Tes. 2:8; 1Tim. 4:16).

En segundo lugar, el llamado a enseñar en el nombre particular de Jesús genera en sí misma un amor humano en respuesta al gracioso amor divino hecho más explícito en la vida, muerte, resurrección y ascensión del Hijo de Dios. Jesús enseñaba a sus discípulos como a sus amigos y hermanos (Jn. 15:15; Mt. 12:46-50). Primera de Juan 4:19 hace explícita esta conexión de amor con Dios manifestada en Jesús: «Nosotros amamos porque él nos amó primero». La experiencia del amor de Dios en Cristo se traduce en un mandamiento: «El mandamiento que tenemos de él es este: los que aman a Dios deben amar también a sus hermanos». (1Jn. 4:21). La enseñanza es un vehículo para expresar nuestro amor directo a Dios a través de la interacción con hermanos y hermanas reales o potenciales en la fe cristiana. El amor al prójimo se convierte en una obligación, una respuesta esperada para los maestros como receptores del gran amor de Dios. El amor a Dios que no vemos se encarna a través de diversos ministerios de enseñanza con la gente que sí vemos: «Los que dicen 'amo a Dios' y odian a sus hermanos son unos mentirosos; porque los que no aman al hermano o a la hermana que han visto, no pueden amar a Dios a quien no han visto» (1Jn. 4:20). Esto es también, en cierto sentido, las lecciones de Mateo 25 con respecto a las naciones, aplicadas a la enseñanza con las agudas palabras de Jesús: «En verdad os digo que en la medida en que lo hicisteis con uno de los más pequeños de estos que son miembros de mi familia, conmigo lo hicisteis». (Mt. 25:40). ¿Qué revelan nuestros compromisos corporativos de enseñar a los más pequeños de la familia de Jesús sobre nuestro amor a Dios? El amor de Dios inicia y llama a una respuesta que puede ser canalizada a través de la enseñanza fiel.

En tercer lugar, como sugiere la cita de Agustín, el movimiento de gracia del Espíritu Santo en los corazones humanos, como se puso de manifiesto en la vida de Jesús, activa ahora un espíritu de amor en los corazones humanos. Romanos 5:6 afirma esta idea: «La esperanza no nos defrauda, porque el amor de Dios ha sido derramado en nuestros corazones por medio del Espíritu Santo que se nos ha dado». La presencia del Espíritu Santo activa nuestra capacidad de enseñar con un amor que la transforma. La enseñanza se convierte en un don espiritual mediante el cual se experimenta el amor de Dios a través de las acciones de cuidado y confrontación de los maestros. El espíritu amoroso del maestro, ungido por el Espíritu Santo, enciende los espíritus de los alumnos para que lleguen a ser todo lo que Dios quiere. El Espíritu potencia los esfuerzos de los maestros para apoyar y desafiar a los alumnos, cumpliendo los dos grandes mandamientos de Jesús: amar a Dios con todo el corazón, el alma, la mente y las fuerzas, y al prójimo como a nosotros mismos (Lc. 10:27). Más allá del ejemplo y la obligación de responder al amor, viene el poder de amar a través de la persona y el ministerio del Espíritu de Dios.

Fomentar el amor por la enseñanza es una tarea que dura toda la vida y que alimenta este arte y oficio en diálogo con los demás. La búsqueda de una solución rápida o de un método o enfoque de enseñanza ideal para resolver los diversos desafíos y paradojas de la enseñanza es un esfuerzo inútil. La atención cuidadosa a una variedad de factores que influyen en el contenido, las personas y el contexto de cualquier ministerio de enseñanza se desarrolla con la experiencia y la reflexión crítica a lo largo del tiempo. Una de las dimensiones de ese viaje es el ejercicio del autocuidado. Con el creciente número de personas heridas en la sociedad y en los entornos de enseñanza, la sabiduría compartida por mi colega Kirk Jones en su obra *Rest in the Storm [Descanso en la tormenta]* ofrece una perspectiva necesaria. Jones sugiere que «hacemos nuestro mejor trabajo cuando estamos arraigados en lo que somos» (Jones, 2001, p. 48). Para el maestro cristiano, ese arraigo se basa en nuestra identidad como hijos de Dios, discípulos de Jesucristo y vasos del Espíritu Santo. Una oración de Agustín de Hipona, un gran maestro de la iglesia, sirve como recordatorio del ministerio del Espíritu con los maestros:

Respira en mí, oh Espíritu Santo, para que todos mis pensamientos sean santos; actúa en mí, oh Espíritu Santo, para que también mi trabajo sea santo; atrae mi corazón, oh Espíritu Santo, para que no ame sino lo que es santo; fortaléceme, oh Espíritu Santo, para defender todo lo que es santo; guárdame, pues, oh Espíritu Santo, para que siempre sea santo. Amén (Agustín, 2007).

La asociación del maestro con el Espíritu Santo, sostenida por la oración, proporciona, en primer lugar, una fuente de vida para los ministerios de enseñanza con la gente que sufre. En segundo lugar, las diversas crisis que afectan a los contextos local, nacional y mundial exigen una respuesta amorosa y de discernimiento sostenida por recursos espirituales. En tercer lugar, la gran proliferación de información y conocimientos que compiten por la atención en el contenido de la enseñanza requiere una sabiduría que el Espíritu de Dios promete a los que la piden. (Stg. 1:5-8; Ef. 1:16-17)

El amor y la enseñanza en el nombre de Jesús también tienen implicaciones en el contexto más amplio de las relaciones históricas, sociales, culturales, políticas, económicas, de género, intelectuales, ideológicas y espirituales que caracterizan la vida humana y de la creación. Los maestros deben atender a estas realidades si quieren que las personas lleguen a ser todo lo que Dios quiere para ellas. Honrar las voces de los marginados y oprimidos es esencial para acoger a todos en la mesa metafórica de la enseñanza. Ninguna persona debe permanecer debajo de la mesa y ser excluida del banquete compartido por invitación de Jesús. Al igual que el don de los panes y los peces se ora con acción de gracias y se multiplica con doce cestas de sobra para alimentar a las personas hambrientas (Mt. 12:13-21; Mc. 6:30-44; Lc. 9:10-17; Jn. 6:1-14), los maestros cristianos tienen pleno acceso a los recursos didácticos de que disponen. En términos de educación multicultural, ese acceso pleno implica equidad educativa. La equidad educativa puede definirse en términos de acceso a los recursos educativos, respeto a la diferencia, espacio para ser escuchado, presencia de modelos adecuados y poder y autoridad compartidos en todos los niveles de las estructuras educativas en proporción representativa (Pazmiño, 1994, pp. 84, 117). Esta definición de la equidad es un ideal que exige la expresión del amor en la esfera social. El amor en la esfera social encarna la justicia junto con la preocupación por la rectitud en todas las relaciones humanas. La promesa de una enseñanza transformadora que ame tanto en los hechos como en las palabras sigue los pasos de Jesús de Nazaret y honra su nombre. Honrar el nombre de Jesús exige también el ejercicio de la fe, la siguiente virtud a considerar en relación con la enseñanza.

Fe y enseñanza en el nombre de Jesús

La enseñanza en nombre de Jesús está directamente relacionada con cuestiones de fe y con el ejercicio real de la misma. La fe se expresa en el compromiso activo de la misión. Craig Dykstra, en su reciente obra *Growing in the Life of Faith [Creciendo en la vida de la fe],* incluye un breve capítulo sobre «Aprender a ser enviado». El llamado de Dios a las personas incluye la misión central de ser enviadas a diversos ministerios. Dykstra sugiere que «la educación cristiana es la misión de enviar a las personas a la misión e ir con ellas» (Dykstra, 1999, p. 161). La fe fundamenta la misión de ser enviado y la misión docente previa de preparar a la gente para ir. La fe es necesaria para discernir la naturaleza del llamado de Dios y nuestra respuesta humana de misión y vocación. Ser enviado y, en ocasiones, salir de la propia comunidad y cultura es una aventura de fe. Ser enviado exige confianza en la misión real y en los recursos necesarios para llevarla a cabo. Para los cristianos, la identidad y la autoridad de quien envía o encarga el esfuerzo es esencial. Mientras enseñaba en Nueva Inglaterra durante los últimos veintiséis años, me he presentado a menudo como un misionero de Brooklyn, Nueva York. Mi identidad como seguidor de Jesucristo requiere un estatus de misionero incluso si estuviera ministrando en mi ciudad natal de Nueva York. Ser enviado y equipado por Dios fomenta la asunción de riesgos que incluyen los de la vida y la muerte. La aventura de la enseñanza cristiana exige fe en la propia identidad como maestro y fe en la presencia del Espíritu de Dios para potenciar el esfuerzo.

La enseñanza exige una acción fiel como enviado. Eso incluye las tareas de preparación, instrucción y evaluación con personas que pueden aprender por sí mismas a ser enviadas a la misión (Pazmiño, 1998). El libro de Santiago del Nuevo Testamento asocia estrechamente la fe con las acciones u obras (Stg. 1:19-27; 2:14-26). La fe se traduce en obras que incluyen las tareas de pensar, reflexionar, organizar, saludar, hablar, escuchar, responder, cuestionar, disciplinar y afirmar. Thomas F. Green, en su extensa obra *The Activities of Teaching [Las actividades de la enseñanza],* analiza la enseñanza en actos lógicos y actos estratégicos. Los actos lógicos incluyen explicar, concluir, inferir, dar razones, acumular pruebas, demostrar, definir y comparar. Los actos estratégicos incluyen motivar, aconsejar, evaluar, planificar, animar, disciplinar y cuestionar. También describe los actos institucionales de recolectar dinero, acompañar, patrullar el pasillo, asistir a reuniones, tomar asistencia, consultar a los padres y llevar informes en los entornos escolares (Green, 1971, p. 4). Cada una de esas tareas o actividades puede encarnar una expresión fiel o efectiva del cuidado y la preocupación de Dios por las personas en un entorno público o religioso. Honrar el cuidado de Dios también requiere receptividad a lo que los participantes ofrecen en el evento de enseñanza.

La fe se traduce en acciones no solo en la vida de los maestros, sino también en la de los alumnos o participantes. El énfasis de Dykstra en «aprender a ser enviado» fomenta la inclusión de respuestas reales que se transfieren fuera del entorno de la enseñanza. La fe pretende ser experiencial y la conexión fe-vida es una de las que hay que subrayar intencionadamente en la enseñanza cristiana que emite en prácticas de vida fieles (Dean & Foster, 1998, pp. 105-22). Trabajar con niños de preescolar y sus niveles de actividad y sus períodos de atención más cortos plantea el desafío de lo que los alumnos se llevan de sus clases de escuela dominical. Más que los papeles para llevar a casa y los proyectos de manualidades, los maestros se preguntan qué diferencia puede haber en sus esfuerzos. Esto se convierte en un asunto de oración junto con una cuidadosa preparación para cada sesión. La cuestión de los modelos se aplica a las experiencias en el aula, el hogar y la comunidad de fe en general. Los niños aprenden mucho de la imitación y el tiempo que pasan junto a adultos fieles a lo largo del tiempo puede marcar la diferencia. Recuerdo a mis maestros que compartieron sus vidas junto con su enseñanza al recordar mi cumpleaños con un pastel compartido o se rieron de mi habilidad para encontrar los versículos más cortos de las escrituras como Juan 11:35 y 1Tesalonicenses 5:16 y 17 para las tareas de memoria. Estas experiencias son transformadoras pero se complementan con momentos de reflexión. Esas acciones amorosas de los maestros estaban asociadas a su vibrante y viva fe cristiana. La fe se pone a prueba y se demuestra con las duras realidades de la vida y la presencia del pecado en la vida personal y corporativa. La fe y la experiencia personales necesitan un examen y una confirmación comunitarios, junto con los correctivos de la tradición cristiana, que a su vez se reforma con el tiempo. La comprensión de la fe se pone a prueba en el diálogo comunitario.

La fe operativa en la enseñanza en el nombre de Jesús exige una reflexión compartida en expresiones escritas y orales y acciones encarnadas en prácticas que den gloria a ese nombre. Esta es la norma bíblica establecida en Colosenses 3:17 y señalada anteriormente: «Y todo lo que hagáis, de palabra o de obra, hacedlo en nombre del Señor Jesús, dando gracias a Dios Padre por medio de él». El dar gracias surge del reconocimiento de que la fe misma es un don de Dios que exige nuestra respuesta vital integral y nuestras acciones fieles. Esa respuesta incluye la afirmación de la esperanza, que es el centro de una cuarta virtud.

Esperanza y enseñanza en el nombre de Jesús

La enseñanza implica una serie de riesgos y factores que exigen consideración en las fases de preparación, instrucción y evaluación de la enseñanza (Pazmiño, 1998). Los maestros cristianos están llamados a descansar en la obra de gracia de Dios a pesar de, a través de y más allá de nosotros en nuestra asociación con el Espíritu Santo. El gran maestro de la iglesia cristiana Agustín de Hipona observó que «la esperanza tiene dos hermosas hijas, la ira y el valor. La ira por cómo son las cosas, y el valor para ver que no tienen por qué seguir siendo como son» (McKeachie, 1994, p. 384). Esta cita de Agustín ha influido en mis pensamientos sobre la enseñanza. La creciente expresión de la rabia y la violencia en la vida de muchas comunidades locales y de la sociedad en general está relacionada con un sentimiento de desesperanza que muchos jóvenes pueden estar experimentando en sus vidas.

La enseñanza en nombre de Jesús ofrece una alternativa y fomenta el sentido de la esperanza para las personas, las familias, los grupos y las comunidades. El apóstol Pablo, en su carta a los Efesios, describe las experiencias de las personas antes de llegar a la fe en Jesucristo como «sin esperanza y sin Dios en el mundo». (Ef. 2:12) En su influyente obra *Race Matters [La raza importa]*, Cornel West aboga por una política de conversión que proporcione «una oportunidad para que la gente crea que hay esperanza para el futuro y un sentido para la lucha» (West, 1993, p. 18). Su política se aplica a los afroamericanos y a toda la gente que tiene hambre de libertad, liberación y una nueva vida. Los que se encuentran en los márgenes de la sociedad, a los que identifico como los *anawim*, tienen especialmente hambre de una vida alternativa (Pazmiño, 1994, pp. 63-65, 69, 77, 99, 144).

Los *anawim* son aquellos que son pobres, humildes o débiles ante Dios y los demás. En virtud de nuestra naturaleza creada, el pecado y el sufrimiento, todas las personas pueden verse a sí mismas en algún momento de su vida como uno de los *anawim*. Pero algunas personas, debido a las fuerzas del racismo, el sexismo, el clasismo, la discriminación por razón de edad y una serie de opresiones, experimentan este estatus de forma persistente y diaria. En relación con las fuerzas sociales y estructurales más amplias de la opresión, los maestros cristianos están llamados a emprender una guerra espiritual que reprenda a los principados y las potencias en el nombre de Jesús. (Ef. 6:10-20) El propio nombre de Jesús sugiere esperanza debido a la conversión o transformación que se ofrece en él. Esta transformación afecta a las dimensiones personal, familiar, comunitaria, cultural, económica, social, política, intelectual y espiritual de la vida. En otras palabras, la transformación es posible en toda la vida a pesar del sufrimiento, la pérdida y el pecado que asolan la condición humana. Este es un mensaje de esperanza que hay que compartir amplia y extensamente con todas las personas a las que se enseña en nombre de Jesús. Honrar el nombre de Jesús requiere compartir la base de nuestra esperanza cristiana en la enseñanza. La esperanza en Dios no nos avergüenza ni nos decepciona debido a la integridad, la fiabilidad, el amor y la fidelidad a las promesas de Dios. Este mensaje lo celebra el apóstol Pablo en Romanos 5:5: «y la esperanza no nos defrauda, porque el amor de Dios ha sido derramado en nuestros corazones por el Espíritu Santo que nos ha sido dado».

Afirmar el lugar de la defensa en la enseñanza encarna una aventura esperanzadora. La defensa implica enfrentarse y contrarrestar a los destructores de la vida y dar voz a los que han sido silenciados, los *anawim*. Esta postura se adopta a la luz de los propósitos de Dios que se expresan en el mundo. La visión del *shalom* que Dios revela en las Escrituras encarna la paz y la plenitud de vida para toda la creación. Los *anawim* son bienvenidos a la mesa del entorno de Dios, donde la rectitud y la justicia son temas de discusión. La conversación en la mesa no excluye a nadie que previamente haya sido asignado a permanecer debajo de la mesa. La defensa exige que todos sean bienvenidos como invitados de pleno derecho con un acceso equitativo a los recursos servidos con gracia y generosidad por Dios y suficientes para todos (Prov. 9:1-6; Is. 55:1-3a). Enseñar utilizando esta metáfora es poner el banquete en la mesa para que todos puedan participar y celebrar con alegría la abundancia y la gracia de Dios en la vida. La mesa es la de Jesús y se extiende desde la mesa de la Pascua puesta en el Jueves Santo o de los Santos hasta la cena final de las bodas descrita en el Apocalipsis 19:7-9. La mesa está abierta a la participación de todos, como sugiere la parábola de Jesús sobre el banquete de bodas (Mt. 22:1-14), pero se plantea la cuestión del atuendo. Para mí, este atuendo sugiere metafóricamente la aceptación por parte de los invitados de la provisión de Dios puesta a disposición en Jesucristo para la salvación. De este modo se reconoce la libertad de los invitados para venir y, cuando se sientan a la mesa, aceptar o rechazar la oferta de gracia de Dios para la transformación en el nombre de Jesús.

La enseñanza es un ministerio intrínsecamente esperanzador. Ofrece la posibilidad de nuevos emprendimientos a quienes se encuentran en diferentes momentos de su vida. Las experiencias de los participantes y el nivel de sus conocimientos varían en determinadas áreas de estudio. El viaje acompañado de un maestro a lo largo de un curso de estudio encierra la promesa de nuevas perspectivas adquiridas. La promesa también incluye la oportunidad de aprender de otros participantes si se practica el diálogo y se alimenta la comunidad. Este ideal no se ve frenado al mantener el lugar para la disciplina y la estructura que asegura los límites de un viaje y evita la desviación infructuosa. Aquí la confianza en la experiencia del maestro, como guía consumado, es una cuestión a considerar especialmente en la fase de evaluación. Permitir la evaluación apoya la esperanza de que las cosas puedan mejorar o cambiar radicalmente en el futuro.

Un debate sobre la esperanza representa una seguridad permanente de la participación activa de Dios en el drama humano desde la creación hasta la consumación, evidenciada en la próxima y esperada segunda venida de Jesús, el Hijo unigénito de Dios. Este Jesús ha engendrado a través de la adopción a muchos nietos de la fe de los que yo solo soy uno. Los maestros en su ministerio esperan que a través del tiempo compartido con otros en el aprendizaje, las vidas puedan ser transformadas de manera que glorifiquen a Dios y renueven la creación. Esa transformación esperada y realizada es una fuente de alegría que es la quinta virtud.

Alegría y enseñanza en el nombre de Jesús

Una pregunta que se puede hacer a cualquier ministerio de enseñanza en cualquier entorno o a cualquier nivel es ¿dónde está la alegría? La alegría caracterizó el ministerio de enseñanza de Jesús y puede ser experimentada igualmente por sus seguidores. Sin embargo, ¿cómo se puede experimentar la alegría ante el sufrimiento, la oposición y la contradicción a la que se enfrentan los maestros cristianos hoy en día? Las experiencias de los primeros seguidores de Jesús proporcionan algunas ideas para la enseñanza actual en su nombre.

En Hechos 5:12-42 se recoge la labor de enseñanza pública de los apóstoles de Jesús tras el aleccionador relato de Ananías y Safira, que intentaron engañar al Espíritu del Señor (Hch. 5:1-11). Un gran temor se apoderó de toda la iglesia en relación con la muerte prematura de esta pareja que ocultó a Dios parte del producto de su venta de propiedades y trató de engañar a otros y ocultar la verdad. En consonancia con su temor reverente a Dios y en respuesta al encargo de Jesús (Hch. 1:8), los apóstoles iniciaron un ministerio público de sanación y enseñanza en Jerusalén. Su ministerio público da lugar a su persecución y arresto por orden del sumo sacerdote y a su posterior liberación milagrosa de la prisión por un ángel (Hch. 5:19). Al ser liberados, los apóstoles reanudan su enseñanza diciendo a la gente «todo el mensaje sobre esta vida» (Hch. 5:20) según las instrucciones del ángel del Señor.

Tras su segunda detención a manos de la policía del templo, el sumo sacerdote interrogó a los apóstoles ante el Consejo, diciendo: «Os dimos órdenes estrictas de no enseñar en este nombre y, sin embargo, aquí habéis llenado Jerusalén con vuestra enseñanza y estáis decididos a hacer correr la sangre de este hombre». (Hch. 5:28) Pedro y los apóstoles respondieron al sumo sacerdote: «Debemos obedecer a Dios antes que a cualquier autoridad humana». (Hch. 5:29) La respuesta enfurecida y asesina del Consejo a los apóstoles solo fue desviada por la sabiduría compartida por Gamaliel, un maestro de la ley que instruyó al apóstol Pablo. La intervención de Gamaliel propuso que se dejara a los apóstoles en paz para discernir si su enseñanza era de Dios o de origen únicamente humano. La prueba del tiempo confirmaría el origen divino de su enseñanza. La liberación de los apóstoles incluyó la orden directa del Concilio de no hablar ni enseñar en el nombre de Jesús. Como era de esperar, volvieron a ignorar esta orden y «todos los días, en el templo y en casa, no dejaban de enseñar y proclamar a Jesús» (Hch. 5:42). Este relato de la enseñanza de los apóstoles frente a una fuerte oposición es un ejemplo sorprendente de la alegría de enseñar en el nombre de Jesús. Se observa que cuando los apóstoles salieron del Concilio «se alegraron de haber sido considerados dignos de sufrir la deshonra por causa del nombre» (Hch. 5:41). La alegría de enseñar en el nombre de Jesús y los frutos de la fidelidad persistente en este ministerio son un estímulo para los maestros cristianos de hoy.

El relato de Hechos 5 es aún más notable porque no es el encuentro inicial de los apóstoles con una oposición directa a su ministerio de enseñanza pública. Pedro y Juan, reconocidos como líderes de los seguidores de Jesús, ya estaban enseñando y proclamando que «en Jesús hay resurrección de los muertos» (Hch. 4:2). Fueron arrestados y llevados ante el Concilio de Jerusalén. En este enfrentamiento anterior, a Pedro y Juan se les ordenó «no hablar ni enseñar en absoluto en el nombre de Jesús». (Hch. 4:18) Su respuesta registrada al Consejo fue: «Juzgad si es justo escucharos a vosotros antes que a Dios, porque no podemos dejar de hablar de lo que hemos visto y oído» (Hch. 4:19-20). Al ser liberados del Consejo junto con sus amenazas, Pedro y Juan informaron de su experiencia a sus amigos, entre los que se encontraban los demás apóstoles. Los seguidores de Jesús oraron para tener audacia frente a su oposición, y «todos fueron llenos del Espíritu Santo y hablaron la palabra de Dios con audacia» (Hch. 4:31). ¿Qué puede explicar la audacia alegre y persistente de los seguidores de Jesús con su enseñanza en el nombre de Jesús? ¿Qué puede aportar alegría a la enseñanza cristiana frente a la creciente complejidad y oposición de diversas fuerzas contrarias en la sociedad en general y en las comunidades locales? Los relatos de Hechos 4 y 5 ofrecen algunas pistas.

En el relato de Hechos 4, Pedro y Juan fueron interrogados sobre su curación de un mendigo lisiado (Hch. 3:1-10) ante el Consejo reunido. Se les preguntó: «¿Con qué poder o con qué nombre habéis hecho esto?» (Hch. 4:7) Su respuesta más destacada fue:

> Sepan todos ustedes, y todo el pueblo de Israel, que este hombre ha sido curado por el nombre de Jesucristo de Nazaret, a quien ustedes crucificaron, y a quien Dios resucitó de entre los muertos. Este Jesús es «la piedra desechada por vosotros, los constructores; se ha convertido en la piedra angular». No hay salvación en ningún otro, porque no hay otro nombre bajo el cielo por el que debamos ser salvados.

El nombre de Jesús representa la presencia transformadora y el poder de Dios para traer sanidad, integridad y nueva vida. En Jesús se descubre la plenitud de la revelación y la salvación de Dios. Ese nombre de Jesús ha resonado a lo largo de los milenios en la enseñanza y el discurso de sus seguidores. El plan definitivo de Dios para la creación se revela «para que al nombre de Jesús se doble toda rodilla, en el cielo y en la tierra y debajo de la tierra, y toda lengua confiese que Jesucristo es el Señor, para gloria de Dios Padre». (Fil. 2:10-11) El glorioso nombre de Jesús no puede ser silenciado ni acallado, pues como observó Jesús en su entrada en Jerusalén, aunque sus discípulos guardaran silencio «las piedras gritarían». (Lc. 19:40) La oposición pública a enseñar y hablar en el nombre de Jesús no es inesperada «porque los judíos exigen señales y los griegos desean sabiduría, pero nosotros anunciamos a Cristo crucificado, escándalo para los judíos y locura para los gentiles, pero para los llamados, tanto judíos como griegos, Cristo es poder de Dios y sabiduría de Dios». (1Cor. 1:22-24) La oposición a la que se enfrentaron Pedro y Juan, los apóstoles y todos los seguidores de Jesús a lo largo de los siglos indica que está en continuidad con lo que enfrentó el propio Jesús en su crucifixión. Pablo comparte esta perspectiva con los cristianos filipenses desde su propia prisión en Roma: «Quiero conocer a Cristo y el poder de su resurrección y la participación en sus sufrimientos haciéndome semejante a él en su muerte, si de alguna manera puedo alcanzar la resurrección de entre los muertos». (Fil. 3:10-11) El sufrimiento y la oposición no se buscan, sino que se afrontan con el reconocimiento de que la presencia y el poder de

Dios pueden sostener a los cristianos. Jesús experimentó este mismo poder en su resurrección y los cristianos lo experimentan en sus diversas pruebas. En su ministerio terrenal, Jesús señaló los costos de seguirlo cuando predijo su muerte y resurrección: «Si alguno quiere ser mi discípulo, niéguese a sí mismo, tome su cruz cada día y sígame» (Lc. 9:23).

Enseñar en el nombre de Jesús es una vocación aleccionadora porque el ejemplo de Jesús supone un reto para quienes rehúyen los costes. Sin embargo, la alegría de seguir a Jesús trasciende los costes de una cruz diaria y de enfrentarse a las fuerzas de la oposición. El escritor a los Hebreos animó a los seguidores de Jesús de la siguiente manera:

> Por tanto, ya que estamos rodeados de una nube tan grande de testigos, despojémonos también de todo peso y de todo pecado que nos asedia, y corramos con perseverancia la carrera que tenemos por delante, puestos los ojos en Jesús, el precursor y el perfeccionador de nuestra fe, el cual, por el **gozo** que le fue propuesto, soportó la cruz, haciendo caso omiso de su vergüenza, y se sentó a la derecha del trono de Dios. (Heb. 12:1-2)

El gozo que se puso ante Jesús fue su cumplimiento del plan de Dios para la salvación de la humanidad y de toda la creación. Aunque era reacio a asumir el cáliz del sufrimiento en la cruz (Mt. 26:39; Mc. 14:36; Lc. 22:42), Jesús aceptó la voluntad del Padre por encima de la suya propia. La vocación de enseñar en nombre de Jesús, a pesar de sus costes reales, aporta la alegría de compartir la sabiduría y el poder transformador de Dios con los demás. La oposición de uno mismo en términos de «todo peso y pecado», así como la oposición de los demás, no puede aplastar la alegría de servir a los propósitos de Cristo y de Dios Padre en el mundo.

El mismo Espíritu de Cristo, el Espíritu Santo, es el compañero de los maestros cristianos en sus ministerios. El Espíritu proporciona el poder, la presencia y el potencial creativo para ser una fuente de alegría al compartir la vida nueva y resucitada con los demás. Esto marca la diferencia, tal como lo experimentaron los primeros seguidores de Jesús en Jerusalén. Fueron liberados de las diversas prisiones y poderes humanos que prohibían su enseñanza y silenciaban sus voces. El Espíritu proporcionó un pozo de alegría sobre el que Jesús predijo en su propio ministerio terrenal: "Como dice la Escritura, del corazón del creyente brotarán ríos de agua viva". Y esto lo dijo del Espíritu, que iban a recibir los creyentes en él". (Jn. 7:38-39) Los seguidores de Jesús en

Hechos 4 y 5 habían recibido el Espíritu del que habló en el derramamiento de Pentecostés (Hch. 2:1-4). Experimentaron una llenura adicional del Espíritu para llevar a cabo sus ministerios de enseñanza con valentía (Hch. 4:31). El Espíritu hizo toda la diferencia en sus ministerios de enseñanza.

Yo sostendría que la alegría es la emoción más cercana al corazón de Dios y que nuestra celebración humana de la alegría, tanto en el culto público como en el festival o la fiesta, proporciona la ocasión para que nuestros corazones toquen o estén en comunión con el corazón de Dios. Responder al llamado de Jesús a «seguir» en la enseñanza con un sentido de aventura y pasión aumenta la alegría de seguirle. Honrar el lugar del misterio y el asombro ayuda a ver la enseñanza misma como un sacramento, una forma eucarística de adoración. La enseñanza en público que fomenta el sentido de la alegría puede abrir a las personas, las comunidades y las sociedades a la nueva vida que Dios quiere para toda la creación. Permitir el juego de la dirección y el deleite del Espíritu en la enseñanza honra el lugar del orden y del ardor.

Los maestros pueden abrir sus corazones y sus vidas para convertirse en recipientes del amor, la risa y la alegría de Dios. Esta apertura puede sorprender y deleitar a los demás en el proceso. Fomentar el humor y la hilaridad o el júbilo en las ocasiones fortuitas de la enseñanza añade vida al esfuerzo. Las Escrituras describen el potencial de renovación comunitaria en el relato de Nehemías 8, donde Esdras habla en la plaza ante la Puerta del Agua y los levitas enseñan a grupos más pequeños de la asamblea reunida. La transformación se produce cuando el pueblo, una nación que regresa del exilio, escucha y relaciona la palabra de Dios con su vida corporativa y personal. La alegría contagia a toda la comunidad y sigue una fiesta de siete días en la que la nación se reapropia de la Fiesta de las Enramadas.

El pastor Alan M. McPherson sugiere que «la característica que define la vida de fe es la alegría». Incluso en tiempos de pérdida y sufrimiento, como sugiere Habacuc 3:17-19, «nuestros corazones pueden regocijarse en el amor, la paz y las fieles promesas del Señor» (McPherson, 2002). Esto es válido para el ministerio de la enseñanza y es una fuente de alegría.

Conclusión

Enseñar en el nombre de Jesús es una gran vocación. El descuido de su potencial ha llevado a la desaparición de personas y comunidades por las que Jesús mismo murió. Las comunidades que no han invertido adecuadamente en sus ministerios de enseñanza con tiempo, dedicación y recursos han sufrido un declive con el tiempo. El modelo ejemplar de Jesús encarnó las cinco virtudes de la verdad, el amor, la fe, la esperanza y la alegría que pueden sostener la enseñanza a lo largo de los siglos con visión y vitalidad. Estas cinco virtudes son piedras angulares esenciales para guiar las tres fases de preparación, instrucción y evaluación en la enseñanza. Las reflexiones bíblicas y teológicas confirman que estas virtudes son fundamentales para representar a Jesús y llevar fielmente su nombre hoy en día en los ministerios educativos.

Enseñar en el nombre de Jesús exige la respuesta incondicional de los cristianos dotados y llamados a enseñar. Llevar el nombre de Jesús en el tercer milenio sitúa a los maestros cristianos en una larga tradición de personas que han compartido sus vidas junto con sus enseñanzas en la vida de la iglesia. Esa tradición es viva y transformadora debido a la asociación compartida con el Espíritu Santo y otros peregrinos que siguen los pasos del Maestro. He aquí una fuente de fuerza y alegría para sostener a todos y cada uno de los maestros cristianos en sus ministerios actuales y futuros.

Representar a Jesús requiere que los maestros cristianos demuestren consciente y diligentemente integridad espiritual, cuidado consistente, prácticas fieles, valor profético y celebración alegre en sus ministerios. Estas virtudes teológicas son una base para la evaluación en oración y el discipulado diligente.

Referencias

Abba, R. (1962). «Name», en G. Buttrick (Ed.), *The Interpreter's Dictionary of the Bible* (pp. 500-508). Nashville: Abingdon.

Augustine. (2007, Noviembre). «Prayer for the Indwelling of the Spirit,» Patron Saints Index: Augustine of Hippo. Consultado el 14 de noviembr de 2007 en www.catholic-forum/saints/pray0616.htm.

Carter, S. (1996). (Integrity) (Nueva York: Basic Books).

Conde-Frazier, E. (Ed.) (2001). *Multicultural Models for Religious Education*. Atlanta: SPC/Third World Literature Publishing House.

Dean, K. & Foster, R. (1998). The Godbearing Life: The Art of Soul Tending for Youth Ministry. Nashville: Upper Room Books.

Diaz, M. (2001) On Being Human: U.S. Hispanic and Rahnerian Perspectives. Maryknoll, New York: Orbis.

Dykstra, C. (1999). Growing in the Faith: Education and Christian Practices. Louisville: Geneva Press.

Freire, P. (1970) *Pedagogy of the Oppressed*, trad. Myra Bergman Ramos. New York: Seabury.

Garcia, S. (1992) «United States Hispanic and Mainstream Trinitarian Theologies,» en A. Deck (Ed.), *Frontiers of Hispanic Theology in the United States* (pp. 88-1-3). Maryknoll, New York: Orbis.

Green, T. (1971). *The Activities of Teaching*. New York: McGraw-Hill.

Jones, K. (2001). Rest in the Storm: Self-Care Strategies for Clergy and Other Caregivers. Valley Forge: Judson.

McKeachie, W. (1994). Teaching Tips: Strategies, Research, and Theory for College and University Teachers, (9na. ed.). Lexington, Mass.: Heath.

McPherson, A. (2002). «Sheer Joy» These Days: Daily Devotions for Living by Faith, Vol. 33, No.2 , 27 de junio de 2002. Louisville: Presbyterian Publishing Corp.

Pazmiño, R. (1998). Basics of Teaching for Christians: Preparation, Instruction, and Evaluation. Grand Rapids: Baker.

_____. (1994). By What Authority Do we Teach? Sources for Empowering Christian Educators. Grand Rapids: Baker.

_____. (2001). God Our Teacher: Theological Basics in Christian Education. Grand Rapids: Baker Academic.

_____, (1994) Latin American Journey: Insights for Christian Education in North America. Cleveland: United Church Press.

West, Cornel. (1993). Race Matters. Boston: Beacon.

7

La educación cristiana es más que una formación[63]

Robert W. Pazmiño

Los educadores cristianos celebran el creciente énfasis en la formación espiritual que ha sido objeto de debate en los últimos treinta años. Básicamente, la formación espiritual se refiere a la obra del Espíritu Santo cuando las personas enseñan y aprenden. Cabe destacar la reapropiación de las raíces espirituales y la revitalización de los programas educativos que atienden a la tercera persona de la Trinidad. La dependencia exclusiva de los modelos escolares para la transmisión de una fe cristiana viva ha sido criticada con perspicacia después de la década de 1960 por teóricos y profesionales de la educación que anhelan la vitalidad y la renovación de los ministerios educativos de la iglesia cristiana. El Espíritu de Dios ha pedido y alimentado nuevos esfuerzos para animar a las congregaciones y a los diversos ministerios para permitir a los discípulos de Jesús vivir fielmente en un mundo cambiante. Esta renovación espiritual fue relatada históricamente en la revista *Renewal* [*Renovación*] durante la década de 1980 bajo el liderazgo de Richard Lovelace, quien también escribió la obra seminal *Dynamics of Spiritual Life: An Evangelical Theology of Renewal* [*Dinámica de la vida espiritual: Una teología evangélica de la*

---

[63] Pazmiño, R. W. (2010). La educación cristiana es más que formación. *Christian Education Journal*, 7(2), 356–365.

renovación] en 1979.[64] Además, el crecimiento global de las iglesias y movimientos pentecostales y carismáticos ha confirmado la necesidad, en todas las tradiciones cristianas, de prestar atención a las raíces espirituales que sostienen por sí solas una fe y un testimonio cristianos vivos en el mundo.[65] No es de extrañar que los educadores cristianos hayan atendido este llamado a la renovación espiritual y hayan cambiado sus intereses y su énfasis en la formación espiritual y su atención a la espiritualidad como medio para transmitir la fe a las nuevas generaciones.

Espiritualidad y educación cristiana

A partir de los años sesenta surgió un gran interés por la espiritualidad en relación con la vida y la enseñanza en los debates sobre la educación en general y la educación cristiana en particular. Este interés fue consecuencia de una redefinición de la educación más amplia que la centrada exclusivamente en la escolarización y la educación formal. Una mayor exploración de los procesos de socialización y enculturación dio lugar a un interés por la educación no formal e informal. Para la comunidad cristiana, esto incluyó un interés oportuno por la vida espiritual y la espiritualidad. En 1983, el trabajo seminal de Parker Palmer en *To Know As We Are Known: A Spirituality of Education* [*Conocer como somos conocidos: Una espiritualidad de la educación*] extendió la persistente preocupación cristiana por los asuntos espirituales al ámbito público del discurso educativo. Un número temático de la revista *Educational Leadership* [*Liderazgo educativo*] de diciembre de 1998 abordó el tema «El espíritu de la educación», y su artículo inicial fue escrito por Palmer sobre «Evocar el espíritu en la educación pública». Al tiempo que se celebra el interés educativo universal por los asuntos espirituales y religiosos, las cuestiones de particularidad siguen asomando para los educadores cristianos. ¿Qué espíritu esperamos invocar y cómo discernimos los espíritus en la enseñanza y el aprendizaje en una época de pluralidad religiosa? Más concretamente, ¿qué es lo que distingue al Espíritu de Jesús o al Espíritu

---

[64] Es importante señalar las otras obras fundamentales de Dallas Willard, *The Spirit of the Disciplines: Understanding How God Changes Lives* (San Francisco: Harper & Row, 1988); and Richard Foster, *Celebration of Discipline* (San Francisco: Harper & Row, 1978).

[65] En Richard J. Foster se pueden encontrar notables contribuciones a la comprensión de las tradiciones espirituales y su actual alcance mundial, *Streams of Living Water: Celebrating the Great Traditions of Christian Faith* (San Francisco: Harper, 1998); y Lamin O. Sanneh, *Disciples of All Nations: Pillars of World Christianity* (Nueva York: Oxford University Press, 2008).

Santo en la enseñanza? Los cristianos pueden afirmar la presencia del Espíritu de Dios en toda la creación y quizá en las diversas tradiciones religiosas, pero también preguntarse por las particularidades de la formación espiritual en la enseñanza cristiana actual.

Los educadores cristianos han contribuido a la tarea de discernir la dinámica espiritual en la tradición viva de Jesús el Cristo enseñada a través de las generaciones. En 1972 Roy Zuck escribió *Spiritual Power in Your Teaching* [*Poder espiritual en tu enseñanza*] para explorar el papel del Espíritu Santo en la enseñanza. Iris Cully en 1984 exploró el cultivo de la vida espiritual a través de los procesos de crianza y educación en *Education for Spiritual Growth* [*Educación para el Crecimiento Espiritual*]. Perry Downs, en *Teaching for Spiritual Growth* [*Enseñanza para el Crecimiento Espiritual*], publicado en 1994, exploró ambas cuestiones: ¿qué significa ser espiritualmente maduro? Y, ¿qué puede hacer la iglesia para ayudar a las personas a crecer espiritualmente? Cada autor afirma el papel crucial del Espíritu Santo en la enseñanza. Los educadores cristianos, a su vez, están llamados a responder a la enseñanza del Espíritu y a reconocer que el Espíritu guía a las personas «a toda la verdad» (Jn. 16:13). Si se considera que la enseñanza es una expresión esencial de «hablar la verdad en amor» (Ef. 4:15), entonces la guía del Espíritu es indispensable tanto para la tarea de enseñar como para cualquier aprendizaje que se espere como fruto de esa enseñanza. El descubrimiento de la verdad no se limita al ministerio formal de la enseñanza, porque las personas aprenden fuera de su relación directa con los maestros de muy diversas maneras. Pero si la enseñanza cristiana tiene la intención de fomentar tanto la formación como la transformación de las personas a través de su aprendizaje, la presencia y el ministerio del Espíritu son cruciales e indispensables. La formación y la transformación cristianas se basan en una reserva esencial de verdad, conocimiento y sabiduría cristianos que puede denominarse educativamente como información.

El reto implícito para el maestro cristiano es cómo poner la mesa metafórica para el Espíritu Santo en su enseñanza. Si el Espíritu es como el viento en su origen, ¿cómo se puede dirigir y canalizar el Espíritu de manera fiel? Una respuesta es reconocer el misterio de la obra del Espíritu y dar cabida o espacio a ese ministerio encubierto en cada fase de la propia enseñanza como parte del plan de estudio implícito. En mi obra *Basics of Teaching for Christians* [*Fundamentos de la enseñanza para cristianos*] (Pazmiño, 1998), consideré el ministerio del Espíritu en las fases de preparación, instrucción y evaluación de la enseñanza. Esto requiere la dependencia consciente de la oración en cada fase de la enseñanza y la voluntad junto con una planificación cuidadosa para permitir la flexibilidad en la práctica de la enseñanza para permitir los impulsos del Espíritu. La precisión es posible en la planificación que aún honra la flexibilidad en la ejecución. El Espíritu, al igual que el viento, trae sorpresas que exigen una respuesta de asombro y admiración en los acontecimientos ordinarios y especiales de nuestras vidas y prácticas de enseñanza.

Un ejemplo de la presencia del Espíritu proviene del inicio del ministerio público de Jesús. Una evaluación cuidadosa del primer milagro de Jesús en Caná, registrado en el Evangelio de Juan, proporciona ideas para entender la persona y la obra del Espíritu en el ministerio y la enseñanza. El espíritu de Jesús estaba presente en su persona en el acontecimiento especial de una boda. Su Espíritu se movió de forma inesperada y gratuita para transformar el contenido de las seis tinajas de agua utilizadas para la purificación en vino nuevo. Sus acciones proporcionaron una alternativa llena de espíritu a lo que el agua no podía satisfacer. Segunda de Corintios 3:17 nos enseña: «El Señor es el Espíritu, y donde está el Espíritu del Señor hay libertad». Esta libertad para responder a la necesidad humana, ejemplificada por Jesús y convocada de hecho por su madre María, es notable en el primer milagro de Jesús en las bodas de Caná. En el capítulo siete del Evangelio de Juan, la enseñanza de Jesús establece una conexión explícita entre el agua y la obra del Espíritu en la vida de sus seguidores:

El último día de la fiesta, el día grande, mientras Jesús estaba allí, gritó: «Que venga a mí el que tenga sed, y que beba el que crea en mí. Como dice la Escritura: 'Del corazón del creyente brotarán ríos de agua viva'». Y esto lo dijo a propósito del Espíritu; porque todavía no había Espíritu, porque Jesús no estaba todavía glorificado. (Jn. 7:37-39)

La llegada del Espíritu se relata más adelante en el Evangelio que describe una de las apariciones de Jesús después de la resurrección, donde comparte con sus discípulos estas palabras: «Jesús les dijo de nuevo: 'La paz esté con vosotros. Como el Padre me ha enviado, así os envío yo». Al decir esto, sopló sobre ellos y les dijo: «Recibid el Espíritu Santo». (Jn. 20:21-22) Los cristianos de hoy han recibido el espíritu de Jesús y con este don viene la libertad de ministrar con las personas a lo largo de la vida. En este ministerio educativo, los cristianos están llamados a ganar claridad mientras aman a Dios con «toda su mente». La claridad se obtiene prestando una cuidadosa atención a la cuestión de la definición de la educación cristiana y la formación espiritual y la obra del Espíritu de Jesús, el Espíritu Santo, en la educación cristiana.

Definiciones

Al abordar el lugar de la espiritualidad en relación con la educación en general, la cuestión de la definición es crucial. ¿Qué entendemos por *educación*? ¿Qué entendemos por educación *cristiana*? ¿Qué entendemos por *espiritualidad*? ¿Qué entendemos por *formación espiritual cristiana*? Y para los fines de este artículo, qué relaciones pueden proponerse una vez que se consideran las definiciones. El reconocimiento tanto de las diferencias como de los puntos comunes entre los cristianos en relación con sus definiciones también añade interés e invita al diálogo. Para fomentar ese diálogo, comparto mis reflexiones y las de otros maestros cristianos.

La definición con la que he trabajado para *la educación* es que es el proceso de compartir contenidos con las personas en el contexto de su comunidad y sociedad. (Pazmiño, 2008a, 90) Los tres elementos esenciales de contenido, personas y contexto están interrelacionados: *el contenido* se ocupa de la información, *las personas* de la formación y *el contexto* de la transformación. Estas conexiones no son excluyentes, sino que proporcionan un enfoque para las prácticas educativas y resuelven las batallas filosóficas históricas sobre lo que es más esencial en la educación, *el contenido*, *las personas* o el *contexto*. En relación con *el contenido,* la mente, los afectos y la voluntad están influidos por la verdad. La verdad fomenta una respuesta de las cabezas, los corazones y las manos de los participantes en el caso particular de la educación cristiana. En la tradición cristiana, el resultado esperado es la sabiduría que el Papa Juan Pablo XXIII definió perspicazmente como «la verdad que, por la gracia de Dios, pasa de la mente al corazón para movernos a vivir y actuar de acuerdo con ella». (McBride, 1996, p. 40) El contenido en sintonía con la sabiduría de Dios se traduce en fidelidad y vitalidad en la vida de aquellos que están capacitados por el Espíritu Santo. Por lo tanto, el intercambio de información cristiana es esencial para que puedan surgir la formación y la transformación.

Una definición de educación *cristiana* que propuse basándome en el trabajo del historiador de la educación Lawrence Cremin también fue identificada por Warren Benson como «la más satisfactoria». Él cita directamente la definición de educación cristiana que propuse, es decir, como el:

Esfuerzo divino y humano deliberado, sistemático y sostenido para compartir o apropiarse del conocimiento, los valores, las actitudes, las habilidades, las sensibilidades y los comportamientos que comprenden o son coherentes con la fe cristiana. Fomenta el cambio, la renovación y la reforma de las personas, los grupos y las estructuras por el poder del Espíritu Santo para que se ajusten a la voluntad revelada de Dios, tal como se expresa en el Antiguo y el Nuevo Testamento y, de manera preeminente, en la persona de Jesucristo, así como los resultados de ese esfuerzo. (2001, p. 27)

Mi definición señala la necesidad de la formación espiritual en la que las personas se forman dentro de la asociación del Dios Trino y el pueblo de Dios. Dentro de esta asociación se comparte el conocimiento o la información, y la transformación es posible cuando el cambio, la renovación y la reforma son operativos. Cabe destacar que, más allá de las personas, se identifican tanto los grupos como las estructuras como sujetos de transformación. Esta inclusión honra el lugar del ministerio profético fuera de los procesos habituales de formación que influyen y moldean a las personas en relación con las expectativas y normas comunitarias acordadas. La voz profética tiene en cuenta a quienes se identifican como maestros, mentores y modelos de conducta en una comunidad de fe. La voz profética tiene en cuenta las estructuras comunitarias y sociales que perpetúan fácilmente las pautas de abuso, opresión, privilegio y prejuicio. Estas pautas se ignoran con demasiada frecuencia en el esfuerzo por formar personas que se ajusten a las expectativas de la comunidad. La voz profética puede poner en tela de juicio las pautas de formación aceptadas, incluso las que se identifican como espirituales y fieles, porque el Espíritu de Dios puede estar llevando a cabo una «cosa nueva» y confrontando pautas pecaminosas a las que se ha prestado demasiada atención.

La definición de *espiritualidad* que me sigue fascinando es la que propuso el gran maestro norteafricano de la Iglesia cristiana Agustín de Hipona. Agustín veía la espiritualidad como el «orden de nuestros amores». Esta definición general sirve para fomentar el discernimiento en cualquier época en la que se proponen diversas espiritualidades para guiar a las comunidades de fe, incluso a las que se identifican como cristianas. También se pueden descubrir en las Escrituras cristianas distintas tradiciones espirituales que sirvieron al pueblo de Dios en diferentes escenarios y desafíos históricos. De las propias enseñanzas de Jesús tenemos una clara delimitación de los amores que cumplen las expectativas de Dios para la humanidad. El orden de los amores que

Jesús ordenó es el amor a Dios, al prójimo y a uno mismo, esbozado en los Dos Grandes Mandamientos. A la luz de la actual crisis ecológica mundial, el amor a la creación de Dios también puede considerarse como una extensión de nuestro amor a Dios y al prójimo. Estos mandamientos contrastan fuertemente con los amores perpetuados en la cultura de Estados Unidos con los amores del dinero, el poder militar, la seguridad nacional, el estatus de celebridad, el entretenimiento y el ocio que preocupan a las personas. La evidencia de estos otros amores que influyen en los cristianos es evidente en la incursión del evangelio de la prosperidad que promueve la salud y la riqueza para los fieles al llamado de Jesús. El destino de Jesús, de sus doce discípulos y de la multitud de mártires relatados en Hebreos 11:36-38 contrasta notablemente con tales enseñanzas.

James Wilhoit, en su importante obra *Spiritual Formation as if the Church Mattered* [*La formación espiritual como si la Iglesia importara*], señala lo siguiente «*La formación espiritual* sostiene que es necesaria tanto la enseñanza informativa (enseñanza que ayuda a fundamentar los hechos de la historia cristiana) como la enseñanza formativa (enseñanza que ayuda a vivir la verdad del evangelio cristiano)». (Wilhoit, 2008, p. 123) En esa obra propone la siguiente definición de la *formación espiritual cristiana* «el proceso comunitario intencional de crecer en nuestra relación con Dios y conformarnos a Cristo mediante el poder del Espíritu Santo». (Wilhoit, p. 23) La definición y el argumento de Wilhoit sugieren algo del «más» que propongo es crucial para evitar reducir la educación cristiana a un único énfasis en la formación. Él nombra el asunto de la información relacionada con *el contenido* y reconoce la importancia del *contexto* de la comunidad de fe para la formación de las *personas*. Una preocupación que aporto al proceso de formación como paradigma es la presunta fidelidad de la comunidad de fe concreta. Toda comunidad de fe requiere una transformación continua y el fomento de voces proféticas que revelen información olvidada o una nueva verdad. Los que supervisan el proceso de formación como mentores o maestros están ellos mismos necesitados de la nueva verdad y la luz que emana de la Palabra de Dios. Al mismo tiempo que se apropian de su autoridad, los maestros cristianos deben reconocer la fuente de esta autoridad, es decir, Dios. También necesitan formarse mutuamente con aquellos que se consideran sus discípulos en formación espiritual. Las cuestiones y los retos que plantean las nuevas generaciones son cruciales para mantener la fidelidad de cualquier comunidad cristiana, ya que se relacionan con nuevas realidades culturales y sociales que no formaban parte de la mezcla de sus maestros y mentores durante sus años de formación. En muchos contextos, el ministerio de los jóvenes y de los adultos jóvenes en particular, así como el de los niños, representa las voces proféticas que permanecen desatendidas o ignoradas en los procesos de formación espiritual porque son los que están siendo formados intencionalmente por los adultos. Sin embargo, no prestar atención a sus voces y honrar sus dones de liderazgo obstaculiza la forma en que las comunidades de fe pueden responder a los nuevos cambios culturales. Este es un desafío particular para las sociedades conocidas por la lapidación de sus profetas. Este apedreamiento incluía a Israel históricamente en los relatos bíblicos y a los Estados Unidos actuales, considerados por algunos como el «Nuevo Israel» en el pensamiento religioso popular. Podemos observar el asesinato de líderes proféticos como Robert Kennedy y Martin Luther King Jr. que supusieron un reto para los adultos. El compromiso con la verdad y las nuevas visiones de la verdad de Dios requiere un proceso abierto que muchos esquemas y programas de formación espiritual olvidan con demasiada facilidad.

Varios ejemplos históricos sirven para ilustrar la importancia tanto de la definición como del discernimiento en la relación entre la educación cristiana y la formación espiritual. La historia de la educación cristiana señala los excesos ocasionales de los grupos cristianos que formaron eficazmente a las personas, pero que no permitieron tanto la evaluación como la crítica de las orientaciones y los esfuerzos del grupo. Los altos niveles de compromiso en lo que se entendía como expectativas básicas para su discipulado fiel a Jesucristo a lo largo del tiempo revelaron excesos y desvíos. Lo que a menudo fallaba era la profundidad y amplitud de la educación cristiana que experimentaban. Carecían de *información* adecuada sobre la fe cristiana y la fiabilidad de su liderazgo. Les faltó prestar atención a la dinámica esencial de *transformación* que tendría en cuenta los patrones de formación que experimentaron. Estos patrones podrían ser evaluados como altamente efectivos en términos de la socialización y la inculturación que buscaba el liderazgo para la formación de los seguidores. Las voces proféticas que cuestionaban el liderazgo designado no fueron escuchadas o atendidas para permitir el diálogo necesario para evitar patrones problemáticos. Para que no desechemos su experiencia como un error sin implicaciones para nosotros, existe el mismo potencial en cualquier comunidad religiosa que no adopte un proceso holístico de educación cristiana que mantenga en tensión los procesos de *formación, información* y *transformación* con la evaluación continua.

La formación espiritual en la tradición cristiana sostiene una relación con el Espíritu Santo, identificado en las Escrituras como el «Espíritu de Verdad» que guía a todos los seguidores y discípulos de Jesús hacia la verdad que Dios quiere para la humanidad. La exploración y el descubrimiento de la verdad requieren el discernimiento de la verdad en medio de una gran cantidad de pretensiones de verdad. La comprensión de la verdad de mi comunidad o de mi persona nunca es completa y necesita una transformación continua. Para discernir la verdad, la adquisición de información fiel es crucial para sostener una formación espiritual digna del nombre de Jesús el Cristo. En mi obra *So What Makes Our Teaching Christian? Teaching in the Name, Spirit and Power of Jesus* [*¿Qué hace que nuestra enseñanza sea cristiana? Enseñar en el nombre, el espíritu y el poder de Jesús*] (Pazmiño, 2008b), sugiero tres criterios básicos para evaluar la fiabilidad de una formación digna de llevar el nombre de «cristiana». El primero de estos tres incluye honrar el nombre de Jesús en términos de demostrar las virtudes de la verdad, el amor, la fe, la esperanza y la alegría, junto con la humildad de abrazar estas virtudes como vasos de barro. El segundo criterio es imbuirse del Espíritu de Jesús que permanece implícito para mí en su primer milagro en las bodas de Caná donde el vino nuevo transformado del agua de purificación responde a la necesidad humana. Mi reciente trabajo explora en profundidad el significado teológico de este relato en relación con el Evangelio de Juan. El tercero es la demostración del poder de Jesús aplicada a las vidas de Nicodemo (Jn. 3:1-21) y de la mujer samaritana (Jn. 4:1-42) conocida en la tradición ortodoxa como Photini, la iluminada. La transformación en las vidas de un prototipo de persona de dentro y de fuera se desarrolla en procesos distintos que reconocen sus diferencias individuales, sus preguntas y sus necesidades espirituales. Los fundamentos teológicos de estos tres criterios se basan en la persona y la obra de Jesucristo. Las verdades y la información fiable se basan en los cimientos teológicos de la encarnación, la crucifixión y la resurrección de Jesús el Nazareno. Cualquier afirmación sobre una formación espiritual fiel a la tradición cristiana necesita ser probada e informada. Del mismo modo, los procesos formativos mejor establecidos necesitan estar continuamente abiertos a la transformación que el Espíritu de Dios pretende para aquellos identificados como maestros y mentores, para las instituciones y programas que apoyan la formación, y para las estructuras sistémicas y sociales más amplias y las visiones del mundo en las que la formación ocurre. Afirmar el señorío de Jesucristo sobre toda la vida requiere esta visión integral y holística de la educación cristiana en el tercer milenio y los siguientes.

¿Formación con qué fines?

La información es crucial para precisar los fines de la formación junto con el objetivo de la transformación. La definición propuesta por Wilhoit, mencionada anteriormente, identifica el crecimiento «en nuestra relación con Dios y la conformación a Cristo mediante el poder del Espíritu Santo». (Wilhoit, p.23). Estos fines suponen la información sobre el Dios Trino y la transformación en la conformación a Cristo a través de la obra del Espíritu Santo. Como cristianos, necesitamos estar informados y mantenernos informados. Necesitamos estar abiertos a nuevas comprensiones sobre la verdad de Dios— la verdad informada y discernida a través de la revelación, la razón, la experiencia y la tradición, como sugiere la enseñanza wesleyana. También necesitamos una comunidad en la que discernir la verdad. Dios es un maestro activo a través del Espíritu Santo para revelar la verdad si nos atrevemos a escuchar.

Centrarse en la información puede parecer estéril en una época saturada de información. Hay que tener en cuenta que la información en la fe cristiana encuentra su expresión en la verdad. Dios Padre/Madre es la fuente de toda la verdad como Creador. En Jesús, el Hijo, se esconden todos los tesoros de la sabiduría y el conocimiento o la verdad (Col. 1:17; 2:2-3). En Jesús se personifica la verdad haciendo honor a su afirmación como «el camino, la verdad y la vida». (Jn. 14:6). En el Espíritu Santo la verdad se activa como sabiduría en la vida. La sabiduría es representada como una mujer en los hermosos pasajes de Proverbios 8 y 9 donde nos invita a la mesa. Aunque se analiza en forma trina, la sabiduría de Dios es una. El Papa Juan XXIII definió la sabiduría como «la verdad que, por la gracia de Dios, pasa de la mente al corazón, para movernos a vivir y actuar en consecuencia». (McBride, p. 40) La moneda de la información en la educación para los cristianos se convierte en la búsqueda de la verdad y la sabiduría para la vida.

El peligro del reduccionismo

Necesitamos estar informados y mantenernos informados como fieles discípulos de Jesús y ciudadanos del Reino de Dios, presente en la creación y aún por revelar en la consumación. Centrarse solo en la información en la educación formal puede ser estéril, si no se complementa con la atención prestada a la formación del plan de estudio oculto con oportunidades de tutoría y, en los círculos cristianos, de discipulado intencional. Pero incluso la información y la formación unidas de forma eficaz pueden ser erróneas si no se renuevan continuamente por la obra de transformación de Dios. En las transformaciones, el Espíritu de Dios moldea los espíritus humanos para que puedan glorificar a Dios en toda la vida. Toda la vida incluye esferas personales, familiares, comunitarias, culturales, sociales y globales que pueden reflejar y resonar con los propósitos creativos y redentores de Dios.

En una discusión sobre la trinidad educativa de *contenidos*, *personas* y *contexto* en *Principles and Practices of Christian Education [Principios y Prácticas de la Educación Cristiana]* (Pazmiño, 1992, pp. 157-63), señalo los peligros del reduccionismo cuando uno o dos de los elementos educativos propuestos dominan la agenda docente. La decisión de equiparar la educación cristiana exclusivamente con una formación incluso de carácter espiritual opta por un énfasis en *las personas* con relativa exclusión tanto del *contenido* como del *contexto* en el pensamiento y la práctica educativa. La inclusión del *contenido* requiere la consideración de la información y la inclusión del *contexto* requiere la atención a la transformación. Los tres elementos esenciales exigen la consideración de los educadores cristianos. Este enfoque holístico se me sugiere en el ejemplo de Esdras, cuya dedicación se describe en Esdras 7:10: «Porque Esdras puso su corazón en estudiar la ley del Señor y en cumplirla, y en enseñar los estatutos y las ordenanzas en Israel». Esdras en su estudio atendió al *contenido* de su fe y su información esencial. Esdras en su *persona* atendió a hacerlo para que pudiera ser un modelo y ejemplo para la formación de la fe para otros como un líder fiel. Esdras también se dedicó a enseñar las instrucciones de Dios en el *contexto* de su conjunto que proporcionaba la invitación a la transformación.

Conclusión

La educación cristiana requiere información espiritual, formación espiritual y transformación espiritual. Mientras que la cultura en Estados Unidos aboga por soluciones rápidas, sugiero que los cristianos eviten una solución rápida enfatizando únicamente la formación espiritual y evitando tanto los rigores del estudio como los riesgos de la transformación. El estudio de la educación cristiana incluye el trabajo bíblico, teológico, filosófico, histórico, cultural, estético y científico, como se explora en *Cuestiones fundamentales de la educación cristiana* (Pazmiño, 2001). A nosotros, como trabajadores, se nos exhorta a estudiar la Palabra de Dios de la verdad (2Tim. 2:15) que puede ser discernida en todas esas áreas de esfuerzo intelectual. Este estudio en sí mismo puede ser visto como una práctica espiritual que debe glorificar a Dios tanto como un servicio de adoración reunido. La transformación con la que el Espíritu de Dios bendice a las personas, las escuelas, las iglesias, las comunidades, las instituciones y las estructuras puede alterar los patrones habituales de formación practicados por los cristianos, aportando nueva vida y dirección. Esta transformación ha de ser alimentada y celebrada cuando aceptamos que la educación cristiana es más que una formación. Si los educadores cristianos piensan secuencialmente en la enseñanza y el aprendizaje, la información espiritual proporciona una plataforma para la formación espiritual. A su vez, tanto la formación espiritual como la información espiritual que la sustenta proporcionan una plataforma para la transformación espiritual a medida que las personas, las comunidades y las estructuras se conforman a la imagen de Jesucristo.

Referencias

Benson, W. (2001). Philosophical Foundations of Christian education. En M. Anthony (ed.), *Christian education: Foundations for the twenty-first century* (pp. 26-34). Grand Rapids: Baker Academic.

Cully, I. (1984). *Education for spiritual growth*. San Francisco, CA: Harper & Row.

Downs, P. (1994). Teaching for spiritual growth: An introduction to Christian education. Grand Rapids, MI: Zondervan.

McBride, A. (1996). *A retreat with Pope John XXIII: Opening the windows to wisdom*. Cincinnati, OH: St. Anthony Messenger Press.

Palmer, P. (1983). *To know as we are known: A spirituality of education*. San Francisco, CA: Harper & Row.

Palmer, P. (1998). Evoking the spirit in public education, *Educational Leadership* 56 (December 1998-January 1999): 6-11.

Pazmiño, R. (1992). Principles and practices of Christian education: An evangelical perspective. Grand Rapids, MI: Baker.

Pazmiño, R. (1998). Basics of teaching for Christians: Preparation, instruction, and evaluation. Grand Rapids, MI: Baker.

Pazmiño, R. (2008a). Foundational issues in Christian education: An introduction in evangelical perspective, 3ra. ed. Grand Rapids, MI: Baker Academic.

Pazmiño, R. (2008b). So what makes our teaching Christian? Teaching in the name, spirit and power of Jesus. Eugene, OR: Wipf and Stock.

Wilhoit, J. (2008). Spiritual Formation as if the church mattered: Growing in Christ through community. Grand Rapids, MI: Baker Academic.

Zuck, R. (1972). *Spiritual power in your teaching*, ed. rev. Chicago, IL: Moody.

8

El pecado y la enseñanza cristiana[66]

Octavio Javier Esqueda

El pecado y la gracia son dos realidades esenciales que definen nuestra fe cristiana y afectan a nuestra vocación como educadores teológicos. Las Escrituras declaran que todos somos pecadores que necesitamos desesperadamente la gracia de Dios para sostenernos y capacitarnos para servirle mientras enseñamos a otros. El pecado impregna todo nuestro ser y nos aleja de nosotros mismos, de otras personas, de nuestro mundo y, lo más importante, de nuestro Creador. La verdad es que en nuestros propios esfuerzos y con nuestras propias fuerzas lo mejor que podemos hacer es pecar. Sin embargo, la gracia de Dios por medio de Cristo no solo restaura esas relaciones rotas, sino que nos bendice con el privilegio de ser hijos de Dios, de poder conocer su voluntad y de ser útiles en sus manos (Ef. 1:4-7). Somos pecadores salvos por la gracia, utilizados como maestros cristianos por la gracia, con el propósito de proclamar la gracia de Dios al mundo para la gloria de su gracia redentora.

Nuestra cultura, sin embargo, afecta a la forma en que percibimos nuestro ministerio de enseñanza. En las culturas en las que el catolicismo romano es la religión dominante, se enfatiza el pecado sobre la gracia. Un claro ejemplo de esta situación es la importancia del Viernes Santo sobre el Domingo de Resurrección como punto central de la Semana Santa. En estas culturas, la mayoría de las personas reconocen y admiten su pecaminosidad y, al mismo tiempo, les cuesta

---

[66] Esqueda, O. J. (2011). Sin and Christian teaching. *Christian Education Journal, 1,* 164.

aceptar la gracia de Dios, que consideran inalcanzable. La mayoría de los católicos romanos practicantes creen que son pecadores y que merecen un castigo por sus pecados, pero no pueden comprender fácilmente que la salvación es un don «gratuito» que no depende de las obras. Crecí en este tipo de cultura religiosa que sufre por su tendencia a perder la bondad de la gracia al centrarse demasiado en el pecado.

Sin embargo, después de vivir en Estados Unidos durante varios años, me parece que aquí se enfatiza la gracia hasta un punto en el que casi se olvida el pecado. Tal vez por su influencia protestante, entre otros factores culturales, el Domingo de Resurrección es el foco principal de la Semana Santa, mientras que muchas iglesias evangélicas restan importancia al Viernes Santo. La mayoría de la gente cree que es esencialmente buena y que, por tanto, se ha ganado el derecho a entrar en el cielo como recompensa. Esta cultura redefine el pecado y le resta importancia.

Percibir la gracia de Dios sin una comprensión adecuada del pecado carece de sentido y se convierte en algo «barato» (Bonhoeffer, 1995, p. 44). Observo una tendencia a descartar el pecado en la educación cristiana en general y en la enseñanza cristiana en particular. Este artículo intenta poner de manifiesto este principio vital y las implicaciones del pecado para los educadores teológicos.

¿Qué es el pecado?

Es primordial definir el pecado como primer paso en nuestra comprensión de la gracia y del papel que desempeñan los maestros cristianos como proclamadores de la gracia de Dios. El pecado está en todas partes a nuestro alrededor; nos hemos acostumbrado a su presencia. El pecado afecta a todo lo que somos y hacemos y dirige nuestra vida por completo (Ef. 2:1-3). Las consecuencias del pecado son tan «normales» que tomamos la muerte, una terrible consecuencia del pecado, como una parte inevitable de la vida. Sin embargo, como nos recuerda el teólogo Cornelius Plantinga, el pecado no es normal; el pecado no es el ideal de Dios para nosotros; nuestro mundo no es como debería ser (Plantinga, 1995).

El pecado se opone a Dios y a su carácter santo. No se ajusta a la ley moral de Dios en acción, actitud o naturaleza (Grudem, 1994, p. 490). Plantinga (1995) ofrece una clara descripción de cómo las Escrituras describen el pecado:

La Biblia presenta el pecado por medio de conceptos principales, principalmente la anarquía y la falta de fe, expresados en una serie de imágenes: el pecado es la falta de un objetivo, un desvío del camino, un alejamiento del redil. El pecado es un corazón duro y un cuello rígido. El pecado es ceguera y sordera. Es tanto sobrepasar una línea como el no alcanzarla, tanto la transgresión como la deficiencia. El pecado es una bestia agazapada a la puerta. En el pecado, las personas atacan o evaden o descuidan su llamado divino... el pecado nunca es normal. El pecado es una interrupción de la armonía creada. Sobre todo, el pecado interrumpe y resiste la relación vital del ser humano con Dios. (p. 5)

Todos somos igualmente pecadores porque nacemos pecadores (Rom. 5:12) y porque pecamos voluntariamente (Rom. 3:23). Tanto nuestro comportamiento pecaminoso—cualquier pensamiento, deseo, emoción, palabra u obra, o su ausencia particular— como la disposición a cometer pecado desagradan a Dios y merecen ser culpados (Plantinga, 1995, p. 13). Nuestra tendencia a vivir sin honrar a Dios como Señor de nuestras vidas es la raíz de nuestra pecaminosidad. Erickson (2000) nos recuerda que «en pocas palabras, el pecado es no dejar que Dios sea Dios y colocar algo o a alguien en el lugar que le corresponde a Dios o en su supremacía» (p. 579).

El pecado es un enemigo que desvanece el plan perfecto de Dios para su creación. Nuestro Creador diseñó para nosotros un entorno ideal que calificó de «muy bueno» (Gén. 1:31). Los seres humanos fueron creados a imagen y semejanza de Dios con la capacidad moral de reflejar su carácter y gobernar la creación como sus representantes (Pyne, 1999). Nuestro Dios bueno nos creó para el shalom. Plantinga (1995) define el shalom bíblico como «el florecimiento, la plenitud y el deleite universales, un rico estado de cosas en el que se satisfacen las necesidades naturales y se emplean fructíferamente los dones naturales, un estado de cosas que inspira un alegre asombro cuando su Creador y Salvador abre las puertas y acoge a las criaturas en las que se deleita. Shalom, en otras palabras, es la forma en que las cosas deben ser» (p. 10). El pecado corrompió nuestro mundo y nuestras vidas. En consecuencia, el pecado no es otra cosa que el vandalismo del shalom.

Un resultado trágico del pecado es el aislamiento. Somos seres comunitarios como lo es nuestro Dios trino, pero nuestro orgullo pecaminoso nos hace centrarnos solo en nuestro propio interés y descuidar tanto a Dios como a los demás. Pyne (1999) señala con razón que el pecado «va en *contra* de los propósitos de Dios y de los intereses de otras personas, apoyando solo el interés retorcido del yo» (p. 209). Cuanto más perseguimos nuestra propia felicidad por nuestros propios esfuerzos y en nuestro propio beneficio, más solos y aislados nos encontramos. ¡Esta es la falacia del pecado!

Solo cuando me doy cuenta de lo real y omnipresente que es el pecado en mi vida puedo apreciar la asombrosa gracia de Dios que salvó a un desgraciado como yo. Cristo murió por nosotros, los pecadores (Rom. 5:8), y su justicia nos es imputada por su gracia (2Cor. 5:21). La gracia de Dios por medio de Cristo desborda al mundo mucho más que cualquier efecto del pecado (Rom. 5:12). Aunque seguimos pecando; ahora en Cristo, somos perdonados y Él purifica nuestra injusticia (1Jn. 1:9). La buena noticia del Evangelio supera la mala noticia del pecado. Los educadores teológicos son realmente mensajeros de las buenas noticias.

Los siete pecados capitales como herramienta didáctica para entender el pecado y la gracia

La tradición de los siete pecados capitales o vicios puede ser una herramienta útil en la educación cristiana para enseñar sobre el pecado y apreciar la gracia si lo hacemos en el contexto de la formación espiritual. Los vicios y las virtudes son disposiciones habituales adquiridas con la práctica y definen nuestro carácter. La familiaridad con los vicios puede ayudarnos a darnos cuenta de nuestra pecaminosidad y de nuestra necesidad vital de la gracia de Dios.

Estos vicios o pecados se llaman «capitales» porque el término viene del latín *caput* o *capitis* que significa «cabeza», y por lo tanto son la fuente de más pecados relacionados (Aquino, 2003, p. 415). La clasificación de los pecados capitales tuvo su origen en la tradición del Desierto que comenzó en los primeros siglos de la era cristiana. El culto monje Evagrio del Ponto (c.345-399 d.C.) fue el primero que ordenó una lista de ocho pecados o vicios a los que llamó «pensamientos» o «demonios». Evagrio era uno de los monjes llamados Padres del Desierto porque vivían en el desierto egipcio para huir de las tentaciones y dedicarse a la oración y la formación espiritual. Organizó esos pecados en torno a «los apetitos humanos corruptos (gula y lujuria), los deseos (avaricia y vanagloria) y las emociones (ira, *acēdia* apatía espiritual, tristeza y orgullo)» (Kruschwitz, 2010, p. 4). El objetivo de Evagrio era abandonar los malos deseos y pasiones para experimentar un encuentro místico con Dios (Busby, p. 391).

Juan Casiano (c.360-c.435 d.C.), discípulo de Evagrio, introdujo esta lista de lo que llamó «vicios» en la Iglesia occidental con sus *Institutos* y *Conferencias*. Casiano adaptó las prácticas de los monjes del desierto a la vida monástica del sur de la Galia. Casiano ordenó su lista desde los vicios carnales a los espirituales: gula, lujuria, avaricia, ira, tristeza, pereza (acedia), vanagloria y orgullo. Su objetivo era ayudar a los monjes a investigar la naturaleza de los vicios, comprender sus causas y proponer curas y remedios (Casiano, 2000, p. 117).

Gregorio I, el primer monje que llegó a ser Papa, (c.540-604 d.C.) redujo la lista de ocho a siete vicios para simbolizar el número bíblico que ejemplifica la perfección. Incluyó la pereza en la tristeza e hizo de la envidia un vicio aparte. Además, Gregorio identificó el orgullo como la raíz de todos los demás pecados. Por último, Tomás de Aquino (1225-1274 d.C.) en el siglo XIII en su obra principal *Summa theologiae* (1989) y en *Sobre el mal* (2003) popularizó el conocimiento de los vicios a los que se refirió como «pecados». El escritor italiano Dante Alighieri (1265-1321 d.C.) utilizó los siete pecados capitales como base para estructurar su novela *La Divina Comedia* (2003), considerada una obra maestra de la literatura universal.

Cada pecado capital representa rasgos de carácter que nos alejan de Dios y de su perfecta voluntad para nosotros porque se centran egoístamente en nuestras propias pasiones y deseos. Estos pecados son precursores de la destrucción; son los primeros en orden de ataque después del orgullo y la escolta de otros pecados que destruyen el amor de las personas por Dios y por los demás (Kruschwitz, 2010). Por lo tanto, es importante entender cómo se definieron estos pecados y cómo afectan a nuestras vidas, incluso de forma sutil. A continuación se presenta un resumen de cada uno de los vicios siguiendo el orden sugerido de carnal a espiritual:

Gula

La gula representa un deseo desmedido de gratificación egoísta. Este vicio es particularmente difícil de controlar porque, de todas las emociones, el placer es la más difícil de regular y los placeres naturales que se encuentran en la comida y la bebida son partes integrales y esenciales de nuestra vida (Aquino, 2003, p. 406). Evidentemente, comer en exceso es una manifestación obvia de la gula, pero este pecado capital refleja defectos morales más profundos que nos aíslan de Dios y del prójimo. De hecho, la comida puede convertirse en un refugio lejos del Señor y una forma de compensar la intimidad con otros seres humanos. Gregorio Magno enumeró cinco características de la gula que representan formas desordenadas de comer: melindroso, voraz, excesivo, suntuoso y apresurado. (De Young, 2009, p.141) Aunque la gula es evidente en lo que comemos y en cómo lo hacemos, sus raíces no están en nuestro estómago, sino en nuestro corazón. La gula trata de satisfacer nuestras necesidades naturales sin considerar a Dios como el principal proveedor.

Lujuria

La lujuria, como la gula, busca el placer físico egoísta y tiene el poder de corromper nuestro razonamiento y comportamiento probablemente más que cualquier otro vicio capital. Las personas lujuriosas no pueden ver la humanidad de otros seres humanos creados a imagen y semejanza de Dios y los perciben solo como objetos sexuales. La lujuria es siempre egocéntrica y deshonra el ideal de Dios para el sexo. Este vicio va en contra de la intimidad y el compromiso que requieren las relaciones amorosas. Casiano en sus *Institutos* (2000) repite la advertencia de Jesús en Mateo 5:28 de que la lujuria es un asunto del corazón y para vencerla hay que purificar cuidadosamente todos los lugares ocultos de nuestro corazón (p. 157).

Avaricia

Aquino, en *Sobre el mal* (2003), define la avaricia como el deseo desmedido de dinero o de cualquier cosa que el dinero pueda comprar. Este apego extremo por las posesiones materiales sitúa al dinero como fuente de felicidad y seguridad y sustituye a Dios. Los avariciosos consideran el dinero y sus pertenencias como su propio refugio para la autosuficiencia. En consecuencia, la avaricia crea apatía por las necesidades de los demás impidiendo la generosidad y la justicia. Este pecado egoísta es capital porque produce frutos amargos como «estar dispuesto a engañar, a mentir descaradamente o bajo juramento, a robar, a perjudicar y a traicionar a otros por el dinero». (DeYoung, 2009, p. 108)

Ira

La ira es un pecado egoísta contra la templanza. En la tradición de los pecados capitales, hubo algunos desacuerdos respecto a si la ira es siempre pecaminosa. El monje Evagrio y principalmente Juan Casiano sostenían que la ira siempre es mala y que se vuelve irrelevante para la razón o el objeto (Casiano, 2000). Creían que la ira perturba la razón y siempre obedece a motivaciones egocéntricas. Por otro lado, Aquino distinguía entre la ira como una pasión humana normal y el vicio pecaminoso, excesivo y mal dirigido (DeYoung, 2009). La ira es un pecado capital porque engendra peleas, ego inflado, insultos, exclamaciones, indignación y blasfemias. Por tanto, la ira puede afectar a nuestros deseos, a nuestra forma de hablar y a nuestros actos (Aquino, 2003).

Envidia

Tomás de Aquino (2003) define la envidia como la tristeza por la gloria de otro. Este pecado produce resentimiento por los dones y las posesiones de otras personas, principalmente las que están cerca de nosotros. La envidia tiene su origen en nuestros sentimientos de inferioridad y en cómo medimos nuestra autoestima con los demás. Gregorio Magno introdujo por primera vez este vicio en la lista de pecados capitales, probablemente porque puede considerarse un pecado urbano o social, a diferencia del contexto de Evagrio en el desierto, donde la propiedad privada era casi inexistente. La envidia siempre va en contra de la caridad y exhibe nuestra autosuficiencia en lugar de confiar en la gracia de Dios como base de nuestro valor.

Pereza

Evagrio de Pontos (2003) calificó la pereza o acedia (como la llamaban los Padres del Desierto) como el «demonio del mediodía» al que se refiere el Salmo 91:6 y «el más opresivo de todos los demonios» porque distraía a los monjes de sus deberes religiosos y les hacía soñar despiertos con los beneficios de su vida anterior (p. 99). En este contexto, la pereza es algo más que simple pereza. Este pecado representa la apatía o la falta de atención a nuestra vocación de servidores de Dios y a las necesidades de los demás. Por esta razón, la pereza también puede manifestarse en nuestro negocio de realizar nuestras propias tareas personales y, al mismo tiempo, descuidar a Dios y a los demás. Aquino (2003) sostiene, junto con Gregorio, que la apatía espiritual es similar a la tristeza y que, por esta razón, la pereza y la tristeza pueden utilizarse simultáneamente. Este vicio produce un corazón tedioso y poco dispuesto a crecer espiritualmente. La pereza, entonces, es una decisión voluntaria de vivir en contra de la obra de Dios en nuestras vidas y de nuestro compromiso espiritual con el prójimo.

Vanagloria

La vanagloria es el deseo desordenado y excesivo de reconocimiento y aprobación de los demás (DeYoung, 2009, p. 61). Las personas vanagloriosas alejan a los demás porque solo se centran en sí mismas. Evagrio de Puntus (2003) señaló acertadamente la omnipresencia de este pecado, «es difícil escapar del pensamiento de la vanagloria, pues lo que haces para librarte de ella se convierte para ti en una nueva fuente de vanagloria» (p. 103). Por lo tanto, este vicio particular puede llegar a ser extremadamente común para las personas religiosas que confían en su propia autosuficiencia para agradar a Dios. Este insidioso pecado se manifiesta de diferentes maneras buscando «herir al soldado de Cristo en el vestido y en la apariencia, en el porte, en el discurso, en el trabajo, en las vigilias, en los ayunos, en la oración, en la reclusión, en la lectura, en el conocimiento, en el silencio, en la obediencia, en la humildad y en la longanimidad» (Casiano, 2000, p. 241).

La tradición de la Iglesia, a lo largo del tiempo, también identificó siete virtudes principales en oposición a los vicios; tres de ellas eran teologales (fe, esperanza y amor) y cuatro cardinales (sabiduría práctica, justicia, valor y templanza). Estas cualidades representan rasgos de carácter que los seguidores de Cristo deben emular. Estas virtudes, sin embargo, no representan el opuesto exacto de cada vicio. Puesto que nuestro Señor Jesucristo es el modelo a seguir para todos los cristianos, solo él ejemplifica las virtudes que debemos imitar mediante la ayuda y el poder del Espíritu Santo.

Los siete pecados capitales se utilizaban mucho en la época medieval para enseñar a la gente como instrumento de preparación para la confesión. De hecho, hasta el día de hoy, muchos católicos romanos siguen repasando esta lista como ayuda para recordar sus pecados antes de la confesión. Los siete pecados capitales, y en menor medida sus virtudes homólogas, formaban parte del catecismo para instruir a los nuevos creyentes en su fe. Por ejemplo, durante la época colonial, los misioneros católicos romanos de la Nueva España (lo que hoy es México, el sur de Estados Unidos y Centroamérica) introdujeron la *piñata* (un bote cubierto de papel de colores que se cuelga durante las fiestas y se golpea con un palo para que suelte caramelos en su interior) como herramienta religiosa que simbolizaba la lucha entre los pecados y las virtudes. El bote representaba a Satanás, que suele llevar una atractiva máscara para engañar a la humanidad. La piñata tenía siete puntas, cada una con serpentinas que indicaban los siete pecados capitales. Por lo tanto, la colorida piñata caracterizaba la tentación. Los participantes, con los ojos vendados y encarnando la fe, intentaban romper la piñata con un palo que representaba la virtud, mientras la piñata que colgaba sobre sus cabezas les obligaba a mirar hacia el cielo como símbolo de esperanza. Una vez rota, los caramelos y las frutas del interior de la piñata bajaban para que todo el mundo los disfrutara como recompensa por superar el mal y mantener la fe. Por desgracia, hoy en día la piñata ha perdido en su mayor parte su simbolismo religioso.

Después de la Reforma, la mayoría de los protestantes rechazaron esta lista de pecados capitales porque la Biblia no proporciona esta clasificación de vicios capitales. Además, a los reformadores también les preocupaba que la lista de virtudes pudiera convertirse en una forma de ganarse la salvación por obras y no como un don por la gracia de Dios. Hoy en día, por lo general, los evangélicos que viven en contextos en los que el catolicismo romano es la religión principal también ignoran la clasificación de los vicios o pecados y las virtudes y las rechazan porque las perciben como parte de la doctrina católica romana y de alguna manera opuesta a las enseñanzas de las Escrituras. La mayoría de los evangélicos de Norteamérica también desconocen la existencia de esta clasificación de los pecados.

Los siete pecados capitales funcionan como sustitutos de Dios y ejemplifican nuestras pasiones egoístas y deseos excesivos. Estos vicios son patrones de comportamiento que nos alejan de Dios y nos convierten en víctimas de nuestros propios pecados (DeYoung, 2009). El orgullo se considera la fuente de todos los vicios porque el orgullo se opone completamente a la caridad, nuestro amor a Dios y al prójimo. Casiano (2000) subraya con razón que no hay otro vicio que reduzca tanto a la nada toda virtud y que despoje y empobrezca tanto al ser humano de toda rectitud y santidad como lo hace el mal del orgullo (p. 255).

Las virtudes, por otro lado, ejemplifican la vida caritativa que deben demostrar los creyentes regenerados. La Biblia enseña en varios pasajes como Efesios 4, Colosenses 3 y Gálatas 5 que Cristo produce una transformación en nuestras vidas que debe manifestarse en nuestro comportamiento, tanto en los actos pecaminosos que debemos evitar como en las virtudes que debemos perseguir. La siguiente tabla proporciona una visión de los pecados que debemos dejar de lado y las virtudes que debemos perseguir como creyentes.

TABLA 2

RESUMEN DE LOS PECADOS A EVITAR Y LAS VIRTUDES A REPRESENTAR COMO CREYENTE REGENERADO		
PASAJE	Pecado	Virtudes
EF. 4:25	Falsedad	Hablar verdad
EF.4:26	No pecar con ira	
EF.4:28	Hurtar	Trabajar para tener qué compartir
EF. 4:29	Palabras deshonestas	Palabras de edificación
EF.4:31	Amargura	
EF. 4:31	Ira y enojo	
EF. 4:31	Contienda	
EF. 4:31	Blasfemia	
EF. 4:32		Bondad para con los otros
EF. 4:32		Gentileza
EF. 4:32		Perdón para con los demás
COL. 3:8	Enojo	
COL. 3:8	Ira	
COL. 3:8	Malicia	
COL. 3:8	Blasfemia	
COL. 3:8	Palabras abusivas	
COL. 3:8	Mentiras	
COL. 3:12		Compasión
COL. 3:12		Amabilidad
COL. 3:12		Humildad
COL. 3:12		Gentileza
COL. 3:12		Paciencia
COL. 3:14		Amor
GÁL. 5:19	Inmoralidad	
GÁL. 5:19	Impureza	
GÁL. 5:19	Sensualidad	
GÁL. 5:20	Idolatría	
GÁL. 5:20	Hechicería	
GÁL. 5:20	Enemistades	
GÁL. 5:20	Pleitos	
GÁL. 5:20	Celos	
GÁL. 5:20	Rabietas	
GÁL. 5:20	Disputas	
GÁL. 5:20	Disensiones	
GAL. 5:20	Divisiones	
GAL. 5:21	Envidia	
GAL. 5:21	Borrachera	
GAL. 5:21	Pereza	
GAL. 5:22		Amor
GAL. 5:22		Alegría
GAL. 5:22		Paz

GAL. 5:22	Paciencia
GAL. 5:22	Amabilidad
GAL. 5:22	Bondad
GAL. 5:22	Fe
GAL. 5:23	Mansedumbre
GAL. 5:23	Templanza

Considerar la tradición de los vicios nos ayuda como cristianos y educadores teológicos a vernos en el espejo para descubrir nuestra pecaminosidad y apreciar la gracia de Dios. Esta clasificación nos muestra formas de ayudar a nuestros estudiantes a ser intencionales en su lucha contra el pecado mediante la ayuda del Espíritu Santo. Solo cuando somos conscientes de nuestro pecado podemos apreciar y confiar en la gracia de Dios. No solo somos salvos por la gracia, sino que nuestro caminar con Cristo debe basarse en la gracia divina. Rebecca Konyndyk DeYoung (2009), autora de uno de los libros más útiles sobre los siete pecados capitales, resume bien la importancia de esta tradición para la educación cristiana:

Sin embargo, la razón por la que es crucial recuperar la tradición y la historia del vicio es que se desarrollaron en una comunidad de cristianos que buscaban vivir su discipulado a través de disciplinas diarias y por la gracia de Dios. Identificar y luchar contra un vicio no es un esfuerzo puramente humano, y no es un programa de autoayuda individualista y psicológico. Era y es la formación disciplinada y con gracia del cuerpo de creyentes que buscan parecerse cada vez más a Jesucristo. (p. 40)

Enseñanza para el *Shalom*

Aunque somos pecadores, el buen Señor nos salvó por su gracia (Ef 2:8). Ahora somos su obra maestra (griego *poiema* de donde recibimos nuestra palabra poema) creada para su servicio (Ef 2:10). En efecto, los maestros cristianos son principalmente mensajeros y modelos de la gracia. Nuestra condición de pecadores enseñando a pecadores es superada por la gracia de Dios como bien señala Pazmiño (2001), «*A pesar* de nosotros, Dios trabaja para transformar el pecado que nos asedia a través de la oferta de salvación que enseñamos» (p. 57). Cualquier enseñanza cristiana que no destaque la importancia de la gracia impartida a los pecadores es inútil.

Aunque el pecado afectó a todas las áreas de nuestra vida y destruyó nuestras más preciadas relaciones con nuestro Creador, con nuestro prójimo, con nosotros mismos y con nuestro mundo, Cristo restaura todas esas relaciones por su gracia. En Cristo, podemos disfrutar del «shalom» que Dios quiso para nosotros. Si el pecado produjo el vandalismo del shalom, la gracia de Dios desborda el shalom. Por eso, los maestros cristianos son heraldos del shalom.

La enseñanza cristiana es una tarea espiritual que trasciende la idea errónea de que enseñar solo implica compartir información. Debido a nuestra pecaminosidad y a nuestra total dependencia de la gracia de Dios, el papel del Espíritu Santo es esencial en la transformación sobrenatural de los alumnos mediante la educación cristiana (Esqueda, 2008). El Espíritu Santo es vital para la enseñanza cristiana y cualquier lección sin su ayuda se vuelve espiritualmente ineficaz. Creo que nuestra tendencia cultural a disminuir el pecado contribuye a nuestra inclinación a olvidar la importancia del Espíritu Santo en nuestra enseñanza. De hecho, a través de su Espíritu, el Señor del universo, por su gracia, se asocia con nosotros en nuestro ministerio de enseñanza: «La educación cristiana es un proceso cooperativo, una empresa en la que participan tanto lo humano como lo divino. Los maestros humanos comunican y ejemplifican la verdad; el Espíritu Santo procura proporcionar orientación, poder, iluminación y perspicacia a los maestros» (Zuck, 1988, p. 37).

Supongo que aunque la mayoría de los educadores cristianos están de acuerdo con Hendricks (1987) en que el propósito de la enseñanza es cambiar vidas, encontrarían algún desacuerdo en cuanto a qué cambio específico se refiere. La Biblia deja claro que nuestro objetivo como creyentes es ser transformados a la imagen de Cristo (Rom. 8:29; Ef. 4:13). Sin embargo, nuestra transformación para parecernos más a Cristo es un proceso que nos llevará toda la vida. Además, este crecimiento espiritual debe manifestarse en nuestra vida diaria a través de nuestras acciones. Un enfoque apropiado en los pecados y virtudes capitales proporciona una hoja de ruta útil para ayudar a los educadores cristianos a dirigir sus lecciones para fomentar cambios específicos en la vida de sus alumnos. De este modo, los educadores cristianos se convierten en maestros intencionales para el shalom.

Nuestra lucha común contra el pecado y nuestra necesidad de la gracia de Dios deberían convertirse también en nuestro terreno común para la interacción colegiada de los que servimos en la educación superior cristiana. Lamentablemente, con demasiada frecuencia el orgullo y la vanagloria impregnan nuestra profesión como pecados «aceptados». Cuando nos volvemos ajenos a nuestra condición de pecadores redimidos, tenemos la tendencia a dirigir nuestra atención únicamente a nuestros objetivos personales y agendas de investigación en lugar de interactuar unos con otros como hermanos y hermanas que caminan juntos y se necesitan mutuamente en el camino hacia la santificación. Las divisiones en la educación superior entre los administradores y el magisterio y entre los departamentos académicos encuentran su propósito común en el objetivo final tanto de la institución como de sus estudiantes: la proclamación y la transformación del shalom de Dios para la humanidad.

Si una consecuencia del pecado es el aislamiento, la gracia, en cambio, produce comunidad. De hecho, el crecimiento espiritual y la educación cristiana solo pueden florecer en el contexto de la comunidad de creyentes. Pazmiño (2001) nos recuerda que «la iglesia cristiana es una realidad corporativa, y el lugar de construcción, de ser edificados juntos en Cristo, debe ser renovado en la enseñanza cristiana» (p. 54). Los maestros cristianos deben recordar que la formación espiritual debe ser un proceso comunitario intencional de crecimiento en nuestra relación con Dios para conformarnos al Señor Jesucristo (Wilhoit, 2008). Parret y Kang (2009) elaboraron una definición completa de la enseñanza cristiana en la que destacaron intencionadamente la importancia de la comunidad:

> Enseñar es ponerse al lado de otro, en la fuerza del Espíritu y en compañía de los fieles, para buscar y encontrar juntos la Verdad: apuntando a percibirla más claramente, considerarla más críticamente, abrazarla más apasionadamente, obedecerla más fielmente y encarnarla con mayor integridad (p. 277)

Nuestra inclinación cultural hacia el individualismo impide en muchos casos el desarrollo de una verdadera comunidad bíblica. Más allá de las distinciones culturales entre lo que algunos denominan culturas «orientadas a las tareas» frente a las «orientadas a las personas», los educadores cristianos deben hacer hincapié en el crecimiento del cuerpo de creyentes en lugar del éxito de unos pocos miembros. El pecado produce la falta de comunidad tristemente presente a veces en la educación cristiana. De hecho, Robert Banks (1999) ha argumentado que la dilución de la comunidad es un problema importante para las instituciones teológicas hoy en día y que para que esas instituciones cumplan plenamente la visión de Dios debe haber un compromiso institucional e individual para fomentar la comunidad (p. 205). Los maestros cristianos, como ha señalado brillantemente Parker Palmer (1998), deben comunicar siempre con claridad que el verdadero aprendizaje requiere una «comunidad de verdad» en la que nosotros, como maestros, estemos dispuestos a «abandonar nuestra autonomía profesional autoprotectora y hacernos tan dependientes de nuestros alumnos como ellos de nosotros» (p. 140). Los maestros cristianos son un modelo de gracia cuando fomentan la comunidad entre sus alumnos.

Conclusión

Todos somos pecadores que dependemos de la gracia de Dios. Los maestros cristianos están al lado de sus alumnos como compañeros en su camino hacia la santificación. Los maestros, sin embargo, tienen la responsabilidad de ser guías de sus alumnos en su camino espiritual. Se convierten en buenos modelos cuando subrayan las realidades del pecado y de la gracia. Los Padres del Desierto (2003) utilizaban apotegmas, anécdotas y refranes, para enseñar a sus alumnos. Este «sobre los filósofos y los monjes» se refiere claramente a nuestra vocación como hijos de la gracia que siempre enseñamos con nuestras vidas y no solo con nuestras palabras:

Una vez vinieron unos filósofos a probar a los monjes. Uno de los monjes se acercó vestido con una fina túnica. Los filósofos le dijeron: «Ven aquí, tú». Pero él se indignó y los insultó. Entonces pasó otro monje, una buena persona, de raza libia. Le dijeron: «Ven aquí, viejo monje malvado». Él se acercó a ellos de inmediato, y comenzaron a golpearlo, y él les puso la otra mejilla. Entonces los filósofos se levantaron y le rindieron homenaje, diciendo: «Aquí hay un monje de verdad». Le hicieron sentarse en medio de ellos y le preguntaron: «¿Qué haces tú en este desierto que no hagamos nosotros? Vosotros ayunáis: y nosotros también. Vosotros castigáis vuestros cuerpos y nosotros también. Todo lo que hacéis, nosotros hacemos lo mismo». El monje respondió: «Confiamos en la gracia de Dios y vigilamos nuestros pensamientos». Ellos dijeron: «Eso es lo que no podemos hacer». Se sintieron edificados y le dejaron marchar (174-175).

Referencias

Alighieri, D. (2003). *The Divine Comedy* (The Inferno, The Purgatorio, and The Paradiso). Nueva York, New American Library.

Aquino, T. (1989). *The Summa Theologiae*: A Concise Translation. Notre Dame, Ave Maria Press.

Aquino, T. (2003). *On Evil*. Nueva York, Oxford University Press.

Banks, R. (1999). Reenvisioning Theological Education: Exploring a Missional Alternative to Current Models. Grand Rapids, Wm. B. Eerdmans Publishing Company.

Bonhoeffer, D. (1995). *The Cost of Discipleship*. Nueva York, Touchstone.

Busby, D. F. (2010). Moses and the Monk: Two Desert Voices on the Centrality of Thought Life in Spiritual Formation. *Christian Education Journal,* 7 (2), 389-400

Cassian, J. (2000). *John Cassian: The Institutes*. Nueva York, The Newman Press.

The Desert Fathers: Sayings of the Early Christian Monks (2003).

De Vitis Patrum, Book 5, 16:16, traducido por Benedicta Ward (Londres: Penguin Classics).

DeYoung, R. K. (2009). Glittering Vices: A New Look at the Seven Deadly Sins and their Remedies. Grand Rapids, Brazos Press.

Erickson, M. J. (2000). *Christian Theology*. Grand Rapids, Baker Books.

Esqueda, O. J. (2008). *The Holy Spirit as Teacher. The Teaching Ministry of the Church*, 2da. edición. W. R. Yount. Nashville, B&H Academic.

Evagrius of Pontus (2003). «Praktikos» en *The Greek Ascetic Corpus*. Oxford, Oxfor University Press.

Grudem, W. (1994). Systematic Theology: An Introduction to Biblical Doctrine. Grand Rapids, Zondervan.

Hendricks, H. (1987). Teaching to Change Lives: Seven Proven Ways to Make Your Teaching Come Alive. Sisters, OR, Multnomah Press.

Kruschwitz, R. (2010). *Reading Thomas Aquinas's On Evil*. Waco, TX: Author.

Parrett, G. & Kang, S. (2009). Teaching the Faith, Forming the Faithful: A Biblical Vision for Education in the Church. Downers Grove, IVP Academic.

Palmer, P. J. (1998). The Courage to Teach: Exploring the Inner Lanscape of a Teacher's Life. San Francisco, Jossey-Bass Publishers.

Pazmiño, R. W. (2001). God our Teacher: Theological Basics in Christian Education. Grand Rapids, Baker Academic.

Plantinga Cornelius, J. (1995). *Not the Way It's Supposed to Be: A Breviary of Sin. Grand Rapids*, William B. Eerdmans Publishing Company.

Pyne, R. A. (1999). Humanity and Sin: The Creation, Fall, and Redemption of Humanity. Nashville, Word Publishing.

Wilhoit, J. C. (2008). Spiritual Formation as if the Church Mattered: Growing in Christ through Community. Grand Rapids, Baker Academic.

Zuck, R. B. (1988). The Role of the Holy Spirit in Christian Teaching. The Christian Educator's Handbook on Teaching. K. G. a. H. Hendricks. Grand Rapids, Baker.

9

Fragmentaciones generacionales y la educación cristiana

Robert S. Pazmiño y Steve S. Kang

Salmo 48:12-14: «Camina alrededor de Sión, rodéala, cuenta sus torres, considera bien sus murallas, recorre sus ciudadelas, para que digas a la siguiente generación que este es nuestro Dios, nuestro Dios por los siglos de los siglos. Él será nuestro guía para siempre».

El salmista nos invita a considerar detenidamente las torres, las murallas y las ciudadelas de Sión para contar a las siguientes generaciones las maravillas del Dios que nos guía. Mientras nos acercamos a la finalización de décadas de enseñanza a tiempo completo, somos conscientes del legado cristiano que dejamos no solo a nuestros nietos, sino a los de la séptima generación que aman y siguen a Jesús desde este día. ¿Qué puede asegurar la vitalidad y la sostenibilidad de la comunidad cristiana en el futuro? Nuestra fe se basa en el amor firme e incondicional de Dios, evidenciado desde el principio de los tiempos y en la revelación de Jesucristo resucitado y ascendido. A la luz de esto, como conductos de la gracia de Dios, los educadores cristianos de este tiempo están llamados a abordar los nuevos desafíos con sabiduría, diligencia y alegría, al tiempo que se enfrentan a las tendencias culturales divisivas con prácticas educativas teológicamente intencionadas y formativamente comprometidas. Una de las ciudadelas de Sión incluye los ministerios esenciales de la educación cristiana que requieren nuestra fiel consideración mientras confiamos en la guía de Dios que se encuentra en las Escrituras. Sin embargo, puede que no todo vaya bien en Sión.

El problema

Las fragmentaciones generacionales han sido promovidas por el capitalismo global que intenta segmentar los mercados mientras promueve los valores del consumismo. En los últimos años, los comerciantes han tratado de aprovechar el pluralismo, la competencia y el marketing de nicho para crear grupos de personas diversos y distintos (Emerson y Smith, 2001), sobre todo a lo largo de líneas generacionales, ayudando a las personas a forjar su propia identidad en contradicción con las costumbres y normas de otras generaciones (Johnson, 2006). Sin embargo, no hay que dejar de lado a los marketeros como únicos culpables de las fragmentaciones generacionales, ya que consideran que sus tareas consisten en generar riqueza para ellos mismos, al tiempo que facilitan y acentúan las diferencias y la singularidad por la que cada generación quiere ser conocida. Así, los comerciantes se consideran meros conductos para ayudar a cada generación a autorrealizar lo que debe ser, ya que cada generación «recompensa» al mercado gastando su dinero para utilizar lo que el mercado ofrece con el fin de lograr su propósito (Smith, 2007). A pesar de la cooperación dialógica con el mercado, las fragmentaciones generacionales están vivas y bien, y están aquí para quedarse a largo plazo en esta sociedad post-industrializada y en la iglesia.

En medio de este entorno poscristiano en el que se encuentra la Iglesia, los valores y el modo de vida cristianos han competido mal con las visiones del mundo y de la vida que se venden en la cultura global saturada de medios de comunicación. Para la tradición hebrea y las tradiciones cristianas a lo largo de los tiempos, la vida intergeneracional y la educación intencional en la fe presuponían y requerían procesos de intercambio y de enseñanza-aprendizaje mutuo a través de las generaciones en el contexto de una comunidad de pacto. Los hebreos y los primeros cristianos no podían imaginarse participando en el culto a menos que las generaciones interactuaran como la casa de Dios, incluyendo activa y rutinariamente a los jóvenes y los niños (Chapell, 2009). Un ejemplo es Nehemías 8, que describe un encuentro que fue fuente de renovación y alegría para el pueblo del pacto de Dios en su regreso a Jerusalén desde el exilio. De hecho, se necesita una congregación no solo para criar a un niño en la fe, sino también para experimentar juntos todo lo que Dios tiene reservado para la casa de Dios (Dawn, 1997). Se nos recuerda el papel clave que desempeñan las familias, junto con las iglesias, en la formación de la fe. Como observó Lawrence Cremin (1977)

La educación en el hogar es a menudo decisiva y los estilos educativos aprendidos por primera vez en la familia tienen gran parte de la clave de los patrones por los que los individuos se comprometen, se mueven y combinan las experiencias educativas a lo largo de la vida, (p. 122)

Creemos que volver a concebir la asociación entre las familias y la iglesia como una manifestación local de la casa de Dios en el contexto de las comunidades locales es esencial para alimentar una fe vital, no solo para los niños y los jóvenes, sino también para los adultos de la casa de Dios. En este caso, las congregaciones locales pueden servir como familias extendidas sustitutas saludables para aquellos cuyos padres no abrazan la fe cristiana y para aquellos que no tienen familia. La iglesia sirve entonces como extensión de Dios al ser el hogar de Dios donde aquellos que necesitan esta crianza son abrazados por Dios y experimentan la crianza y la vida en común. «Aunque mi padre y mi madre me abandonen, el Señor me recogerá» (Sal. 27:10).

Bernard Bailyn, en su obra seminal *Education in the Forming of American Society* [*Educación en la formación de la sociedad estadounidense*] (1970), definió la educación como «todo el proceso por el que una cultura se transmite a través de las generaciones» (p. 14). La educación, en su sentido más amplio, funciona entonces como el principal vehículo sociocultural a través del cual las generaciones modelan y transmiten una compleja mezcla de cultura— es decir, comportamientos, creencias, actitudes, valores e ideales aprendidos— a la siguiente generación. En otras palabras, cada generación modela el don y/o la responsabilidad de la siguiente generación participando en un proceso constante de generatividad en acción con la siguiente generación. Al hacerlo, esperan sobrevivir a sí mismos proporcionando una herencia duradera y rica a la siguiente generación, al tiempo que trascienden su inevitabilidad biológica (Kotre, 1984). Sin embargo, si las generaciones están fragmentadas y disociadas, gran parte del rico patrimonio de la compleja mezcla cultural de una generación se pierde para la siguiente en la transición. Parte de lo que se puede perder es quizá necesario, ya que proporciona un espacio sociocultural para que la siguiente generación rompa el ciclo de dependencia y disfunciones del pasado. Sin embargo, gran parte del rico patrimonio de una generación se convierte en forraje para las siguientes generaciones, a través del cual pueden recibirlo con gratitud, examinarlo críticamente, remodelarlo de forma creativa para ellos mismos y transformarlo de forma generativa para las generaciones futuras.

Si G. K. Chesterton (1986) advierte contra los contemporáneos o las generaciones más jóvenes cuya preocupación es liberarse de las tradiciones de las generaciones pasadas, una advertencia similar es necesaria para las generaciones mayores también contra la práctica continua de una forma de fragmentación generacional y exclusivismo propio. Por ejemplo, la fragmentación generacional se ha extendido a las condiciones de vida de los adultos mayores de 50 años. En los últimos años han surgido en Estados Unidos numerosas comunidades cerradas, a medida que los baby boomers se preparan para sus años de jubilación (Smith, 2007). Muchos de esos lugares tienen políticas que hacen para excluir intencionadamente a los niños y los jóvenes de la residencia con la esperanza de mantener juntas a todas las personas que están «en la misma página». En un caso, la comunidad de adultos prohibió que los hijos o nietos menores de 45 años permanecieran de forma continuada en las casas de los familiares durante más de dos semanas. ¿Qué se pierde con este tipo de convivencia? Para las culturas que valoran mucho los contactos regulares de la familia extendida e incluso los hogares comunales con varias generaciones en residencia, este arreglo es excluyente y perjudicial para la calidad de vida, incluso para los que están en residencia. Esta situación crea un aislamiento que descarta las interacciones mutuamente beneficiosas de los niños, los jóvenes y los adultos más jóvenes con los adultos de más de 50 años. También limita gravemente la transmisión de la sabiduría de los adultos a las nuevas generaciones que sirven para hilar el tejido de la comunidad humana de manera que pueda honrar a Dios como sugieren las Escrituras.

Si el capitalismo global en manos de los mercaderes ha exacerbado las fragmentaciones generacionales a nivel social al promover los valores del consumismo, las comunidades de fe cristianas también han contribuido explícita e implícitamente a las fragmentaciones generacionales. La bifurcación y la multifurcación de las comunidades de fe, con servicios de culto y actividades formativas separadas para adultos, jóvenes y niños como dieta habitual y exclusiva, han servido para apoyar una insularidad y un aislamiento dentro de los hogares de Dios (Dawn, 1995). Se ha ganado mucho con las ideas sobre el desarrollo; sin embargo, un ministerio educativo centrado incesantemente en la segmentación por edades suele optar por un ordenamiento psicológico que puede ignorar el ordenamiento lógico y sociocultural complementario, así como la profundidad espiritual y teológica de la educación cristiana intergeneracional (Parrett y Kang, 2009). Como las iglesias utilizan el proceso de enseñanza del contenido bíblico según el nivel de desarrollo de los alumnos, un ordenamiento psicológico exclusivo ha adoptado un enfoque reduccionista de la educación cristiana al devaluar tanto el contenido compartido directamente entre las generaciones como el potencial formativo de la vida comunitaria inclusiva por edades. Además, la búsqueda incesante de una enseñanza-aprendizaje adecuadas a la edad ha erradicado, a todos los efectos, la trascendencia y el misterio del Dios de la Biblia, convirtiendo las diversas formas de conocimiento santificado distintas de la razón (es decir, los sentidos, la intuición y la imaginación) en obstáculos que hay que eliminar a medida que el niño crece en su desarrollo hacia la edad adulta (Parrett y Kang, 2009).

Testimonio bíblico

Las interacciones generacionales en la casa de Dios (*oikos*) impregnan las Escrituras junto con una descripción de la economía de Dios (*oikonomia*) en el florecimiento humano. Las generaciones y sus conexiones proporcionan la red a través de la cual la bondad, el amor firme y la fidelidad de Dios son comunicados y experimentados por la humanidad cuando los salmistas celebran la vida espiritual. Los salmistas tienen cuidado de declarar que solo el Señor es digno de confianza y reina para siempre (Sal. 146:10). Los planes y propósitos de Dios permanecen para siempre (Sal. 33:11) sin ninguna interrupción ni ayuda de las criaturas. Contemplando correctamente el hecho de que el Señor ha sido (pasado), es (presente) y seguirá siendo (futuro) quien es, el salmista declara: «Porque el Señor es bueno y su amor es eterno; su fidelidad perdura por todas las generaciones» (Sal. 100:5). Reconoce que el Señor se acuerda «de su pacto para siempre, de la promesa que hizo, por mil generaciones» (Sal. 105:8). En respuesta a la fidelidad de Dios, el salmista llama al pueblo de Dios de una generación para que recomiende su obra a otra y cuente sus actos poderosos (Sal. 145:4), dando testimonio de que el reino de Dios es un reino eterno y su dominio perdura por todas las generaciones (Sal. 145:13). En definitiva, es la casa de Dios la que ha sido elegida desde antes de la fundación del universo para dar testimonio perpetuo de la bondad de Dios de generación en generación, porque Dios no tiene principio ni fin.

Las iglesias, como manifestaciones locales y temporales de la casa de Dios, han de vivir como una comunidad en la que las generaciones del pueblo de Dios han de dar testimonio de la bondad amorosa de Dios de forma mutua por el bien del mundo que les rodea. Deuteronomio 6:1-25, junto con el Salmo 78, propone un modelo de transmisión de la fe a través de las generaciones, compartiendo lo que Dios ha hecho por su pueblo de acuerdo con su promesa y su carácter, a menudo impulsado por las preguntas de los niños. En este caso, los niños no deben ser considerados simplemente como aquellos que necesitan la transmisión de conocimientos bíblicos por parte de los adultos. Por el contrario, deben ser acogidos como los interlocutores de los padres o de los adultos que Dios ha introducido soberanamente en el hogar para alabar la bondad de Dios junto con todas las generaciones de la casa de Dios en el pasado, el presente y el futuro.

Sin embargo, la Biblia está repleta de solemnes advertencias sobre las consecuencias de las interacciones generacionales que no honran a Dios. En Deuteronomio 5:9-10 y Éxodo 34:6-7, Dios declara que es un Dios celoso y ejecuta una ley de generaciones castigando a los hijos por los pecados de los padres hasta la tercera y cuarta generación de los que le odian. Aunque los efectos de los pecados generacionales pueden ser devastadores, la bondad amorosa de Dios puede ciertamente trascender los patrones de los pecados generacionales y sus consecuencias duraderas. Dios ha prometido dar «un corazón nuevo y poner un espíritu nuevo en [nosotros]» y «quitar nuestro corazón de piedra y darnos un corazón de carne» (Ez. 36:26). En efecto, por obra del Espíritu Santo, los miembros de la casa de Dios han de discernir y cultivar nuevos modelos de creer y ser que insuflen vida divina a los que están entre ellos. Se les exhorta a trabajar juntos para reemplazar el legado residual de los patrones pecaminosos, pero también a celebrar el legado de la obediencia fiel de las generaciones pasadas.

Esta práctica congregacional también puede moldear la vida familiar de los congregantes. Por ejemplo, con la muerte de los padres y el paso del tiempo, es posible discernir cómo sus hijos supervivientes han vivido su fe en la vida familiar y congregacional basándose en el modelo de fidelidad de sus padres. La fidelidad de los padres suele proporcionar un modelo de formación cristiana tanto en la familia como en la congregación. Este no puede ser el caso de todos los discípulos cristianos, pero ciertamente es el legado de Eunice y Loida que se observa en el caso de Timoteo (2Tim. 1:5; 3:15), quien también fue guiado por Pablo en su camino de fe. Las Escrituras también reconocen patrones de disfuncionalidad y desarrollo amoral perpetuados a través de las generaciones. La disfunción no debería ser una sorpresa para los educadores cristianos que tienen en cuenta las realidades del pecado en la vida humana.

Además, en nuestra cultura global, también es esencial que la iglesia considere cómo las familias y las generaciones han pecado y han sido objeto de pecado a través de los patrones socioculturales y estructurales de opresión y abuso que exigen la protesta y la defensa por parte de los cristianos (Emerson y Smith, 2001). Por ejemplo, algunas culturas honran e incluso veneran a las generaciones anteriores indepen-dientemente de la calidad de su herencia, especialmente en algunos casos de las tradiciones judía, asiática, latina y africana. Por lo tanto, es necesario honrar el patrimonio de las generaciones anteriores, recibiendo con gratitud, examinando críticamente, remodelando creativamente para sí mismos y transformando generativamente para las generaciones futuras (Conde-Frazer, Kang y Parrett, 2004). Centrarse en el pasado honra el lugar de la memoria en nuestra vida corporativa que está mejor representada por los adultos mayores. Los adultos mayores y los antepasados pueden servir de testimonio de la fidelidad de Dios a nuestro legado de fe, como sugiere el relato de Hebreos 11, que celebra la virtud cristiana de la fe y un llamado al recuerdo.

Otras culturas honran y veneran a las generaciones presentes y futuras, mientras que a menudo descartan rápidamente la rica herencia de las generaciones anteriores. En la cultura estadounidense, que se refleja casi reflexivamente en la iglesia de Estados Unidos, la necesidad es de recuperar la memoria con el presentismo y el futurismo dominantes en la cultura popular y el énfasis de los medios de comunicación. Un enfoque en el presente honra el lugar de atención en nuestra vida corporativa mejor representada por los jóvenes y los adultos jóvenes. Sin embargo, para los autores actuales, no es un fenómeno totalmente negativo. Con su atención en el presente, las generaciones más jóvenes pueden servir como profetas que llaman a las comunidades de fe a atender a las crisis actuales y a los cambios culturales que requieren, en algunos casos, que las generaciones mayores se unan a las nuevas cosas que Dios está haciendo. El llamado atender se relaciona con la virtud cristiana del amor, que a menudo se demuestra escuchando atentamente y estando plenamente presente, como se describe en 1Corintios 13.

Un enfoque en el futuro honra el lugar de la anticipación en nuestra vida corporativa mejor representada por los niños en nuestro medio. Los niños, por su propia presencia y ministerios, son signos de la vitalidad y potencialidad de una comunidad. En Primera de Pedro 1:3-9 se describe una esperanza viva que se manifiesta de forma más concreta en la acogida de los niños en todos los ámbitos de la vida congregacional cristiana. La esperanza cristiana se mantiene a lo largo de las generaciones cuando se comparten y representan juntos las historias de la fidelidad de Dios que hacen explícitas las conexiones generacionales para mantener la esperanza. En estas situaciones, las prácticas educativas y formativas se hacen evidentes en términos de resultados. Un pasaje generacional positivo de la fe resulta en esperanza en Dios, recordando las obras de Dios, y guardando los mandamientos de Dios como la casa de Dios (Friesen, 2008). Un pasaje generacional negativo resulta en terquedad, rebeldía, falta de corazones firmes y espíritus poco fieles entre el pueblo. Las opciones son claras junto con un llamado a la educación cristiana efectiva para apoyar los resultados positivos.

La perpetuación de la fe cristiana depende de la fidelidad de cada generación que proclama el evangelio que fue confiado una vez por todas a los santos (Jud. 1:3) a través de la palabra y los hechos en su contexto único y con una diversidad de dones dados a la generación para cumplir su tarea. Por lo tanto, las generaciones juntas tienen el potencial de honrar la verdad y la alegría sostenida en nuestra vida corporativa en el culto y en todos los aspectos de nuestra vida en común. Como nos recuerda C. S. Lewis, el crecimiento implica tanto la continuidad como el cambio, tanto la estabilidad como la innovación (Lewis, 1979, pp. xxi, 330).

La genealogía de Jesús

Los impactos generacionales fueron evidentes en la vida de Jesús como persona. Su primera maestra fue María, su madre, cuyo ministerio y guía fue evidente en el primer milagro de Jesús realizado en las bodas de Caná (Jn. 2) y que se señala más adelante. El canto de alabanza de María en Lucas 1 también indica la importancia de los legados generacionales. Señala que todas las generaciones la llamarán bienaventurada (Lc. 1:48), que la misericordia de Dios es para los que le temen de generación en generación (v. 50), y que Dios ha ayudado a su siervo Israel, en recuerdo de su misericordia, según la promesa que hizo a nuestros antepasados (v. 54-55) (Marshall, 1978). Este canto pone de relieve el lugar de las generaciones en el plan de Dios para la humanidad, explícito en el nacimiento, la vida, la muerte y la resurrección de Jesús, llevado y amamantado por María. Las reflexiones de María encuentran eco en la profecía de Zacarías (Lc. 1:72), pues Dios ha mostrado la misericordia prometida a nuestros antepasados y ha recordado su santo pacto en la venida de Jesús a la tierra. El significado de la encarnación para todas las generaciones se observa al trazar las genealogías de Jesús en los relatos de los evangelios de Mateo y Lucas (Green, 1997).

Las genealogías ocupan un lugar destacado en las Escrituras. La actual fascinación por las genealogías en Internet es digna de mención, ya que la historia familiar es una fuente de identidad. La genealogía de Jesús es trazada por dos de los escritores de los Evangelios. Para bien o para mal, la influencia de las generaciones una a otra. En el caso del Evangelio de Mateo, la genealogía de Jesús (Mt. 1:1-17) señala que es hijo tanto de David como de Abraham, quien inicia la línea de ascendencia de Jesús. Es significativo que en el relato de Mateo del árbol genealógico de Jesús se señalen varias mujeres, como Tamar, Rahab, Rut y María, la madre de Jesús. También se identifica a la madre de Salomón como la esposa de Urías, pero no se nombra a Betsabé y a la esposa de David como resultado de su adulterio y asesinato de Urías. Tamar (Mt. 1:3) era una mujer cananea y esposa del hijo de Judá, Er. Tras la muerte de Er, y mientras permanecía viuda sin hijos, se disfrazó de prostituta, se ofreció a Judá (Gén. 38:12-23) y dio a luz a sus gemelos, Perez y Zera (v. 24-30). Se la conoce como antepasada de la tribu de Judá en Rut 4:12, 1Crónicas 2:4 y Mateo 1:3. Rahab fue una prostituta gentil que ayudó a los espías de Israel y se salvó de la destrucción de Jericó. Rut fue una mujer gentil que demostró fidelidad a Noemí, su suegra, y abandonó su hogar de origen. Los padres ocupan un lugar destacado, pero también las madres en este relato cultural patriarcal de las raíces familiares en Mateo. Sin embargo, lo más significativo es que María obedece voluntariamente el plan del Dios Trino de que Jesucristo, el Hijo de Dios, sea concebido por el Espíritu Santo en su seno. María fue la primera maestra de Jesús, y su ministerio y orientación fueron evidentes en el primer milagro que realizó Jesús en las bodas de Caná y a lo largo de su ministerio (Pazmiño, 2008).

El Evangelio de Lucas, con su genealogía de Jesús (Lc. 3:23-38), comienza señalando que se pensaba que Jesús era hijo de José. Esto es digno de mención, dado que Lucas se centra en el papel esencial de María en Lucas 1 y 2. Jesús no era el hijo natural de José, sino su hijo adoptivo, asumiendo la realidad del nacimiento virginal. La adopción es la norma para ser hijos de Dios, miembros de la casa de Dios. El linaje de José, distinto del de María, se remonta hasta Adán, y Lucas señala que Adán es hijo de Dios. Por lo tanto, el linaje adoptado se afirma al mismo tiempo que abarca toda la implicación del nacimiento virginal de Jesús y su concepción por el Espíritu Santo. El papel del Espíritu Santo en el nacimiento de nuevos miembros en la casa de Dios comenzó con Jesús y continúa hasta hoy. La educación cristiana contribuye a esta adopción espiritual mediante la creación de las condiciones necesarias para que el Espíritu Santo haga posible un nuevo nacimiento. Cuando los espíritus de las personas se encuentran con el Espíritu Santo, se produce la adopción espiritual. Esta adopción espiritual echa sus raíces en la casa de Dios a través de la enseñanza y el aprendizaje cristianos fieles. Cabe destacar que la genealogía de Jesús incluye a judíos y gentiles. Celebra las conexiones biológicas y espirituales a través de las generaciones alimentadas por una educación formativa eficaz, cumpliendo con Isaías 11:1: «Saldrá un brote del tronco de Isaí, y un vástago de sus raíces». Ese brote y esa rama han permitido el injerto de personas fieles a través de los siglos y las generaciones.

En el ministerio terrenal de Jesús honró el potencial de enseñanza que todas las edades pueden compartir entre sí, Kevin Giles (1989) señala en relación con el Nuevo Testamento que cada líder de la comunidad de fe era un maestro. Esos líderes incluían a los apóstoles, profetas, obispos, diáconos, ancianos, mujeres, miembros de la iglesia e incluso niños que fueron llevados dentro del círculo de enseñanza de Jesús. La visión era que todos fueran maestros y, por tanto, aprendices. Cada generación aporta a la casa de Dios un conjunto único de conocimientos, valores, actitudes, sensibilidades y habilidades. Estos pueden ser alimentados al reunir a los miembros de cada generación para el estudio, el intercambio y la formación. Las dinámicas únicas de la cohorte pueden ser honradas y exploradas en relación con las cuestiones de fe, los problemas y los temas. Pero estos tiempos de reunión, al igual que Jesús reunió a sus discípulos en ocasiones, deben complementarse con tiempos intergeneracionales para formar y ser formados a través de las generaciones a la imagen de Jesucristo. Un ejemplo se destaca cuando la esposa de Bob, Wanda, necesitaba aprender a enviar mensajes de texto. Con la presión del tiempo, los hijos adultos jóvenes le recomendaron leer el manual del teléfono celular. Solo Lee, un amigo preadolescente, se tomó el tiempo y la paciencia para enseñar a Wanda a enviar mensajes de texto. Para Steve, en los últimos años, ha sido su hija adolescente Ashley quien ha prestado servicio técnico informático para su ministerio, mientras que Andrew, su hijo adolescente, ha sido su mentor mutuo y su compañero de responsabilidad.

Brechas generacionales y educación compensatoria

La vida de fe y el lenguaje compartidos ayudan a evitar las frag-mentaciones generacionales. El culto corporativo para todas las edades y la educación cristiana intergeneracional son vías clave para compartir entre generaciones. La brecha de comunicación entre las generaciones, aunque es inevitable durante los viajes de algunos jóvenes y adultos jóvenes, puede ser superada con aquellos dispuestos a cruzar las barreras subculturales y de cohorte. Por experiencia ministerial, un taller que se realizó con tres generaciones en East Harlem, Nueva York, marcó la diferencia en una iglesia local. Santiago 1:19 fue el tema bíblico, y los abuelos participantes ofrecieron una sabiduría esencial para abordar los conflictos entre los padres de la primera generación y sus jóvenes de la segunda. El taller se desarrolló de forma bilingüe, dadas las preferencias lingüísticas de las generaciones presentes. Los proyectos de servicio conjuntos también proporcionaron una ocasión para que las generaciones modelaran y formaran a las sucesivas en el servicio demostrando la compasión de Jesucristo en un mundo herido.

Volviendo al Salmo 27, el versículo 10 indica que si los padres abandonan a sus hijos, Dios les proporcionará cuidados. Aquí descubrimos la esperanza del ministerio compensatorio. El ministerio compensatorio de Dios y el proceso de adopción en la familia de Dios abordan las posibles lagunas en la transmisión generacional de la fe. Juan 1:10-13 sugiere que este ministerio compensatorio fue evidente en la vida de Jesús. Juan 1:11 señala: «Vino a lo que era suyo, y los suyos no lo aceptaron». Jesús, en su viaje terrenal, experimentó el rechazo humano de sus allegados. Juan 1:12-13 ofrece una alternativa: «Pero a todos los que le recibieron, a los que creyeron en su nombre, les dio la potestad de ser hijos de Dios, que no han nacido de la sangre ni de la voluntad de la carne ni de la voluntad del hombre, sino de Dios». Nacer de Dios y ser adoptado por Dios establece una agenda compensatoria apoyada por la educación cristiana entre otros ministerios espirituales de restauración (Haberas, 2008). Esta restauración devuelve a la humanidad alienada a la comunión en la casa de Dios. Dios puede suscitar una nueva generación si la familia de origen y su legado no son fieles.

Hebreos 13:7 proporciona una guía para el servicio agradable a Dios que es aplicable a las familias y a las generaciones de creyentes: «Acuérdense de sus líderes, los que te hablaron la palabra de Dios; consideren el resultado de su forma de vida, e imiten su fe». Los líderes pueden ser de una generación diferente o de una cohorte de mayor edad. En el caso de la escuela de una sola habitación en la historia de los Estados Unidos, los líderes eran aquellos que estaban uno o más grados avanzados. Mientras servía como líder de un programa de la iglesia para niños durante 2 años después de la graduación universitaria, Bob observó esta dinámica en la que los niños mayores enseñaban y guiaban a los más jóvenes. La iglesia de niños incluía a todos los niños de edad elemental entre el jardín de infantes y el sexto grado en la Iglesia del Evangelio Completo Van Nest del Bronx, Nueva York. Bob utilizó a los niños de quinto y sexto grado para que sirvieran de ayudantes en la enseñanza de las edades más jóvenes con buenos resultados. Este patrón se repitió con el ministerio de jóvenes en East Harlem, Nueva York, donde los estudiantes de último año de la escuela secundaria, después de un año de aprendizaje de la enseñanza, sirvieron como ayudantes de enseñanza y, finalmente, los maestros principales para los niños de quinto y sexto grado.

Steve cree que cuando es padre de sus hijos también lo es de sí mismo. Más concretamente, ser padre es una maravillosa oportunidad para permitir que Dios arroje luz sobre su pasado. En particular, sobre sus relaciones con sus propios padres durante sus años de crecimiento, así como sus relaciones actuales con ellos. Cuando pasa tiempo con sus hijos, a menudo le vienen a la mente los recuerdos de ciertos episodios de su infancia. Ya sean recuerdos que le producen alegría o dolor, se le presentan como oportunidades para permitir que el Dios soberano redima esos recuerdos o los utilice de forma redentora en su trato con sus hijos y con los demás que le rodean. Tal vez Dios quiera corregir cualquier distorsión o comprensión incompleta de cómo ha llegado a ver a sus padres desde el pasado. Tal vez Dios quiera sanar emocionalmente el daño que recibió de sus padres. Dios nos invita a todos a experimentar el perdón extendiendo el perdón a nuestros padres o pidiéndoles perdón por nuestros errores. En el proceso, aprendemos a dejar que Dios nos inunde con su perdón y que este impregne nuestra alma (Kang, 2009).

Desafío para las generaciones actuales y futuras

La educación cristiana tiene un papel fundamental que desempeñar en una cultura global segregada por edades y tecnológicamente avanzada. La observación que se repite a menudo es que la fe cristiana está a una generación de extinguirse si no somos fieles en los esfuerzos de educación cristiana integral. Esto se refleja en la pregunta planteada en el título de la obra de John Westerhoff *Will Our Children Have Faith?* [*¿Tendrán nuestros hijos fe?*] (2000). John Naisbitt (1982), el popular futurólogo de la década de 1980, sugirió que una megatendencia consistía en una estrategia de «alta tecnología-alto contacto» para abrazar el futuro. Los avances tecnológicos evidenciados en la creciente popularidad de los mensajes de texto, la mensajería instantánea, Facebook y Twitter para la comunicación requieren enfoques altamente interpersonales de los ministerios de educación cristiana. Esto fue captado en el reciente informe de un primo que tiene gemelos preadolescentes, una hija y un hijo. Cuando recogió a uno de los primos de los gemelos, que está a punto de entrar en la escuela secundaria, para pasar un tiempo en familia, el primo observó que los tres primos, en lugar de hablar entre ellos en los asientos traseros de su furgoneta, estaban enviando mensajes de texto ávidamente. Informó de que detuvo la furgoneta y pidió a todos los primos que entregaran sus teléfonos móviles. Les invitó a pasar el tiempo hablando entre ellos de forma no mediada, interactuando y conversando directamente entre ellos. Aunque reconocemos el poder de los ministerios cristianos de mensajes de texto entre otros muchos ministerios cristianos que utilizan los últimos artilugios tecnológicos, no se puede perder el potencial de la conversación cara a cara para las habilidades sociales y la formación en la fe mientras se está inmerso en la cultura global de alta tecnología.

Recordamos las palabras de Abraham Heschel cuando dijo: «Lo que necesitamos más que nada no son libros de texto [¡o textos cristianos!] sino personas-texto. La personalidad del maestro es el texto que los alumnos leen; el texto que nunca olvidarán» (citado en Wilson, 1989, p. 280). Lo que Heschel presupone en esa afirmación es que cada generación, como «personas-texto», debe ser fácilmente accesible, de modo que otras generaciones puedan experimentar o ser testigos del «texto» plenamente animado por los cristianos piadosos en situaciones de la vida real. Cuando nos ofrecemos como discípulos de Jesucristo en progreso entre las generaciones, todos en la casa de Dios comienzan a crear un lugar seguro y hospitalario en el hogar y en la iglesia donde nos comprometemos a compartir nuestras vidas juntos a través de las generaciones, sirviéndonos mutuamente, exhortándonos y formándonos unos a otros como la casa de Dios.

Después de haber pasado varias semanas de visitas diarias a una residencia de ancianos en Florida en la que residía su suegra, Bob observó el valor de tener visitas regulares de hijos y nietos que sirven para mantener una calidad de vida diferente en el centro. La expresión de agradecimiento al personal por su labor diaria supuso una diferencia observable en la cultura institucional y en la moral general. El hecho de ser abuelo añade una sensación distintiva de alegría que se observa fácilmente cuando se les pide que compartan fotos de los nietos. Esta alegría es palpable no solo en el caso de los abuelos, sino en el de los abuelos formadores de la fe que han alimentado a las nuevas generaciones en las iglesias locales. Me viene a la mente el caso de Phoebe Eastman, la hija de cuatro años del pastor local de Bob, que recientemente fue llamada a otro ministerio, y de Edith Swan, jubilada de la enseñanza escolar pero activa con su marido Gordon, que también se retiró del ministerio pastoral. A Phoebe le encantaba asistir al culto todos los domingos y tenía un ministerio que consistía en relacionarse con diversas personas de la congregación. El último domingo de Phoebe,

Edith había horneado para ella galletas con la forma de la expresión de signo «Te quiero», que se hace tocando los dedos medio y anular con la palma de la mano mientras se mantienen los demás dedos extendidos hacia arriba. Phoebe solía compartir ese signo con los demás miembros de la congregación. La señal no es fácil de mantener, pero tampoco lo es compartir el amor entre generaciones dentro de una cultura segregada por edades que, a menudo, solo se rompe con el culto corporativo semanal que incluye la edad. Los abuelos naturales y espirituales pueden desempeñar un papel clave en la crianza de los niños, los jóvenes y los adultos jóvenes.

Con la muerte de sus dos padres y el paso del tiempo, Bob puede discernir cómo todos sus hermanos son cristianos practicantes y activos en la vida de la congregación. El fiel ejemplo de los padres proporcionó un patrón de aprendizaje social transmitido a través de las generaciones. Ciertamente, este no es el caso de todos los discípulos cristianos, pero requiere una seria atención en el apoyo a los ministerios de la vida familiar. Las generaciones también necesitan reconocer los patrones de disfuncionalidad y desarrollo amoral dadas las realidades del pecado. Los baby boomers deben reconocer el mundo que hemos transmitido a la Generación X y pedir perdón, al tiempo que trabajan por la reconciliación a través de las divisiones generacionales. No podemos permitirnos que la Generación X siga viviendo como siempre mientras cría a las Generaciones Y y Z y así sucesivamente. Para que la fe cristiana se transmita a través de las generaciones, es necesaria una cantidad adecuada de tiempo para las interacciones interpersonales para que se mantenga una calidad de vida espiritual. Esto es posible principalmente, aunque no exclusivamente, en la vida familiar y congregacional, siempre que se garantice un alto nivel de compromiso por parte de todos los participantes. Cuando todas las generaciones interactúan, surge la importancia de contar historias para fomentar el discernimiento de las continuidades y los cambios. Sin el intercambio interpersonal de la historia de nuestros antepasados, se pierde un sentido de identidad que sirve para sostener las comunidades religiosas y humanas. El intercambio de historias dentro de la propia edad o cohorte generacional también es importante, pero no a expensas del intercambio intergeneracional.

Reflexiones personales: Bob

Mi primer empleo después de la universidad fue en un hospital de día para niños de primaria con trastornos emocionales y sus familias en la unidad psiquiátrica del New York Hospital-Cornell Medical Center en White Plains, Nueva York. Este ministerio era una forma de educación compensatoria que apoyaba muy eficazmente a las familias y a los individuos para que encontraran sanidad y apoyo que permitiera a los niños volver a la educación pública regular como alternativa al tratamiento residencial. Proporcionaba esperanza a los padres que, de otro modo, tenían un futuro sombrío. Lo que este entorno proporcionó en un esfuerzo de intervención podría ser proporcionado de manera preventiva por las iglesias locales. Paralelamente a mi trabajo, me comprometí con una iglesia local en East Harlem, Nueva York. Muchos de los niños provenían de situaciones familiares similares a las que encontré en el Hospital de Nueva York. La diferencia era que contaban con el apoyo de una iglesia cristiana local que, en muchos sentidos, servía de familia extensa sustituta, cariñosa y atenta, que compartía los recursos de un Dios amoroso y sanador, revelados de forma asombrosa en Jesucristo. Cuando me enfrenté a las opciones profesionales de ser un psicólogo clínico o un trabajador social administrativo, opté por una educación en el seminario con un enfoque en la educación cristiana dentro de un programa de Maestría en Divinidad. Recuerdo la frustración que experimenté cuando trabajaba como coterapeuta con una trabajadora social psiquiátrica muy eficaz para un grupo de padres que se reunía por las tardes. Uno de los padres del grupo era un exitoso abogado que compartió que, a través de un extenso trabajo psiquiátrico, él y su familia podían identificar todas las disfunciones y demonios que los atormentaban, pero que carecía del poder para cambiar los patrones que podía identificar fácilmente. Su revelación confirmó mi vocación al ministerio cristiano porque en ese entorno psiquiátrico privado no podía ofrecer la buena noticia transformadora del evangelio cristiano que se celebraba y compartía cada semana en la iglesia local de East Harlem. Fui testigo de lo que una educación cristiana eficaz podía lograr en las vidas de niños, jóvenes y adultos que descubrían una nueva vida, esperanza y transformación en una congregación hispana espiritualmente viva y con base bíblica.

Hubo una rosa en el Harlem hispano como la rosa de Sharon en el siglo I. Esa rosa era y es Jesucristo, que vivió, murió y resucitó por las primeras, segundas y terceras generaciones de la comunidad hispana, que encontraron, siguieron y amaron a Jesús. Los ministerios de aquellos que encontré en las clases y en los eventos de los grupos de jóvenes han transformado comunidades, ciudades y esta nación a lo largo de los años. Un ejemplo de este ministerio es el de Esperanza, que ha transformado la comunidad hispana de Filadelfia y se ha extendido por toda esta nación hasta incluir el Desayuno Nacional de Oración Hispano que anualmente cuenta con la presencia de los presidentes de los Estados Unidos que reconocen la necesidad de confiar en Dios para sostener el tejido público de esta nación con renovación generacional y esperanza. Luis y Danny Cortés, cuando eran jóvenes, eran activos en la Segunda Iglesia Bautista Hispana en el Este de Harlem durante mi tiempo de servicio allí. La comunicación de una esperanza viva descrita en 1Pedro 1:3-9, como fue el caso de la despreciada comunidad hispana de East Harlem, es la esperanza de todas las comunidades y todas las generaciones en nuestro mundo multicultural. El liderazgo espiritual de los reverendos Luis y Danny Cortés en Nueva Esperanza se nutrió de los programas de educación cristiana de una iglesia local. Ser testigo de ese potencial me convenció de dedicar mi vida profesional a los ministerios intergeneracionales de la educación cristiana, de lo cual no me arrepiento, sino que tengo un sentimiento permanente de alegría por los últimos 30 años de enseñanza en el seminario.

Reflexiones personales: Steve

En los últimos 25 años, más o menos, he pasado incontables horas escuchando las historias de vida de innumerables personas de todas las edades y condiciones. Quería escuchar cómo daban sentido a sus vidas: sobre Dios, su pasado, sus luchas, sus miedos, su futuro, sus anhelos, etc. Como maestro, todavía no he encontrado ninguna forma de enseñar que me convenga más que escuchar las historias de vida de mis alumnos y sugerirles formas de discernir sus anhelos, miedos y trayectorias vitales. Para mi sorpresa, la gente agradece la oportunidad de compartir sus vidas y reflexionar sobre ellas. Tal vez, lo más sorprendente que he encontrado es que muchos de ellos emplean estrategias retóricas dialécticas o incluso antitéticas— algunos casi hasta el punto de disociarse por completo de la comunidad que los nutrió— en el proceso de narrar su vida.

Por ejemplo, aunque la mayoría de ellos pueden caracterizarse como pertenecientes a la clase media (o media-alta) protestante mayoritaria en cuanto a su contexto y experiencia sociocultural, se consideran a sí mismos como peculiares, estando al margen, ¡o incluso como una minoría de su propia ubicación sociocultural! En el caso de los niños, a menudo hablan de sí mismos como lo que no son o lo que no quieren ser. En el caso de los más avanzados en años, suelen verse a sí mismos como alguien que desearían haber llegado a ser, y en el caso de los padres solteros, ven lo que podría haber sido su vida si hubieran podido hacer algo diferente en su matrimonio, etc. En pocas palabras, muchos de ellos se perciben a sí mismos como un inadaptado sociocultural o como alguien que desearían no ser o, de alguna manera, desearían ser diferentes. De manera minuciosa, describen cómo son o desean ser cualitativamente diferentes de lo que perciben como el estereotipo del grupo sociocultural o generacional al que pertenecen.

A menudo me he preguntado por qué prefieren este tipo de estrategias en su autonarrativa. Quizá simplemente quieran ser diferentes o les cueste aceptarse como son. Tal vez se resistan instintivamente a ser marcados genéricamente según ciertas categorías estereotipadas que la sociedad podría imponerles. Y lo que es más importante, me pregunto si se resisten inconscientemente no solo a los estereotipos de la cultura o la generación a la que pertenecen, sino a la propia objetivación de su yo proteico que requiere una navegación constante en el mar del contexto sociocultural siempre cambiante en el que se encuentran. Visto así, quizá protesten contra la comprensión estática de la cultura y la generación a través de su autonarrativa (Kang, 2007).

Se niegan a ser interpretados como objetos inertes que han de ser estudiados «científica» o generacionalmente, y por lo tanto a ser categorizados limpiamente por las instituciones socioculturales de acuerdo con sus intereses paternalistas. En cambio, a través de su vida cotidiana, nos hacen saber a nosotros, los llamados expertos en cultura y educación cristiana, en términos inequívocos, que la cultura, la religión, los textos sagrados y la fe ya no deben ser objetivados ni clasificados de forma clara según las distintas disciplinas de la academia o los comerciantes de Madison Avenue. Tanto si escuchamos como si no, los plebeyos navegan juguetonamente, pero con determinación, por sus vidas en las que la cultura, la religión, los textos sagrados y la fe están inextricablemente entrelazados. No es muy diferente de lo que los integracionistas religiosos como Talal Asad, Lamin Sanneh e incluso Clifford Geertz han observado acertadamente sobre la perfecta integración de la cultura y las generaciones en los países no occidentales (Conde-Frazer et al., 2004).

Hace algún tiempo me invitaron a presentar una ponencia sobre la relación entre la hermenéutica y la formación espiritual en una conferencia académica, a la que debía responder un colega de la educación cristiana. Para la ocasión, decidí articular mis reflexiones iniciales sobre la comunión de los santos en el tiempo y el espacio como marco organizador de la trayectoria hermenéutica de la iglesia (Kang, 2003). Para mi sorpresa, el colega que respondió a mi charla me preguntó ante el público si mi marco se inspiraba en mi herencia coreana, concretamente en la veneración de los antepasados y la visión comunitaria de la vida que ejemplifico, entre otras cosas. Al principio me sorprendieron esos comentarios insensibles, pensando que por qué todo lo que digo y hago tiene que interpretarse a través de la lente de mi herencia coreana.

A medida que he tenido más tiempo para procesar la observación de los colegas y las posteriores conversaciones con él a lo largo de los años, me he dado cuenta de que la vida de fe que intento llevar, en particular el modo en que trato de cumplir mi vocación como maestro, es el resultado del yo proteico que navega constantemente por la esfera del reino de Dios, donde las complejas permutaciones de mi cultura, religión, textos sagrados y fe sirven como vías a través de las cuales comulgo con los santos— los fieles a lo largo de las generaciones— del pasado, el presente y el futuro, y de lo lejano y lo cercano. Para mí, la comunión de los santos ya no es un mero concepto teológico que hay que descifrar. Dicha comunión debe ser la realidad inconfundible en la que necesito encontrarme e invitar a otros a vivir de tal manera que el reino de Dios se convierta en nuestra cultura principal a través de la cual podamos promulgar juntos el shalom en este mundo (post)cristiano.

Referencias

Bailyn, B. (1970). Education in the forming of American society: Needs and opportunities for study. Chapel Hill, NC: University of North Carolina Press.

Chapell, B. (2009). Christ-centered worship: Letting the gospel shape our practice. Grand Rapids, MI: Baker.

Chesterton, G. K. (1986). The collected works of G. K. Chesterton: Vol. 1. Heretics, orthodoxy, the Blatchford controversics. San Francisco, CA: Ignatius Press.

Conde-Frazer, E., Kang, S. S., & Parrett, G. A. (2004). *A Many colored kingdom: multicultural dynamics for spiritual formation*. Grand Rapids, MI: Baker.

Cremin, L. (1977). *Traditions of American education*. Nueva York, NY: Basic Books.

Dawn, J. M. (1995). Reaching out without dumbing down: A theology of worship for this urgent time. Grand Rapids, MI: Eerdmans.

Dawn, J. M. (1997). Is it a lost cause?: Havingthe heart of God for the church's children. Grand Rapids, MI: Eerdmans.

Emerson, M. O., & Smith, C. (2001). Divided by faith: Evangelical religion and the problem of race in American. Nueva York, NY: Oxford.

Friesen, V. (2008). Raising a trailblazer: Rite- of-passage trail markers for your set-apart teens. Bedford, MA: Home Improvement Ministries.

Giles, K. (1989). *Patterns of ministry among the first Christians.* Melbourne, Australia: Collins Dove.

Green, J. B. (1997). *The gospel of Luke.* Grand Rapids, MI: Eerdmans. Habermas, R. T. (2008). *Introduction to Christian education: A lifelong plan for Christ- centered restoration.* Grand Rapids, MI: Zondervan.

Lewis, C. S. (1979). *Selected literary essays.* Edited by W. Hooper. Cambridge, UK: Cam- bridge University Press.

Johnson, L. (2006). Mind your x's and y's: Satisfying the 10 cravings of a new generation of consumers. Nueva York, NY: Free Press.

Kang, S. S. (2003). The church, spiritual formation, and the kingdom of God: A case for canonical communion reading of the Bible. *ExAuditu,* 18, 137-151.

Kang, S. S. (2007). The communion of ... protean selves? *Religious Education,* 102(2), 128-130.

Kang, S. S. (2009). When our children become our brothers, sisters, and friends in God's household. *Priscilla Papers,* 23(3), 14-17.

Kotre, J. (1984). *Outliving the self: Generativity and the interpretation of lives.* Baltimore, MD: Johns Hopkins University Press.

Marshall, I. H. (1978). *The gospel of Luke: A commentary on the Greek text.* Grand Rapids, MI: Eerdmans.

Naisbitt, J. (1982). Megatrends: Ten new directions transforming our lives. New York, NY: Warner Books.

Parrett, G. A., & Kang, S. S. (2009). Teaching the faith, forming the faithful: A biblical vision for education in the church. Downers Grove, IL: IVP.

Pazmiño, R. (2008). Foundational issues in Christian education: An introduction in evangelical perspective (Rev. ed.). Grand Rapids, MI: Baker.

Smith, J. W. (2007). Generation ageless: How baby boomers are changing the way we live to- day ... and they're just getting started. New York, NY: HarperCollins.

Westerhoff, J. (2000). *Will our children have faith?* (Rev. ed.). Harrisburg, PA: Morehouse.

Wilson, M. (1989). Our father Abraham: Jewish roots of the Christian faith. Grand Rapids, MI: Eerdmans.

Wright, D. R., & Kuentzel, J. D. (2004). *Redemptive transformation in practical theology.* Grand Rapids, MI: Eerdmans.

10

Enseñanza ungida: dar los frutos de la liberación, celebración y sustento[67]

Robert W. Pazmiño

Cuando comencé mi primer ministerio de enseñanza a tiempo completo en 1981, compartí con mi comunidad del seminario el tema «Educación que libera, educación que celebra», utilizando el texto de Deuteronomio 32:1-4, una porción del Canto de Moisés. Lo que he aprendido en mi camino cristiano de la enseñanza en estos últimos treinta años, lo vuelvo a revisar como inspirado en ese texto que aborda la enseñanza cristiana ungida que libera, celebra y sostiene. Esta escritura ha proporcionado un guión para un ministerio de enseñanza.

Enseñanza ungida que libera

La enseñanza ungida, ¿qué es? En el Nuevo Testamento, según el erudito Dietrich Müller, la unción «es una *metáfora* del otorgamiento del Espíritu Santo, de un poder especial o de una comisión divina». (Müller, 122) James Wilhoit y Linda Rozema en su artículo «Anointed Teaching» [Enseñanza ungida] distinguen el Espíritu dentro, sobre y

[67] Pazmiño, Robert W. «Deuteronomy 32 and Anointed Teaching: Bearing Fruits of Liberation, Celebration and Sustenance», *Christian Education Journal*, 9 (Otoño 2012): 279-292.

entre los que enseñan en sus ministerios. (Wilhoit & Rozema, 245) Prefiero considerar aquí los frutos de la enseñanza ungida, es decir, los frutos de liberación, celebración y sustento sugeridos desde el Canto de Moisés. En mis escritos me refiero al bendito Espíritu Santo, la tercera persona de la Trinidad, que dota, capacita y permite a los cristianos transformarse en la imagen de Jesucristo a través de su fiel confianza en Dios y en el Cristo vivo en sus ministerios de enseñanza. El don de la enseñanza es un don espiritual que Dios concede al pueblo de Dios para transmitir una fe viva y vital en un mundo desesperado. El Espíritu es derramado sobre los discípulos de Jesús para cumplir la comisión educativa de Mateo 28:18-20, la comisión de hacer discípulos en todo el mundo, bautizándolos en el nombre del Padre, del Hijo y del Espíritu, y enseñándoles a obedecer todo lo que Jesús mismo enseñó. El reto de enseñar a otras personas a obedecer todo lo que Jesús enseñó va mucho más allá de nuestras asociaciones habituales con la enseñanza y requiere el ministerio esencial del Espíritu Santo para actuar en nosotros, en otras personas, en la comunidad de fe, en la comunidad local más amplia, en las naciones del mundo y en toda la creación que gime en espera de la salvación plena y completa de Dios.

El Deuteronomio 32 ha seguido intrigándome porque los primeros versos del canto de Moisés describen una enseñanza ungida:

1. Escuchen, oh cielos, y yo hablaré;
   Escucha, oh tierra, las palabras de mi boca.
2. Que mi enseñanza caiga como la lluvia
   Y mis palabras desciendan como el rocío,
   Como las duchas en la hierba nueva,
   Como la lluvia abundante en las plantas tiernas.
3. Proclamaré el nombre del Señor.
   ¡Oh, alabada sea la grandeza de nuestro Dios!
4. Él es la Roca, sus palabras son perfectas,
   Y todos sus caminos son justos.
   Un Dios fiel que no se equivoca,
   Es recto y justo.

Como se indica en Deuteronomio 31:19, este cántico, que era una canción de testimonio para el pueblo del pacto de Dios, se enseñó para que ellos mismos pudieran cantarlo. El cántico de Moisés se enseñó en una ocasión en la que relataba su liderazgo y ministerio, y veía el potencial de la Tierra Prometida para el pueblo de Dios. La canción incluye consejos prácticos para recordar y educar al pueblo en el camino que debe seguir. Moisés anima a sus compañeros de viaje a elegir la vida que les ofrece su Dios bondadoso y liberador.

Moisés habla de una educación que libera. Su enseñanza debía dar vida y refrescar a los que venían de una experiencia desértica. En el libro de Kathleen Norris, *The Cloister Walk* [*El paseo de clausura*], se señala que Matilde de Magdeburgo, una mística medieval, sugirió que nos viéramos a nosotros mismos como hectáreas polvorientas del desierto que necesitan la lluvia vivificante de Cristo y el suave rocío del Espíritu Santo en nuestras vidas y nuestra enseñanza. (Norris, 159) La enseñanza debe fluir de nuestras vidas vividas en estrecha comunión con el Dios Trino. Lo que la lluvia significó para los que vagaban por el desierto y para plantar vida allí, así es el reto hoy para nuestra enseñanza, que debe brotar como un refresco, trayendo vida y crecimiento. Si nuestra enseñanza está ungida por el Espíritu de Dios, debe dar vida, liberando las semillas y el crecimiento que han permanecido dormidos durante mucho tiempo.

El canto de Moisés tenía potencial para la vida del pueblo del pacto. Si su enseñanza penetraba y saturaba sus corazones y mentes, entonces les permitiría crecer en su relación con su Señor. La razón por la que las palabras de la canción tenían tal potencial era por su tema, que era Dios. La relación del pueblo con Dios era la preocupación y el enfoque esencial de esta enseñanza y lo que permitía la liberación. Al pasar al Nuevo Testamento, la liberación se realiza a través de la obra salvadora de Jesucristo (un segundo Moisés), que se representa para nosotros como una invitación a un nuevo éxodo y a una nueva vida dotada por el Espíritu de Jesús el Cristo, tras la dotación otorgada a los seguidores de Jesús en Pentecostés.

Para los cristianos, una educación que libera tiene implicaciones tanto en la dimensión *personal* como en la *social* de nuestras vidas. En primer lugar, en la dimensión personal, en el ámbito de nuestra vida interior y la de nuestros alumnos, la educación que libera tiene implicaciones para nuestra experiencia de la redención y la piedad personal o la santidad. Como maestros de la fe cristiana, estamos llamados a utilizar nuestro poder para liberar y capacitar a otros, para compartir el contenido esencial de nuestra fe y para tratar de comprender las implicaciones del señorío de Cristo en todos los ámbitos de nuestra vida personal. El enfoque de tal enseñanza es *hacer* la voluntad de Dios, y no solo conocer la voluntad de Dios. La verdad de Dios en Jesucristo debe ser vivida a través del poder del Espíritu Santo que mora en nuestras vidas y en las de nuestros alumnos. Para que esto ocurra, nosotros, como educadores cristianos, estamos llamados a compartir nuestras vidas así como nuestras enseñanzas con nuestros alumnos.

Como enseña Gálatas 5:25 «Si vivimos por el Espíritu, dejémonos guiar también por el Espíritu». Yo añadiría, dejémonos guiar por el Espíritu en la forma de enseñar.

Para que no nos limitemos a la dimensión *personal*, debemos comprender que la auténtica santidad cristiana es tanto personal como *social*. Cuando nuestra relación con Dios en nuestra vida personal se enfatiza en exceso hasta excluir el mundo social más amplio, puede convertirse fácilmente en egoísta, ensimismada y pecaminosa. Se trata de una espiritualidad y una santidad que se centran únicamente en nosotros. Por eso, la educación que libera debe ocuparse en segundo lugar de la dimensión social de la vida.

En nuestros esfuerzos educativos, estamos llamados a luchar por comprender cómo la revelación de Dios afecta a nuestra sociedad y a nuestras diversas culturas. A través de la educación, debemos afrontar las implicaciones del señorío de Cristo en todos los ámbitos de la interacción social, incluyendo las esferas política, social, cultural y económica. El discernimiento espiritual es crucial en nuestra vida pública. Para nosotros, que vivimos en una sociedad institucionalizada, tales implicaciones incluyen las de la vida institucional, las de cómo tratamos a otras personas y las de cómo realizamos las tareas. En nuestra situación actual, también debemos luchar con la preocupación de Dios por los pobres y los oprimidos, y las dificultades de las zonas urbanas y rurales, tanto a nivel nacional como mundial.

Pero, al igual que en la dimensión personal, hay que tener cuidado con esta dimensión social. Esto es así porque a veces damos demasiada importancia a nuestra relación con el mundo y con los demás a expensas de nuestra relación con Dios y con nuestra vida espiritual interior. Cuando esto sucede, las preocupaciones mundanas y sociales se vuelven superficiales, vacías y sin fundamento. Por tanto, es necesario que haya un diálogo fresco y emocionante y una interacción entre las dimensiones personales y sociales de nuestra fe en una educación que libere. Esto me lo hizo ver una experiencia que tuve en 2006.

El 13 de junio de 2006, mi esposa y yo fuimos invitados a asistir a la festiva Orquesta Pop de Boston por nuestros amigos judíos Heni y Mark, cuya hija Sarah Koenig-Plonskier tocaba como Ganadora del Concurso de Conciertos de la Orquesta de Boston. También en el programa de esa noche estaba la presentación de la sinfonía «Las Cuatro Libertades» de Robert Russell Bennett que capturó mi imaginación espiritual. Esa sinfonía se inspiró y recibió el nombre de los cuatro cuadros de Norman Rockwell realizados en 1943.

Las cuatro queridas libertades fueron nombradas originalmente por el presidente Franklin D. Roosevelt (FDR) el 6 de enero de 1941, cuando se dirigió al Congreso y pronunció su histórico discurso de las «Cuatro Libertades». El discurso de FDR inspiró tanto al pintor e ilustrador Norman Rockwell que creó una serie de cuadros sobre el tema de las «Cuatro Libertades». Rockwell interpretó las cuatro libertades en términos de la vida cotidiana. Las pinturas sirvieron como pieza central de una campaña nacional de bonos de guerra que recaudó más de 130 millones de dólares y ayudó a enseñar públicamente a la gente los objetivos de la participación de Estados Unidos en la Segunda Guerra Mundial.

¿Cuáles fueron las cuatro libertades que tanto inspiraron a los artistas y compositores, así como a un gran número de personas corrientes, en una época de crisis y lucha nacional e internacional?

1. Libertad de expresión, en todo el mundo

Rockwell representó a un hombre corriente, de pie entre los vecinos en una reunión del pueblo y diciendo lo que piensa. El vecino de Rockwell, Jim Edgerton, sirvió de inspiración para la figura. FDR hizo hincapié en esta libertad de palabra y de expresión apoyada por una prensa libre, no solo en Estados Unidos, sino en todo el mundo. La libertad de pensamiento, teología y expresión espiritual puede extender esta libertad a las comunidades cristianas. Para los cristianos, el libro de Gálatas describe la libertad que descubrimos en Jesucristo.

2. Libertad de culto en todo el mundo

Rockwell se apartó de su estilo establecido de contar historias e ilustró en primer plano un grupo de mujeres y hombres, iluminados por una luz suave y dorada. Las personas varían en edad, raza y religión y sobre ellas aparece la frase: «Cada uno según los dictados de su propia conciencia». Esta libertad de culto en todo el mundo es para que cada persona adore a quien sea (sea Dios, o cualquier otra deidad) a su manera. Esta es una libertad radical y los cristianos esperan que la gente adore voluntariamente en espíritu y verdad al Dios único y vivo revelado en Jesucristo.

3. La libertad de las necesidades

Este cuadro muestra a los miembros de una gran familia celebrando una comida de Acción de Gracias. La cocinera de la familia Rockwell, la señora Thaddeus Wheaton, coloca el pavo festivo en la mesa que se extiende por debajo del borde del lienzo, como si invitara al espectador a unirse al festín. La libertad de la carencia desafía a los cristianos a servir a los pobres y a los que están en los márgenes de la vida, a los que las Escrituras describen como los *anawim* (los pobres, humildes, despreciados y débiles ante Dios y otros como Rahab y Rut nombrados en la genealogía de Jesús en Mateo (Mt. 1:5). La justicia social es la otra cara de la moneda de la fe personal, la espiritualidad y la santidad. Los pobres y los marginados merecen atención porque todos hemos sido creados a imagen de Dios.

4. Libertad del miedo

Esta libertad contrasta con la cultura del miedo que se ha apoderado de nuestra nación y de sus dirigentes durante demasiado tiempo, con niveles de amenaza terrorista cada vez más elevados, de los que informan los medios de comunicación. Rockwell retrató a una madre arropando a sus dos hijos dormidos, mientras el padre, pensativo, está de pie cerca, sosteniendo un periódico con titulares sobre el bombardeo de ciudades extranjeras que hoy pueden incluir ciudades locales como Nueva York el 11 de septiembre de 2001. Los cristianos deben contrarrestar la cultura del miedo con una cultura de la esperanza viva descrita en 1Pedro 1:3-12.

Las palabras de FDR y sus enseñanzas públicas liberaron a una nación al igual que las palabras de Moisés guiaron a su pueblo antes de entrar en la tierra prometida. Además de las inspiradoras libertades nombradas por FDR, que guiaron a la nación durante la Segunda Guerra Mundial y posteriormente, ¿qué libertades pueden celebrar los cristianos del siglo XXI? La noción de «unirse *por*» es esencial porque más allá de las libertades *de* que FDR señaló históricamente, creo que las libertades *para* pueden guiar nuestros esfuerzos en la educación cristiana para calificar como enseñanza ungida, enseñanza ungida por el bendito Espíritu Santo.

Enseñanza ungida que celebra

Propongo una enseñanza cristiana ungida que celebre y encarne cinco libertades para vivir hoy. Buscamos encarnar la libertad para la verdad, la libertad para el amor, la libertad para la fe, la libertad para la esperanza y la libertad para la alegría en nuestra enseñanza y vida cristiana. Segunda de Corintios 3:16 lo deja claro cuando el Apóstol Pablo señala «Dios nos ha hecho competentes para ser ministros de un nuevo pacto, no de la letra sino del espíritu; porque la letra mata, pero el Espíritu da vida». En la encarnación contemporánea de nuestras vidas, celebramos aquellas virtudes cristianas que Jesús nos llama a replicar en nuestros ministerios de enseñanza. La Iglesia cristiana celebra la libertad de la verdad, el amor, la fe, la esperanza y la alegría en sus ministerios de educación cristiana. Enseñar en el nombre, el espíritu y el poder de Jesús nos llama a esa misión.

¿Qué cinco virtudes se celebran en la enseñanza cristiana ungida que se basa en la liberación espiritual y de toda la vida que experimentamos en Jesucristo?

1. Libertad para la verdad

Los cristianos están dotados del Espíritu de la Verdad, cuya labor describió Jesús en Juan 16:13-15: «Cuando venga el Espíritu de la verdad, os guiará a toda la verdad; porque no hablará por su cuenta, sino que dirá todo lo que oiga, y os anunciará las cosas que han de venir. Él me glorificará, porque tomará lo que es mío y os lo anunciará. Todo lo que tiene el Padre es mío. Por eso he dicho que tomará lo mío y os lo anunciará». Esta es una promesa asombrosa de la obra del Espíritu y estamos llamados a orar por la sabiduría y la verdad que Dios quiere revelarnos. Santiago 1:5 nos enseña: «Si a alguno de vosotros le falta sabiduría, pedidla a Dios, que la da a todos con generosidad y sin reparos, y os la dará». El hecho de que Dios dé sabiduría contrasta con mis recuerdos de mi típica respuesta a las peticiones de dinero de mi hija durante la universidad y ahora en la facultad de Derecho. Dios es generoso y pródigo, mientras que yo soy más calculador y reservado.

2. Libertad para el amor

Recuerdo una enseñanza del gran maestro norteafricano de la Iglesia cristiana cuya influencia creo que solo ha sido eclipsada por Jesús el

Maestro y el apóstol Pablo a lo largo de los siglos. Agustín observó que «un espíritu amoroso enciende a otro». (Agustín, 30) Como cristianos somos libres de amar a nuestros alumnos, de amar a nuestros colegas, de amar nuestros contenidos de enseñanza, nuestros métodos, de amar nuestros ministerios, de amar a cada persona con la que nos ponemos en contacto cada día para que otros se enciendan con el Evangelio cristiano. Para ser honestos, a veces estamos «cansados del amor o del cuidado» en nuestros ministerios de enseñanza. Nos pasa factura estar siempre cuidando mientras que Jesús nos dio un nuevo mandamiento registrado en Juan 13:34 y 15:12: «Amaos los unos a los otros como yo os he amado, vosotros también debéis amaros». Ese «como» o «igual que» se presenta como un gran desafío. El apóstol Pablo, que abordó muchas dificultades en su ministerio de enseñanza, comparte esta perspectiva en Romanos 5:3-5 «También nos gloriamos en nuestros sufrimientos, sabiendo que el sufrimiento produce resistencia, y la resistencia produce carácter, y el carácter produce esperanza, y la esperanza no nos defrauda, porque el amor de Dios ha sido derramado en nuestros corazones por medio del Espíritu Santo que nos ha sido dado». El amor extendido en las dimensiones social, comunitaria y familiar de la vida se convierte en un compromiso con la paz y la justicia en toda la creación de Dios. «Tanto amó Dios al mundo que le entregó a su único Hijo» (Jn. 3:16) y ese mundo espera el cumplimiento de la vida eterna tal como Dios la quiso desde la creación. En la enseñanza, este amor extendido encuentra su expresión en el compromiso con la equidad educativa y la educación multicultural.

3. Libertad para la fe

La libertad para la fe exige acción, como nos enseña el gran capítulo sobre la fe, Hebreos 11. Por la fe nuestros antepasados actuaron: se ofrecieron a sí mismos y a sus vidas, obedecieron y se lanzaron y aventuraron en diversos e impresionantes viajes. Los teólogos nos recuerdan que la fe toca nuestra cabeza, nuestro corazón y nuestras manos como un don de Dios que ellos denominan *notitia* (intelecto), *assensus* (afectos) y *fiducia* (intenciones y voluntad). La fe es abrazar y convertirse en todo lo que Dios quiere. Santiago 2 nos enseña que la fe se traduce en obras de misión y servicio. La libertad *del* miedo lleva a la libertad *para* la enseñanza fiel. 2Timoteo 1:7 declara que Dios no nos ha dado «un espíritu de temor, sino de poder, de amor y de una mente sobria». Parker Palmer explora esta transformación en la enseñanza a medida que las personas dotadas para enseñar cumplen con su llamado de Dios para compartir con otros el fruto de su estudio, experiencia, pericia, preguntas y la propia vida con sus estudiantes como compañeros en el camino de la vida. (Palmer)

La fe extendida en las dimensiones social, comunitaria y familiar de la vida se convierte en discipulado y ciudadanía en la misión. El discipulado y la ciudadanía son expresiones del servicio cristiano. Son las obras de la fe que el libro de Santiago enfatiza (Stg. 1:19-27; 2:14-26). La enseñanza ungida atiende a la formación de discípulos de Jesús y ciudadanos de la creación de Dios.

4. Libertad para la esperanza

Agustín compartió la idea de que «la esperanza tiene dos hermosas hijas: el enojo y el valor. Enojo por cómo son las cosas y valor para ver que no tienen por qué seguir siendo como son». (McKeachie, 384) La preocupación de Jesús por los *anawim*, aquellos contra los que pecan en esta vida por los poderes y principados en lugares espirituales que llaman a los cristianos a destruir a los destructores de la vida tal y como Dios la concibió. Dios se reserva el derecho de utilizar a personas que difieren de mí política, social, cultural y, sí, incluso teológicamente, y gracias a Dios por esa realidad.

La esperanza que se extiende a las dimensiones sociales, comunitarias y familiares de la vida se convierte en una defensa profética de esos propósitos cercanos al corazón de Dios. Santiago 1:27 nos enseña que «la religión que es pura e incontaminada ante Dios, el Padre, es esta: cuidar de los huérfanos y de las viudas en sus tribulaciones, y mantenerse sin mancha del mundo».

5. Libertad para la alegría

La libertad para la alegría proporciona el puente para explorar la enseñanza que celebra. La alegría es un don de Dios que he aprendido a través del privilegio de ser abuelo estos últimos nueve años. La alegría es un sentido de deleite ocasionado por la presencia permanente de Dios en toda la vida, que conduce al asombro, la reverencia y la celebración de la vida como un regalo de Dios. Habacuc 3:17-19 sugiere que la alegría trasciende la experiencia humana del éxito, la felicidad o la fecundidad porque la fuente es Dios. La alegría no se deja intimidar por el sufrimiento. Una descripción sorprendente de la alegría relacionada con la enseñanza se encuentra en Nehemías 8, donde Esdras habla en la plaza de Jerusalén ante la Puerta del Agua y los levitas enseñan a grupos más pequeños de la asamblea reunida. La alegría extendida a las dimensiones sociales, comunitarias y familiares de la vida, se convierte en fiesta. Sostengo que la alegría es la emoción más cercana al corazón de Dios y que nuestra celebración humana, tanto en el culto público como en la fiesta, proporciona la ocasión para que nuestros corazones sean tocados y ungidos por el Espíritu de Dios.

Al volver a las palabras de Moisés en Deuteronomio 32, nos damos cuenta de que debían ser cantadas por el pueblo. Sus palabras constituían un canto de celebración. La educación que amplía nuestros pensamientos y nos anima a emprender una acción social eficaz está en quiebra si no nos permite también celebrar. ¿Qué es lo que hay que celebrar?

El tema de la canción de Moisés es el nombre del Señor y su gracia, fidelidad y cuidado amoroso por su pueblo. Su rectitud y justicia se contrastan con los valores y el estilo de vida de su pueblo. Para el pueblo de Dios en el Nuevo Testamento, la vida cristiana debe ser una alegre celebración de la obra salvadora de Cristo. La educación que celebra a ese Dios y a ese Cristo, al igual que la educación que libera, se refiere tanto a la dimensión personal como a la social de nuestras vidas.

En la dimensión personal, la educación que celebra es para engendrar un sentido de maravilla, asombro y adoración del Dios Trino conocido como nuestro Padre, Su Hijo y el bendito Espíritu Santo. En nuestra sociedad orientada hacia el yo y en sus esfuerzos educativos, nos hemos dejado atrapar con demasiada facilidad por la adoración y la tiranía de las necesidades personales que han servido para disfrazar nuestros deseos y anhelos egoístas. La educación que celebra ante Dios nos permite considerar primero nuestras obligaciones y responsabilidades. Tal educación también trae de nuevo a nuestras vidas la comprensión de que el empoderamiento para la liberación requiere la unción del Espíritu Santo, que nos guía a todos hacia la verdad.

Además, la educación que celebra tiene implicaciones en la dimensión social de nuestras vidas. Siendo audaces en la confrontación con los principados y poderes en las estructuras de nuestra sociedad que perpetúan la opresión y la injusticia, celebramos una esperanza viva en el Señor de toda la historia, que fortalece a su pueblo para la lucha por la rectitud y la justicia. La educación que celebra afirma a nuestro Cristo que busca preservar, redimir y transformar nuestras culturas, nuestra sociedad y nuestro mundo mientras esperamos la llegada del Reino de Dios, el reino de Dios en toda la creación.

La enseñanza ungida que sostiene

La educación que libera y la educación que celebra son oportunas porque los cristianos reconocen que Dios nos sostiene como lo hizo con Jacob en el desierto. Deuteronomio 32:10 lo describe así: «Dios lo sostuvo en una tierra desierta, en un desierto aullante; lo protegió, lo cuidó, lo guardó como a la niña de sus ojos». Este fue también el caso de Agar e Ismael. A través de los desafíos institucionales, comunales, nacionales, globales, familiares y personales, la presencia de Dios a través del ministerio del Espíritu Santo nos sostiene.

El Canto de Moisés de Deuteronomio 32 también se menciona en Apocalipsis 15:3-4. Como señala K. H. Bartels, «el otro canto de Moisés en el Antiguo Testamento se encuentra en Éxodo 15:1-18, donde Moisés y los israelitas celebraron la liberación del ejército del faraón y la liberación del pueblo. El escritor del Apocalipsis, Juan, transpone el canto de Moisés en Éxodo 15 y también incluye palabras del Salmo 145:7 dándoles un significado cristológico». (Bartels, 674) El Salmo 145 celebra la grandeza y la bondad de Dios y el versículo 7 dice «Celebrarán la fama de tu abundante bondad, y cantarán en voz alta tu justicia».

Volviendo a Apocalipsis 15:3, leemos: «Y ellos (refiriéndose a los siete ángeles) cantan el Canto de Moisés, el siervo de Dios, y el cántico del Cordero:

> Aquí está la «Canción del Cordero»:
> Grandes y sorprendentes son tus obras, Señor Dios Todopoderoso.
> Justos y verdaderos son tus caminos, Rey de las naciones.
> Señor, ¿quién no temerá y glorificará tu nombre?
> Porque solo tú eres santo.
> Todas las naciones vendrán a adorar ante ti,
> porque tus juicios se han revelado.

Esta gloriosa Canción del Cordero celebra lo que el Segundo Moisés, nuestro Señor Jesucristo logró y todo lo que necesitamos comunicar a través de nuestros ministerios de enseñanza a un mundo con gran necesidad y hambre espiritual.

Al volver a Deuteronomio 32:5-14 descubrimos que no todo es bueno para las generaciones y el pueblo del Señor personificado en la persona de Jacob y sus descendientes. Pero a pesar de todo y a pesar de nosotros, Dios sostiene y cuida a ese pueblo que busca seguir los caminos de Dios. El cuidado y la gracia de Dios «a pesar de nosotros» es un mensaje de esperanza en medio del juicio de Dios. Dios nos sostiene en nuestro aprendizaje y en nuestra enseñanza a lo largo de nuestra vida.

La enseñanza puede ser intrínsecamente una empresa esperanzadora, ya que supone y propone que algunas personas están reunidas y son capaces de aprender. También sugiere que los maestros tienen algo de valor que compartir. En el caso de la fe cristiana, la enseñanza afirma la creencia de que Dios es nuestro Maestro. Dios fue el maestro de Abraham, Isaac y Jacob; y Dios fue el maestro de Sara, Rebeca, Lea y Raquel. Dios ha sido el maestro de nuestras vidas desde el mismo tejido de nuestros cuerpos en el vientre de nuestra madre, como se describe bellamente en el Salmo 139:13-16, desde nuestro paso por el nacimiento a este mundo, y desde los viajes de nuestras vidas hasta este mismo momento. ¿Sentimos y apreciamos la maravilla de ese don de la presencia y la enseñanza de Dios en toda la vida? ¿Qué esperanza podemos aportar a nuestras vidas y a las de los demás en una época de crisis económica mundial o de recesión y desafío nacional?

La enseñanza que nos sostiene implica tanto la denuncia como el anuncio. Con la denuncia de los destructores de la vida viene la posibilidad de anunciar la nueva vida que Dios trae a nuestras vidas. El modelo del Nuevo Testamento es la vida, la muerte y la nueva vida en Jesucristo y la venida del Espíritu Santo. Gabriel Moran en su obra *Showing How: The Act of Teaching* [*Mostrando cómo: El acto de la enseñanza*] sugiere que enseñar es mostrar cómo vivir y cómo morir. (Moran, 39) Yo añadiría que enseñar es mostrar cómo amar y vivir de nuevo, vivir de nuevo a través de la transformación y la renovación de la gracia de Dios que nos regala el Espíritu de Dios, el Espíritu de Jesús, el bendito Espíritu Santo que unge nuestros ministerios de enseñanza. La enseñanza ungida sostiene a las personas, a las comunidades, a las sociedades y a toda la creación que anhela y gime por una nueva vida. Todos los discípulos de Jesús pusieron el mundo del primer siglo patas arriba, y nosotros estamos invitados a hacer lo mismo hoy. La enseñanza ungida fomenta el amor a Dios, al prójimo, a uno mismo y a toda la creación. Uno de los versículos de memoria de mis años de escuela dominical cuando era niño era, por supuesto, Juan 3:16: «Porque de tal manera amó Dios al mundo, que dio a su Hijo unigénito, para que todo el que crea en él no perezca, sino que tenga vida eterna». El amor de Dios por el mundo y por toda la creación encontró su expresión en el inefable don de Jesús, el Hijo de Dios, y en el don de la vida eterna para todos los que creen en él. Hablando de versículos para memorizar, cuando me dejaron a mi propia elección y dispositivos para la selección de versículos, busqué en la Biblia y encontré: Juan 11:35 «Jesús lloró»; 1Tesalonicenses 5:16 «Regocijaos siempre»; y 1 Tesalonicenses 5:17

«Orad sin cesar». ¡Puedes imaginar mi sorpresa al encontrar dos versos cortos adyacentes en 1Tesalonicenses 5 después de mi larga búsqueda bíblica!

La enseñanza en nombre de Jesús puede ofrecer una alternativa y fomentar un sentido de esperanza para las personas, las familias, los grupos y las comunidades. El apóstol Pablo, en su carta a los Efesios, describe las experiencias de las personas antes de llegar a la fe en Jesucristo como «sin esperanza y sin Dios en el mundo». (Ef. 2:12) En su obra *Race Matters* [*La raza importa*], Cornel West aboga por una política de conversión que proporcione «una oportunidad para que la gente crea que hay esperanza para el futuro y un sentido para la lucha» que proporciona la fe cristiana. (West, 18) Su política se aplica a los afroamericanos y a todos los pueblos del mundo que tienen hambre de libertad, liberación y una nueva vida. Los que se encuentran en los márgenes de la sociedad, los identificados como *anawim*, tienen especialmente hambre de una vida alternativa. (Pazmiño, 63-65, 69, 77, 99, 144) Fueron los *anawim* a quienes Jesús prestó especial atención en su ministerio de enseñanza. Como maestros cristianos, podemos hacernos dos preguntas: ¿Quiénes son los que sienten que la vida no tiene remedio? ¿Cómo podemos los cristianos marcar la diferencia con esas personas?

Los anawim

Los *anawim* son aquellos que son pobres, humildes o débiles ante Dios y los demás, y a menudo representan a los extraños en las comunidades. En virtud de nuestra naturaleza creada, nuestro pecado y sufrimiento, todas las personas pueden verse en algún momento de su vida como uno de los *anawim*. Pero algunas personas, a causa de las fuerzas del racismo, el sexismo, el clasismo, la discriminación por edad y un sinfín de opresiones, experimentan esta condición de forma persistente y cotidiana. En relación con las fuerzas sociales y estructurales más amplias de la opresión, los maestros cristianos están llamados a emprender una guerra espiritual que reprenda a los principados y las potencias en el nombre de Jesús. (Ef. 6:10-20) El propio nombre de Jesús sugiere esperanza por la conversión o transformación que se ofrece en él. Esta transformación afecta a las dimensiones personal, familiar, comunitaria, cultural, económica, social, política, intelectual y espiritual de la vida. Por lo tanto, Jesús y sus enseñanzas afectan a toda la vida. La transformación es posible en toda la vida a pesar del sufrimiento, la pérdida y el pecado que asolan la condición humana. Este es un mensaje de esperanza que hay que compartir amplia y extensamente con todas las personas a las que se enseña en nombre de Jesús. Las palabras de Jesús sugieren la urgencia de compartir: «Los que se avergüenzan de mí y de mis palabras, de ellos se avergonzará el Hijo del Hombre cuando venga en su gloria y en la gloria del Padre y de los santos ángeles». (Lc. 9:26) Honrar el nombre de Jesús requiere compartir la base de nuestra esperanza cristiana. La esperanza en Dios no nos avergüenza ni nos decepciona debido a la integridad, la fiabilidad, el amor y la fidelidad de Dios a sus promesas. Este mensaje lo celebra el apóstol Pablo en Romanos 5:5: «y la esperanza no nos defrauda, porque el amor de Dios ha sido derramado en nuestros corazones por el Espíritu Santo que nos ha sido dado». La esperanza ofrecida en el nombre de Jesús ofrece alternativas a los *anawim* y a todas las personas que reconocen su necesidad diaria de vida nueva y transformación. Los *anawim* son las personas más necesitadas de la esperanza que ofrece Jesús y pueden tenerla, si nos tomamos en serio una de las primeras de las bienaventuranzas de Mateo 5:3: «Bienaventurados los pobres de espíritu, porque de ellos es el reino de los cielos». Considerar a los pobres de espíritu no descarta lo que las Escrituras nos enseñan sobre los pobres en general y nuestra respuesta a ellos a nivel local, nacional y mundial, junto con el ministerio de la abogacía.

Defensa

Afirmar el lugar de la defensa en la enseñanza es una empresa esperanzadora. La defensa implica enfrentarse y contrarrestar a los destructores de la vida y dar voz a los que han sido silenciados. Esta postura se adopta a la luz de los propósitos de Dios para encontrar expresión en el mundo. La visión del *shalom* que Dios revela en las Escrituras encarna la paz y la plenitud de vida para toda la creación. En la venida de Jesús se ha iniciado el reinado de Dios mientras se espera el cumplimiento futuro que las Escrituras describen como el ya y el todavía no del reino y la «parentela» de Dios. (Isasi-Díaz, 103, n.8) Esta «parentela» afirma que todas las personas se convierten en parientes adoptivos en la familia de Dios que incluye al otro como prójimo y a todos los creyentes como hijos de Dios. Los *anawim* son bienvenidos a la mesa del entorno de Dios, donde la rectitud y la justicia son temas de discusión. La charla de la mesa no excluye a nadie que previamente haya sido asignado a permanecer debajo de la mesa. La defensa exige que todos sean bienvenidos como invitados de pleno derecho con un acceso equitativo a los recursos servidos con gracia y generosidad por

Dios y que son suficientes para todos (Prov. 9:1-6; Is. 55:1-3a). Enseñar utilizando esta metáfora es poner el banquete en la mesa para que todos puedan participar y celebrar con alegría la plenitud y la graciosa generosidad de Dios en la vida. La comunión en la mesa de Dios comenzó en la creación, se extendió en la encarnación y se fijó de nuevo antes de la crucifixión en la Cena del Señor. La mesa de los cristianos es la de Jesús y se extiende desde la mesa de la Pascua puesta en el Jueves Santo o Santo hasta la cena final de las bodas descrita en el libro de Apocalipsis 19:7-9.2 La mesa está abierta a la participación de todos como sugiere la parábola de Jesús del banquete de bodas (Mt. 22:1-14), pero se plantea la cuestión del atuendo. Para mí, este atuendo sugiere metafóricamente la aceptación por parte de los invitados de la provisión de Dios puesta a disposición en Jesucristo para la salvación. Esto reconoce la libertad de los invitados para venir y cuando en la mesa para aceptar o rechazar la oferta de gracia de Dios de la transformación en el nombre de Jesús. En la práctica real de la enseñanza desde una postura de defensa, los maestros necesitan el equilibrio de la indagación y el diálogo para permitir a los participantes la libertad de discrepar.

Perspectivas del tiempo

El debate sobre la esperanza en relación con la enseñanza plantea la cuestión de la perspectiva temporal. El maestro Agustín escribió sobre «el presente de las cosas pasadas, el presente de las cosas presentes y el presente de las cosas futuras». (Agustín, 114) Mientras que la esperanza se centra en el presente de las cosas futuras, la perspectiva solo se da al considerar tanto el pasado como el presente en relación con el futuro. La anticipación del futuro se construye sobre la memoria del pasado y la atención actual en el presente. La enseñanza puede proporcionar el espacio y el tiempo de reflexión para considerar el futuro en relación con el pasado demasiado olvidado. El pasado proporciona una fuente de identidad y tradición. En relación con el pasado, los alumnos pueden explorar puntos de continuidad y cambio. La tradición cristiana honra el lugar de la historia y afirma que Dios entra en el tiempo y el espacio en forma de persona, Jesús de Nazaret. La fe cristiana celebra a un Dios que está vivo y activo en los asuntos humanos actuales y cotidianos. La esperanza cristiana afirma a un Dios que conduce a la creación hacia una anhelada consumación que aún no se ha revelado en Jesucristo, pero que tiene atisbos de cumplimiento en su ministerio terrenal. Estos atisbos se concretan en el continuo ministerio del Espíritu Santo para traer la renovación y la transformación. El sufrimiento humano, la fragmentación y la falta de sentido no son las últimas palabras debido a la esperanza viva que se encuentra en el Evangelio de Jesucristo (1Pe. 1:3-12). Una visita de dos semanas a China en el año 2000 me convenció de nuevo de esta esperanza viva que se manifiesta en la vida de los cristianos chinos. Vi esa esperanza grabada en los rostros de los ancianos chinos. Fueron sostenidos a través de las pruebas de la Revolución Cultural, ya que sus iglesias y seminarios han reabierto o han sido construidos de nuevo para dar cabida a un número cada vez mayor de jóvenes y adultos jóvenes con su hambre y vocación espiritual. Esta hambre está siendo satisfecha en el Evangelio de Jesucristo y su llamado a una nueva vida.

Conclusión

Deuteronomio 32, que recoge el Canto de Moisés, ofrece un retrato perspicaz de la enseñanza ungida por el Espíritu Santo. Los frutos de la enseñanza cristiana pueden considerarse como liberación, celebración y sustento para las personas, las comunidades y las sociedades. Nuestro reto como cristianos es realizar una educación que libere a los demás y a nosotros mismos por el propio poder de Dios; abrazar una educación que celebre el nombre de Dios Padre, Hijo y Espíritu, ahora y por los siglos de los siglos; y encarnar una educación que nos sostenga a través de todo lo que experimentamos en las alegrías y las penas de esta vida en busca de una vida futura.

Referencias

Augustín de Hipona. (1971) *Augustine's Confessions*. Grand Rapids: Sovereign Grace.

Bartels, K. H. (1978) «Song». En C. Brown (Ed.), The New International Dictionary of the New Testament. Vol. 3, (pp. 668-675). Grand Rapids: Zondervan.

Isasi-Díaz, A. (1996) Mujerista Theology: A Theology for the Twenty-First Century (Maryknoll, Nueva York: Orbis)

McKeachie, W. (1994). *Teaching Tips*. Lexington, MA: Heath.

Moran, G. (1997). *Showing How: The Act of Teaching*. Valley Forge: Trinity Press International,.

Müller, D. (1975) «Anoint» en C. Brown (Ed.), The New International Dictionary of the New Testament. Vol. 1, (pp.121-123). Grand Rapids: Zondervan.

Murphy, D. (2004) Teaching that Transforms: Worship as the Heart of Christian Education (Grand Rapids: Brazos).

Norris, K. (1996) *The Cloister Walk*. Nueva York: Riverhead Books.

Palmer, P. (1998) The Courage to Teach: Exploring the Inner Landscape of a Teacher's Life. San Francisco: Jossey-Bass.

Pazmiño, R. (1994) By What Authority Do We Teach? Sources for Empowering Christian Educators (Grand Rapids: Baker).

West, C. (1993) *Race Matters*. Boston: Beacon Press.

Westerhoff, J. (1994) *Spiritual Life: The Foundation for Preaching and Teaching*. Louisville: Westminster/ John Knox.

Wilhoit, J. y Rozema, L. (2005) «Anoiting Teaching». *Christian Education Journal*. Serie 3, 2 (2), 239-255

11

El crecimiento y el impacto del pentecostalismo en América Latina[68]

Octavio Javier Esqueda

El catolicismo romano ha sido tradicionalmente la religión dominante en América Latina, pero esta situación ha cambiado en las últimas décadas y esta región ya no es predominantemente católica. El protestantismo ha crecido considerablemente en los últimos años y «el principal motor de esta transformación es el pentecostalismo» (Miller y Yamamori, 2007, p. 17). El pentecostalismo es, con mucho, el movimiento cristiano de más rápido crecimiento en América Latina (Deiros, 1997). El protestantismo, especialmente la variedad pentecostal, está dando forma a las vidas y culturas de muchos países de América Latina.

El crecimiento y la influencia del pentecostalismo tienen implicaciones directas para la educación cristiana y ofrecen diferentes oportunidades y desafíos. Los pentecostales han enfatizado tradicionalmente el corazón y las experiencias personales, por lo que en muchos casos un enfoque fuertemente cognitivo de la educación cristiana puede crear una tensión entre algunas denominaciones evangélicas y el pentecostalismo. Quienes se centran principalmente en uno de los dos extremos, la mente o el corazón, pierden una representación más holística de la fe cristiana. Por esta razón, un buen

---

[68] Esqueda, O. J. (2013). The growth and impact of Pentecostalism in Latin America. *Christian Education Journal, 10*, S32–S38.

equilibrio es ahora esencial para la educación cristiana en América Latina. Los educadores cristianos en esta región del mundo, independientemente de su afiliación denominacional, necesitan considerar la importancia de los valores pentecostales claves mientras continúan su labor de ayudar a los creyentes a madurar en su fe. Este artículo ofrece una visión general de estos valores, que están dando forma al cristianismo en América Latina.

El crecimiento pentecostal en América Latina

El perfil demográfico del cristianismo ha cambiado drásticamente en las últimas décadas. Johnson (2013) afirma que en 1910, más del 80% de los cristianos eran europeos o norteamericanos. Ahora, solo el 40% de todos los cristianos se encuentran en esas regiones y la mayoría de los cristianos viven en el sur global. En muchos sentidos, la vitalidad y el crecimiento del cristianismo se han desplazado del hemisferio norte al sur global.

El sacerdote anglicano David Barret informó en 1982 y de nuevo en 1988 que los pentecostales eran el grupo protestante más grande y de más rápido crecimiento en el mundo (Spitter, 1988). Los pentecostales han experimentado el mayor crecimiento cristiano a nivel mundial, pasando de poco más de un millón en 1900 a casi 600 millones en 2010 (Johnson, 2013). Además, Johnson (2013) describe que en 2010 América Latina y África tenían la mayor presencia pentecostal con América Latina superando en número con aproximadamente 181.645.000 miembros. La presencia pentecostal se siente en todos los países de América Latina, siendo Brasil, Guatemala y Chile los que tienen el mayor número de pentecostales en la región.

Su número creciente representa ahora un segmento importante de la población total en todos los países. Por ejemplo, según Johnson (2013) en Brasil, los pentecostales representan el 31,1% de la población, en Guatemala el 35,3% de la población, en Colombia el 27,1% de la población, en Puerto Rico el 15,4% de la población y en Argentina el 13,6% de la población. Es difícil demostrar la exactitud de estas cifras, pero está claro que el pentecostalismo es ahora una parte vital de la sociedad latinoamericana. Matviuck (2002) ha señalado con precisión que el pentecostalismo ha impactado en América Latina. El crecimiento evangélico y pentecostal ha seguido el patrón demográfico de América Latina, donde la mayoría de las personas viven ahora en entornos urbanos más que en contextos rurales (Deiros, 1997). Todas las ciudades importantes de la región cuentan con numerosas iglesias pentecostales que atienden a todos los segmentos socioeconómicos de la población.

Se trata de una novedad. Tradicionalmente, el pentecostalismo se ha dividido en tres grandes oleadas o tipos: pentecostales denominacionales, carismáticos dentro de la línea principal de la denominación y carismáticos independientes (Johnson, 2013). Estos grupos combinados también se denominan «renovadores» o simplemente «pentecostales», como es el caso de este artículo.

Valores pentecostales

Spitter (1988) sostiene que cinco valores pentecostales implícitos dirigen sus esfuerzos misioneros y su espiritualidad: 1) un fuerte énfasis en su experiencia religiosa personal; 2) una preferencia por la comunicación oral; 3) la espontaneidad en su conducta y en el culto corporativo; 4) la alteridad o su fuerte creencia en lo espiritual y sobrenatural; y 5) una fuerte creencia en la autoridad bíblica. En general, el pentecostalismo en todo el mundo mantiene estos valores, aunque el énfasis puede variar según la cultura y otras circunstancias.

El protestantismo en América Latina ha pasado por muchas etapas, por lo que existe un gran espectro de énfasis y realidades (Stoll, 1990). Sin embargo, estos cinco valores representan una descripción precisa del pentecostalismo en América Latina. Dos de ellos en particular, la experiencia personal y la fuerte creencia en la autoridad bíblica, son centrales para la situación de la educación cristiana en América Latina. La experiencia personal es extremadamente importante para los adultos en general y para los latinoamericanos en particular. La enseñanza pentecostal centra gran parte de su contenido en las experiencias. Además, los evangélicos en América Latina tienen una fuerte afirmación de la Biblia como la Palabra autorizada de Dios. Las batallas occidentales por la inerrancia de la Biblia son ajenas a la mayoría de los creyentes latinoamericanos, ya que casi todos ellos creen que la Biblia es la Palabra de Dios inerrante. Por lo tanto, en muchos sentidos el desafío para la educación cristiana es equilibrar estos dos valores centrales porque aunque la mayoría de los pentecostales dirán que la Biblia es la principal fuente de fe y práctica, en realidad su experiencia se convierte en el filtro por el que interpretan la Biblia.

Matviuck (2002) sostiene que la teología pentecostal encontró un terreno fértil en América Latina debido a la cultura predominante. El pentecostalismo en América Latina hace hincapié en tres principios culturales principales: dan prioridad a la importancia del liderazgo autóctono, tienen una fuerte implicación social y apoyan y fomentan la comunidad, especialmente a través de la familia y los grupos pequeños. Permítanme decir unas palabras sobre cada uno de esos principios.

Liderazgo autóctono

El desarrollo del liderazgo autóctono ha jugado un papel clave para el crecimiento del pentecostalismo en América Latina porque «la creencia pentecostal en la disponibilidad del poder del Espíritu Santo para todos los creyentes implica que todos los miembros de la iglesia, y no solo los líderes, tienen acceso al poder espiritual, la unción y la sabiduría divina. Esta doctrina permite a los pentecostales pensar que cualquier miembro de la iglesia puede convertirse en líder» (Matviuk, 2002, p. 158). Por lo tanto, las oportunidades de liderazgo en muchas áreas están abiertas a todos los creyentes y no solo a unos pocos seleccionados. La mayor parte de la formación para el liderazgo tiene lugar dentro de la iglesia y cada congregación se esfuerza por formar líderes desde dentro.

Matviuk (2002) señala con acierto que un punto fuerte de este modelo es que el liderazgo pentecostal latinoamericano «es totalmente contextual y profundamente autóctono» (p. 165). Este tipo de liderazgo permite que el pentecostalismo llegue a toda la sociedad porque cada creyente ministra a los que están en su área de influencia. Además, producen un gran número de líderes que luego son asignados a nuevos territorios para iniciar nuevas iglesias o pequeños grupos. Su formación de liderazgo es extremadamente práctica y muchos reciben la oportunidad de convertirse en líderes independientemente de su nivel educativo o socioeconómico.

Participación social

Miller y Yamamori (2007) sugieren que el pentecostalismo tiene un impacto positivo en los numerosos problemas a los que se enfrenta el mundo, especialmente en las naciones en desarrollo. Afirman que el enfoque pentecostal en un futuro mejor, la influencia que tiene en el bienestar social de la gente y su énfasis en los derechos humanos pueden proporcionar esperanza para el futuro. De acuerdo con estas ideas, el pentecostalismo en América Latina ha supuesto un refrescante alivio social para muchas personas que intentan conectar su fe con su vida cotidiana y sus creencias con su contexto social.

La teología de la liberación ha sido popular en América Latina y ha tenido gran influencia en muchos círculos por su preocupación por la justicia y los pobres (Núñez, 1985). Archer (2011) identificó varios puntos en común entre la praxis propugnada por la Teología de la Liberación y la Teología Misionera Pentecostal desde los márgenes, especialmente en América Latina: «la lectura contextual compartida de las Escrituras siendo la comunidad eclesial la hermenéutica primaria, la praxis pastoral con, por y para los sectores pobres y marginados de la sociedad, la práctica de la misión holística y la primacía de la narrativa lucana para la comprensión de la misión» (p. 152). En esta parte del mundo, donde la pobreza es una de las principales preocupaciones sociales, tanto la teología de la liberación como el pentecostalismo encontraron un terreno fértil.

Cook (1990) también sostiene que las iglesias pentecostales y las agencias de ayuda protestantes obtienen mejores resultados materiales entre los necesitados que los esfuerzos de la Teología de la Liberación. Por lo tanto, el pentecostalismo ha proporcionado un refugio necesario y un entendimiento común para las preocupaciones sociales que muchas personas encontraban problemáticas con la Teología de la Liberación. La influencia de la Teología de la Liberación ha ido disminuyendo en los últimos años, y la del pentecostalismo ha aumentado drásticamente.

Hace más de veinte años, Stoll (1990) planteó la hipótesis de que el pentecostalismo podría proporcionar una base para la reforma social en América Latina por tres razones: «la capacidad de las iglesias pentecostales de hablar a la gente en términos de poder mágico» (p. 317), «su capacidad de organizar estructuras relativamente estables y en expansión» (p. 318), y su relación con un orden social opresivo. Estas ideas se están convirtiendo en una realidad y, aunque es difícil defender una reforma social completa de la región, está claro que el pentecostalismo ha moldeado la realidad social de los latinoamericanos. En consecuencia, Westmeier (1993) sostiene que el énfasis social pentecostal ofrece una explicación de su crecimiento.

Énfasis en la comunidad: Especialmente la familia y los grupos pequeños

Los latinoamericanos son sociedades comunales con un fuerte valor de la familia. El concepto latinoamericano de la familia incluye a los miembros de la familia extendida más allá del hogar meramente inmediato. Por lo tanto, la importancia de la familia entre los evangélicos en general, y los pentecostales en particular, proporciona una base para la estabilidad y el crecimiento (Cook, 1990). Se anima a todos los creyentes a alcanzar a los miembros de su familia como su primer campo de misión. La iglesia local también se convierte en una familia para los creyentes y muchos encuentran allí el apoyo que necesitan debido a las relaciones familiares rotas.

La iglesia no es solo un lugar para rendir culto y recibir instrucción, sino que es una importante red social de estímulo y apoyo emocional. Westmeier (1993) señala con precisión que en América Latina «la iglesia también se convierte en el lugar donde se puede realizar una existencia significativa para los demás. Le da al creyente la identidad y el valor que no podría encontrar en su lugar de trabajo. Así, la iglesia se convierte en el lugar desde el que se puede evangelizar eficazmente el mundo (la calle)» (p. 76). La acción social en la comunidad, pues, no es solo una función de la iglesia entre otras muchas, sino un elemento esencial para las congregaciones locales.

Matviuk (2002) sostiene que los grupos pequeños son clave para el pentecostalismo latinoamericano porque representan la integración de su compromiso con el evangelismo y el colectivismo como elementos importantes en la cultura latinoamericana. Los grupos pequeños en las iglesias pentecostales van más allá del enfoque meramente instructivo e intentan servir como herramienta evangelística para llegar a los vecinos y amigos. Los latinoamericanos en general no "construyen relaciones" con otros para alcanzarlos, sino que comparten su fe con aquellos con los que ya tienen una relación. Las relaciones no son un medio para un fin, sino un componente importante y necesario de la vida. Por lo tanto, el crecimiento y la influencia de los pentecostales en América Latina están directamente relacionados con su énfasis en las relaciones auténticas y la comunidad.

Necesidades y retos de la educación cristiana

La necesidad de mejorar los esfuerzos de educación cristiana entre los pentecostales continúa y, en muchos sentidos, debido a su sorprendente crecimiento, la necesidad es mayor que antes. El pentecostalismo y la educación formal no son enemigos, al contrario de lo que quizás se percibe popularmente. De hecho, los académicos pentecostales pueden prosperar en la academia a pesar de las dificultades, como Fettke y Wadell (2012) han demostrado con éxito a través de muchos testimonios de académicos pentecostales en los Estados Unidos. Un desafío para el pentecostalismo en América Latina es ahora expandir su influencia popular a los estratos académicos y superiores de la sociedad.

El analfabetismo bíblico es una preocupación importante entre los creyentes de América Latina, especialmente entre los pentecostales. Paradójicamente, a pesar de su alta estima por la Biblia, muchas personas utilizan las Escrituras como un fetiche más que como una fuente de alimento doctrinal y espiritual (Deiros, 1997). Muchos educadores cristianos, especialmente de las denominaciones evangélicas conservadoras, ponen un enorme énfasis en la formación de la «cabeza» y disminuyen la importancia del «corazón». El pentecostalismo en América Latina, por el contrario, se ha centrado principalmente en alcanzar el «corazón» y ha descuidado una enseñanza bíblica más profunda. El desafío para los educadores cristianos es combinar la «cabeza» y el «corazón» para lograr un ministerio cristiano más equilibrado y holístico.

Un dicho popular cubano sobre cuáles son las características clave que harían a un cristiano «perfecto» afirma que este creyente tendría «cabeza de bautista o presbiteriano», «corazón de pentecostal» y «pies de testigo de Jehová». El protestantismo y el pentecostalismo en América Latina representan ahora un elemento importante de la sociedad latinoamericana. La oportunidad es ahora de enseñar a cada creyente de manera que llegue a ser perfecto en Cristo (Col. 1:28).

Conclusión

Splitter (1988) predijo en 1988 que «la primera teología nativa del pentecostalismo vendrá del sur del ecuador. Estará escrita en español. Y no tendrá notas a pie de página» (p. 422). Es difícil comprobar si su predicción se hizo realidad, pero tenía razón en que el pentecostalismo se convertiría en una influencia importante en América Latina. El protestantismo en general, y el pentecostalismo en particular, están transformando la religión en América Latina.

El crecimiento pentecostal en las últimas décadas ha superado cualquier previsión en la mayoría de los países latinoamericanos. Por ejemplo, en México el primer misionero pentecostal en este país fue Cesareo Burciaga en 1921. Ese año estableció la primera iglesia de la Asamblea de Dios en Muzquiz, Coahuila. En 1931 la Iglesia de Dios nombró a María Atkinson como misionera en México. Ella fue una figura clave para el establecimiento del pentecostalismo en ese país. Por lo tanto, en menos de 100 años, un movimiento cristiano que comenzó con misioneros extranjeros se ha convertido en un movimiento autóctono que representa un segmento importante de la población. La misma situación se ha repetido en toda la región. El pentecostalismo es un movimiento global que ha encontrado un lugar perfecto en la cultura latinoamericana.

Referencias

Archer, K. J. (2011). The Gospel Revisited: Towards a Pentecostal Theology of Worship and Witness. Eugene, OR: Pickwick Publications.

Cook, G. (1990, Diciembre). The Evangelical Groundswell in Latin America. *The Christian Century*. 1171-1179.

Deiros, P. (1997). Protestantismo en América Latina: Ayer, Hoy y Mañana. Nashville: Editorial Caribe.

Fettke, S. & Wadell, R. (Eds.). (2012). *Pentecostals in the Academy: Testimonies of Call*. Cleveland, TN: CPT Press.

Johnson, T. M. (2013). Global Pentecostal Demographics. In Miller, D. E., Sargeant, K. H., & Flory, R. (Eds.). *Spirit and Power: The Growth and Global Impact of Pentecostalism*. Oxford: Oxford University Press.

Matviuk, S. (2002). *Pentecostal Leadership Development and Church Growth in Latin America*. Asian Journal of Pentecostal Studies, 5(1), 155-172.

Miller, D. E. & Yamamori, T. (2007). *Global Pentecostalism: The New Face of Christian Social Engagement*. Berkeley: University of California Press

Núñez, E. A. (1985). *Liberation Theology*. Chicago: Moody Press.

Miller, D. E., Sargeant, K. H., & Flory, R. (Eds.). (2013). *Spirit and Power: The Growth and Global Impact of Pentecostalism*. Oxford: Oxford University Press.

Spittler, R. S. (1988). Implicit Values in Pentecostal Missions. *Missiology: An International Review*, 16(4), 409-424.

Stoll, D. (1990). Is Latin America turning Protestant?: The Politics of Evangelical Growth. Berkeley: University of California Press.

Westmeier, Karl-Wilheim. (1993, Abril). Themes of Pentecostal Expansion in Latin America. *International Bulletin of Missionary Research*, p. 72-78

12

Enseñar quiénes y de quién somos: Honrando la individualidad y la conexión[69]

Robert W. Pazmiño

En su obra *The Courage to Teach* [*El valor para enseñar*] (1998), Parker Palmer hace hincapié en el reto que supone para la enseñanza abrazar conscientemente la dimensión particular de nuestra individualidad para poder enseñar *lo que* somos (p. 2). Aquí, hace honor al llamado inicial para que los maestros adquieran su propia voz y vivan y hablen con un sentido de integridad y autenticidad al enseñar desde dentro y desde sus corazones. En esa obra en particular, creo que no elabora adecuadamente la dimensión complementaria de la enseñanza *cuyos* somos tan esenciales para el ministerio cristiano de la enseñanza como se ha practicado a lo largo de los tiempos. Para ser justos con Palmer, ningún autor, incluido yo mismo, puede abordar todo lo que hay que tener en cuenta en una obra publicada. La práctica de las revisiones por pares sirve bien para identificar las lagunas y los límites de cualquier publicación, incluida la mía. De hecho, en la popular obra posterior de Palmer, *Let Your Life Speak* [*Deja que tu vida hable*] (2000), Palmer

---

[69] Pazmiño, R. W. (2014). Teaching both who and whose we are: honoring individuality and connection. *Christian Education Journal*, *11*(2), 421–428.

nombra la dimensión complementaria de *quiénes* somos a cualquier consideración de *quiénes* somos en la enseñanza:

> A Douglas Steere le gustaba decir que la antigua pregunta humana «¿Quién soy yo?» conduce inevitablemente a la pregunta igualmente importante «¿De quién soy yo?», ya que no hay identidad fuera de la relación. Debemos hacernos la pregunta de la identidad y responderla tan honestamente como podamos, sin importar a dónde nos lleve. Solo cuando lo hagamos podremos descubrir la comunidad de nuestras vidas. (p. 17)

Dado que en los cursos sobre el arte y el oficio de la enseñanza, tanto en los individuales como en los impartidos en equipo, he pedido a mis alumnos que lean *El valor de enseñar*, necesito responder a las preguntas de los alumnos sobre lo que significa *de quién* somos y su conexión con la enseñanza y su relación con *lo que* somos. Esta necesidad se hizo más evidente cuando impartí en equipo un curso con el rabino Michael Shire sobre la enseñanza en y a través de las tradiciones religiosas que incluía la visita de maestros de las tradiciones judía y cristiana, es decir, la Dra. Sara Lee y el reverendo Martin Copenhaver. Sara es una educadora judía, coautora de la obra *Christians and Jews in Dialogue* [*Cristianos y judíos en diálogo*] y fideicomisaria del Hebrew College, que es vecino de la Andover Newton Theological School en Newton Centre, Massachusetts. Martin Copenhaver es un experimentado pastor local y autor que acaba de pasar a ser el presidente de la escuela teológica donde enseño. Sara y Martin participaron amablemente en un panel cerca de la clausura de nuestro curso que retrató bien la complementariedad de la enseñanza tanto del particularismo de nuestra tradición religiosa como del compromiso con las invitaciones del pluralismo religioso del tercer milenio. Hacerlo bien requiere que enseñemos tanto *quiénes* somos como *de quién* somos, sin disminuir ni reducir. Ignorar *de quién somos* nos somete al narcisismo de nuestra época e ignorar *quiénes somos* nos somete al anonimato y al conformismo colectivos. Abrazar la paradoja de enseñar tanto la identidad religiosa como la apertura a nuestro prójimo que es religiosamente diferente requiere nuevas habilidades que no se han cultivado tradicionalmente en la formación de líderes religiosos y espirituales en la historia reciente.

La identidad personal conecta la individualidad y la comunidad

La búsqueda permanente del sentido de la propia vida encarna el esfuerzo por «conocerse a sí mismo», tal y como Sócrates enseñaba a sus alumnos que era esencial para discernir la verdad y la sabiduría. Sin embargo, esa búsqueda requiere un cuidadoso discernimiento de las relaciones que sostienen la vida desde sus inicios. En el ámbito físico, somos concebidos a través de la conexión realizada entre el óvulo de la creación de nuestra madre y el esperma de la contribución de nuestro padre a través de la inseminación natural o artificial. Nuestro acervo genético que guía el crecimiento y el desarrollo combina las contribuciones de las generaciones que se remontan al primer emparejamiento humano, haciendo explícita nuestra relación con una raza humana. A partir de nuestro origen en el ámbito espiritual, las personas son creadas a imagen de Dios, que, en la concepción cristiana, es un Dios Trino. La Trinidad modela tanto las personas individuales de la Divinidad como su íntima conexión como comunidad que el concepto teológico de *perichoresis* o vida compartida de Dios honra. La interpenetración de sus vidas compartidas modela la interdependencia de la humanidad en toda la vida. En el ámbito educativo, Lawrence Cremin (1976) ha señalado que el concepto griego de *paideia* o excelencia en la vida combina intrínsecamente la noción de individualidad con el abrazo de la comunidad; combina la aspiración individual y social (p. 39). Esto se hizo evidente para mí al escribir mis memorias educativas *A Boy Grows in Brooklyn* [*Un chico crece en Brooklyn*] (2014). Esos recuerdos de mi vida contados desde la infancia y la juventud sirvieron para delinear mi configuración o ecología educativa. Una configuración o ecología educativa es un conjunto de influencias educativas que combinan la comunidad, la familia, la iglesia, la escuela, las agencias y asociaciones, los medios de comunicación, la economía y el cuerpo político. Mi individualidad fue moldeada por esas múltiples conexiones de manera única para formar la persona que soy. Esta singularidad se confirmó cuando mi hermana mayor, más cercana en edad, recordó algunos de los acontecimientos que están grabados en mi memoria. Ahora está invitada a escribir sus propias memorias para situar su perspectiva histórica junto a la mía.

Una paradoja en el ministerio educativo

Jeff Jones es un colega de la facultad, y tuve el privilegio de viajar con él en su estudio de doctorado. Al escribir sobre el tema del liderazgo, Jeff captó una paradoja aplicable a aquellos que buscan liderar a otros en sus ministerios educativos tanto dentro como fuera de los confines de las aulas. La paradoja se recoge en dos afirmaciones que describen el liderazgo: «Nunca se trata de ti. Siempre se trata de ti». (Jones, 2008, p. 1). A lo largo de los años, me asombra especialmente cómo los educadores comunitarios y sociales son capaces de motivar a sus oyentes para que abracen su llamado al servicio y la defensa más allá de sus intereses o necesidades individuales. El educador y profeta judío Abraham Joshua Heschel fue el primero en alertarme sobre el papel que desempeñan los profetas para la educación de toda la sociedad en relación con el llamado de Dios a la justicia y la rectitud. Los profetas hebreos ejercieron su ministerio que luego se encarnó para los cristianos en el ministerio terrenal de Jesús como maestro y profeta. El estudioso del Nuevo Testamento William Herzog describe bien a Jesús en *Prophet and Teacher* [*Profeta y Maestro*] (2005) con la clara distinción de que el papel profético de Jesús seguía el de la «pequeña tradición». La pequeña tradición significaba que Jesús se identificaba claramente con los *anawim* de su tiempo y de todos los tiempos, valorando al campesinado de una sociedad agraria (p. 176). En términos más generales, los *anawim* son los forasteros de cualquier sociedad, aquellos que a menudo son despreciados o abandonados y ciertamente no son bienvenidos entre los iniciados de los grupos sociales o religiosos privilegiados. El propio Jesús fue visto como un forastero rechazado por los de su propia ciudad natal con su enseñanza desafiante y provocadora (Lc. 4:13-30):

13 Cuando el diablo acabó toda tentación, se apartó de él por algún tiempo.
14 Entonces Jesús volvió en el poder del Espíritu a Galilea, y su fama se difundió por toda la tierra de alrededor. 15 Él enseñaba en las sinagogas de ellos y era glorificado por todos.
16 Fue a Nazaret, donde se había criado y, conforme a su costumbre, el día sábado entró en la sinagoga y se levantó para leer. 17 Se le entregó el rollo del profeta Isaías; y cuando abrió el rollo encontró el lugar donde estaba escrito:
18 El Espíritu del Señor está sobre mí, porque me ha ungido para anunciar buenas nuevas a los pobres; me ha enviado para proclamar libertad a los cautivos y vista a los ciegos, para

poner en libertad a los oprimidos 19 y para proclamar el año agradable del Señor.

20 Después de enrollar el libro y devolverlo al ayudante, se sentó. Y los ojos de todos en la sinagoga estaban fijos en él. 21 Entonces comenzó a decirles: —Hoy se ha cumplido esta Escritura en los oídos de ustedes. 22 Todos daban testimonio de él y estaban maravillados de las palabras de gracia que salían de su boca, y decían: —¿No es este el hijo de José? 23 Entonces él les dijo: —Sin duda, me dirán este refrán: "Médico, sánate a ti mismo. Hemos oído que sucedieron tantas cosas en Capernaúm; haz lo mismo también aquí en tu tierra". 24 Y añadió: —De cierto les digo, que ningún profeta es aceptado en su tierra. 25 Pero en verdad les digo que había muchas viudas en Israel en los días de Elías, cuando el cielo fue cerrado por tres años y seis meses y hubo una gran hambre en toda la tierra, 26 pero a ninguna de ellas fue enviado Elías sino a una mujer viuda en Sarepta de Sidón. 27 También había muchos leprosos en Israel en el tiempo del profeta Eliseo, pero ninguno de ellos fue sanado sino el sirio Naamán. 28 Al oír estas cosas, todos en la sinagoga se llenaron de ira, 29 y se levantaron y lo echaron fuera de la ciudad. Luego lo llevaron hasta un precipicio del monte sobre el cual estaba edificada su ciudad para despeñarle. 30 Pero él pasó por en medio de ellos y se fue.

La identidad de Jesús, *quién* era, se nota en la respuesta de sus oyentes: «¿No es éste el hijo de José?» Su individualidad se basaba en su relación con José, su padre adoptivo y terrenal, ya que el público lo veía como un hijo. Pero en un nivel más profundo de discernimiento, las palabras de Jesús subrayan *de quién* era en relación con su Padre Celestial y el Espíritu Santo. Esta relación y conexión son más esenciales y sostenibles, y complementan su individualidad. También es digno de mención que la identificación de Jesús es con los extranjeros y su enseñanza ungida conduce a su liberación. Esta conexión suponía una amenaza para los privilegiados que conocían demasiado bien a Jesús como hijo de José y María. Cuando Jesús se hizo dueño de su voz y evidenció la unción del Espíritu, las implicaciones para su comunidad humana inmediata y más amplia se hicieron explícitas. El desarrollo explícito de su enseñanza conectó su vocación individual con la vida comunitaria de sus oyentes, llegando incluso más allá de ellos para incluir a los forasteros.

El público de la ciudad natal de Jesús respondió con rabia a su escandalosa enseñanza. La enseñanza que es subversiva con el statu quo y los patrones culturales comunes puede suponer una amenaza al proponer incluso una transformación. Tal enseñanza es arriesgada, pero contar el coste es necesario para ser fiel al llamado de Dios. La promesa de ser lleno con el poder del Espíritu ofrece esperanza mientras se asumen los costes reales de la enseñanza profética. La viuda de Sarepta recibió el ministerio profético de Elías, y Naamán el sirio recibió el ministerio de Eliseo. Ambos eran forasteros y gentiles. Jesús conecta su enseñanza con la tradición profética de Elías y Eliseo y, por consiguiente, invita a los maestros cristianos de hoy a entrar en la escuela de los profetas. Al seguir el ejemplo de Jesús, los maestros cristianos afirman *quiénes somos* como sus discípulos. Al explorar las conexiones entre nuestra enseñanza y la de Jesús, estamos mejor posicionados para abrazar las particularidades de nuestra vocación y para apoyar el surgimiento de nuestra propia voz entre la multitud de maestros en el mundo más amplio, todos compitiendo por los corazones de los estudiantes.

De quién somos en la tradición cristiana

Para celebrar nuestras conexiones en la tradición cristiana, los maestros pueden abrazar su identidad como hijos de Dios, discípulos y amigos de Jesucristo, y socios del Espíritu Santo en sus ministerios. Como hijos de Dios, los maestros cristianos reconocen su total dependencia de Dios, que nos creó y dotó a cada uno de nosotros desde el momento en que se tejieron nuestras vidas en el vientre de nuestras madres, como describe hermosamente el salmista en el Salmo 139:13-16:

> 13Porque Tú formaste mis entrañas;
> Me hiciste en el seno de mi madre.
> 14 Te daré gracias, porque asombrosa y maravillosamente he
> sido hecho;
> Maravillosas son Tus obras,
> Y mi alma lo sabe muy bien.
> 15 No estaba oculto de Ti mi cuerpo,
> Cuando en secreto fui formado,
> Y entretejido en las profundidades de la tierra.
> 16 Tus ojos vieron mi embrión,
> Y en Tu libro se escribieron todos
> Los días que me fueron dados,
> Cuando no existía ni uno solo de ellos.

Con Dios como maestro (Pazmiño, 2001), profundizamos en nuestra relación a lo largo de nuestra vida confiando en la gracia de Dios y en las provisiones para nuestro propio aliento, pues es en Dios donde vivimos, nos movemos y tenemos nuestro ser, como declaró el apóstol Pablo en Atenas (Hch. 17:28).

Como discípulos y amigos de Jesucristo, nos esforzamos por enseñar en el nombre, el espíritu y el poder de Jesús, que nos sirve de ejemplo (Pazmiño, 2008). Aceptamos de buen grado el encargo educativo que se hizo a sus discípulos al final de su ministerio terrenal en Mateo 28:18-20:

> 18 Jesús se acercó y les dijo: «Se me ha dado toda la autoridad en el cielo y en la tierra. 19 Id, pues, y haced discípulos a todas las naciones, bautizándolos en el nombre del Padre y del Hijo y del Espíritu Santo,20 y enseñándoles a obedecer todo lo que os he mandado. Y recordad que yo estoy con vosotros siempre, hasta el fin del mundo».

La promesa de la compañía de Jesús dentro de esta comisión proporciona la seguridad de la fuerza y la alegría en las circunstancias y pruebas más difíciles, como se evidencia en su propio viaje terrenal.

Como compañeros del Espíritu Santo enviado por Jesús a su partida, los maestros cristianos reciben otro Consolador para sus vidas y ministerios (Jn. 14:26, 26; 15:26; 16:7). Los frutos de la enseñanza ungida por el Espíritu Santo incluyen la liberación, la celebración, el sustento y la justicia, como se prefigura en las palabras de la primera maestra de Jesús, María, su madre (Pazmiño, 2012). María anticipó el ministerio de su hijo, el Salvador cuyo nombre mismo abarcaba su vocación, pues «Jesús» significa «Dios salva». Ella sirve como modelo para todos los cristianos de abrazar en su cuerpo un potencial portador de Dios que los maestros cristianos pueden replicar en sus ministerios a través de una asociación con el Espíritu de Dios en sus espíritus y vidas:

El canto de alabanza de María

46 Y María dijo:
—Engrandece mi alma al Señor;
47 y mi espíritu se alegra
en Dios, mi Salvador,
48 porque ha mirado

la bajeza de su sierva.
He aquí, pues, desde ahora
me tendrán por bienaventurada todas las generaciones,
49 porque el Poderoso ha hecho grandes cosas conmigo.
Su nombre es santo,
50 y su misericordia es
de generación en generación, para con los que le temen.
51 Hizo proezas con su brazo;
esparció a los soberbios
en el pensamiento de sus corazones.
52 Quitó a los poderosos de sus tronos
y levantó a los humildes.
53 A los hambrientos sació de bienes
y a los ricos los despidió vacíos.
54 Ayudó a Israel, su siervo,
para acordarse de la misericordia,
55 tal como habló a nuestros padres;
a Abraham y a su descendencia para siempre.
(Lc.1:46-55)

En la tradición cristiana, la comunidad de nuestras vidas o de quién somos se discierne en nuestra relación con el Dios Trino revelado en Jesucristo, hijo de María. La comunidad del Espíritu alimenta esta conexión más amplia para sostener los ministerios de enseñanza en la matriz histórica y global del tercer milenio que exige un compromiso interreligioso. Ofrecemos tanto lo que somos como de quién somos en ese compromiso, proclamando en la enseñanza y la predicación las maravillas del Evangelio. Parte de esa proclamación puede incluir la escritura de memorias educativas y espirituales.

Escritura de memorias

Ofrezco las siguientes diez ideas para la exploración de la escritura de memorias en clave teológica o espiritual:

1. En el ministerio, compartimos tanto nuestra enseñanza como nuestra vida (1Tes. 2:8; 1Tim. 4:16).
2. Las historias de nuestras vidas se convierten en vehículos para compartir cómo la gracia y la abundancia

de Dios son evidentes a lo largo de nuestras trayectorias vitales.

3. La biografía y la autobiografía son formas teológicas tan significativas como la escritura teológica académica.
4. Las memorias son un retrato selectivo de la autobiografía potencialmente expansiva de una persona que puede ser temática.
5. Escribir unas memorias requiere una cuidadosa atención a los detalles descriptivos y el uso de los cinco sentidos para atraer a la audiencia de forma imaginativa.
6. Las memorias son más útiles si se escriben de forma muy comprimida y con cuidado.
7. La revelación de una amplia gama de sentimientos contribuye a la resonancia de las memorias con un amplio público.
8. Las ideas obtenidas de la escritura de memorias contribuyen tanto a la enseñanza como a la predicación con la mejora de la imaginación espiritual.
9. El intercambio de historias personales puede tender puentes hacia las historias comunitarias y de fe.
10. La escritura de memorias puede ser una fuente de alegría al mismo tiempo que requiere el duro trabajo de la buena escritura.

Referencias

Boys, M. C., & Lee, S. S. (2006). *Christians and Jews in dialogue: Learning in the presence of the other*. Woodstock, VT: Sky Light Paths.

Cremin, L. A. (1976). *Public education*. Nueva York, NY: Basic Books.

Herzog, W. R., II. (2005). *Prophet and teacher: An introduction to the historical Jesus*. Louisville, KY: Westminster John Knox.

Heschel, A. J. (1962). *The Prophets*. New York: Harper & Row.

Jones, J. D. (2008). *Heart, mind and strength: Theory and practice for congregational leadership*. Herndon, VA: Alban Institute.

Palmer, P. J. (1998). *The courage to teach: Exploring the inner landscape of a teacher's life*. San Francisco, CA: Jossey-Bass.

Palmer, P. J. (2000). *Let your life speak: Listening for the voice of vocation*. San Francisco, CA: Jossey-Bass.

Pazmiño, R. W. (2001). *God our teacher: Theological basics in Christian education.* Grand Rapids, MI: Baker Academic.

Pazmiño, R. W. (2008). *So what makes our teaching Christian? Teaching in the name, spirit and power of Jesus.* Eugene, OR: Wipf & Stock.

Pazmiño, R. W. (2012). Deuteronomy 32 and anointed teaching: Bearing fruits of liberation, celebration and sustenance. *Christian Education Journal*, Series 3, 9(2), 279-292.

Pazmiño, R. W. (2014). A boy grows in Brooklyn: An educational and spir-itual memoir. Eugene, OR.: Wipf & Stock.

13

Sola Scriptura: Reflexiones personales y profesionales[70]

Robert W. Pazmiño

Las Escrituras y los marcos bíblicos han proporcionado el *andamiaje* de mi vida personal y profesionalmente ahora que he enseñado educación cristiana durante los últimos 37 años, inicialmente en el Seminario Teológico Gordon-Conwell durante 5 años y 32 años en la Escuela Teológica Andover Newton. En las Escrituras se revela una riqueza de sabiduría para guiar el pensamiento y la práctica de la educación cristiana para una vida alegre de servicio. Esta sabiduría debe ser compartida por todas las generaciones para mantener una fe viva y vital.

Reflexiones personales

A través de las Escrituras como autoridad principal para la fe y la práctica cristianas, discierno el rostro de Dios, la presencia de Jesucristo a quien sigo como Señor, y la compañía del Espíritu Santo. Las Escrituras guían mi vida diaria y mi intento de comprender el mundo en el que vivimos, con todas sus maravillas y sus rupturas. En mis memorias *A Boy Grows in Brooklyn* [*Un niño crece en Brooklyn*] (2014)

---

[70] Pazmiño, R. W. (2018). Sola scriptura: Personal and Professional Reflections. *Christian Education Journal*, *15*(2), 295–301. https://doi.org/10.1177/0739891318782081

comienzo y termino esa obra con pasajes del Éxodo que describen el *maná*, el maná de los recuerdos. Pero a lo largo de mi viaje, las Escrituras han sido mi maná con la lectura diaria de las Escrituras y la oración que me han sostenido a mí y a mi familia.

La Biblia se leía en mi casa de Brooklyn y era enseñada fielmente por mis maestros de la Escuela Dominical en la Iglesia Bautista de Kenilworth, a la que asistí desde mi nacimiento. Mi vecino Reddy, que vivía al otro lado del pasillo de nuestro apartamento, me regaló el libro *Old Testament Stories: Retold for Children* [*Historias del Antiguo Testamento para niños*] (1940) de Lillie A. Faris el 25 de diciembre de 1956. He leído ese libro muchas veces y pienso regalárselo a mi nieto Eli esta Navidad, ya que tiene ocho años. Reddy era una Científica Cristiana por fe. Estaba recluida y yo hacía la compra de alimentos para ella cada semana. Para mis versos de memoria requeridos en la Escuela Dominical, busqué en la Biblia los versos más cortos como Juan 11:35 «Jesús lloró»; 1 Tesalonicenses 5:16, «Regocijaos siempre», y el siguiente verso 1Tesalonicenses 5:17 «Orad sin cesar» u «Orad continuamente». He evitado utilizar «Selah» (una notación musical) de los Salmos, para no ofender a mis maestros.

Hablando de música, recuerdo haber cantado la escritura en el coro de la escuela secundaria 240, una escuela pública: «Sed fuertes en el Señor y en el poder de su fuerza. Poneos toda la armadura de Dios. Estad, pues, de pie ciñendo vuestros lomos con la verdad y vistiendo la coraza de la justicia, calzados los pies con la preparación del Evangelio de la paz, tomando el escudo de la fe, el yelmo de la salvación y la espada del Espíritu que es la Palabra de Dios». (Ef. 6:10-18) La única arma ofensiva con toda la armadura es la Palabra de Dios, que se encuentra en la Escritura. Como soldado en el campo de la educación cristiana, las Escrituras han guiado mi imaginación educativa. Martín Lutero hizo musicalizar su Catecismo Menor para que los padres pudieran enseñar a sus hijos. Imagine que me hubieran retado a memorizar y cantar el Salmo 119, un salmo que celebra la Palabra de Dios, en lugar de mis elecciones.

Las Escrituras han sido una *luz* en mi camino en momentos clave de decisión y transición, ilustrando la enseñanza de Hebreos 4:12: «Porque la palabra de Dios es viva y eficaz. Más afilada que cualquier espada de doble filo, penetra hasta dividir el alma y el espíritu, las articulaciones y los tuétanos; juzga los pensamientos y las actitudes del corazón». Un ejemplo, cuando tuve que decidir en 1975 si seguir un programa de doctorado en psicología clínica, un máster en administración de trabajo social o estudios de seminario, mi vecina Carmen Nieves compartió el relato bíblico de Abram que no se quedó en Harán sino que siguió hacia la tierra prometida de Dios confiando en la promesa y las provisiones de Dios de Génesis 12:1-9. Este mismo pasaje es el que leí en la convocatoria de apertura de mi escuela este otoño en un momento de transición institucional.

Reflexiones profesionales

Las Escrituras siempre han guiado mi pensamiento y mi práctica de la educación cristiana durante todos estos años. Cuando enseñé por primera vez en Gordon-Conwell y planifiqué la obra *Cuestiones fundamentales en la educación cristiana* (2002), consulté a dos eruditos bíblicos que entonces eran mis colegas después de haberme graduado apenas tres años antes con mi M.Div. Yo había querido utilizar cuestiones educativas perennes para guiar mi capítulo sobre fundamentos bíblicos, pero tanto Doug Stuart (AT) como Gordon Fee (NT), autores de *Lectura eficaz de la biblia* (2002), me aconsejaron encarecidamente que siguiera un enfoque exegético y que luego extrajera ideas educativas.

Seguí su consejo, pero ahora, para volver a mi propuesta inicial, sugiero cómo las Escrituras han informado mi imaginación educativa a lo largo de los años utilizando esas perennes preguntas educativas. Al leer y estudiar las Escrituras, estas me han leído y han proporcionado andamiaje, maná y luz para el pensamiento y la práctica de la educación cristiana (EC). Para cada una de las preguntas educativas perennes, propongo raíces o pozos bíblicos clave en los que apoyarme recordando lo que me enseñó el educador judío Abraham Heschel: «El pensamiento sin raíces dará flores, pero no frutos». (Dresner, 1995, 83) En relación con cada pregunta propongo una lección bíblica para el pensamiento y la práctica de la EC:

1. ¿Qué? Naturaleza de la EC.
2. ¿Por qué? Objetivo de la EC.
3. ¿Dónde? Contexto de la EC.
4. ¿Cómo? Métodos de la EC.
5. ¿Cuándo? Preparación para la EC.
6. ¿Quién? Relaciones en la EC.

¿Qué? Naturaleza de la CE

Para mí, la naturaleza de la educación estaba estrechamente relacionada con los fundamentos bíblicos de todo el libro del Deuteronomio. Siempre me pregunté por qué en el capítulo 1 de mi obra *Cuestiones Fundamentales* me inclinaba hacia 4 pasajes de ese libro del AT hasta que un colega, Greg Mobley, me iluminó. Greg, que es un maestro del AT, compartió conmigo en un retiro de la facultad que el libro de Deuteronomio se encuentra dentro de la tradición de los levitas, a quienes asocia claramente como los sacerdotes educadores entre los hebreos, en lugar de los sacerdotes del templo. Su conexión se confirma en la descripción de la renovación nacional descrita en Nehemías 8:7-8, donde tras la predicación de Esdras, los levitas enseñan y trabajan con pequeños grupos de fieles para fomentar su comprensión de las Escrituras. (Pazmiño, 1994, 123-146) El matrimonio entre la educación y el culto en la renovación que Dios trajo a la nación se apoya en el ministerio de los levitas, los sacerdotes educadores. Como maestros de educación cristiana, nos situamos en la herencia y el linaje levítico.

Cuando empecé a enseñar en 1981 en el Seminario Gordon-Conwell y en el servicio de capilla de instalación, me sentí atraído por el Canto de Moisés en Deuteronomio 32, donde la enseñanza ungida por el Espíritu de Dios da frutos de liberación (o libertad o transformación) y celebración. Años más tarde, en mi enseñanza, descubrí el fruto adicional de sustento descrito en el Canto de Moisés con el que el Espíritu Santo nos bendice en la enseñanza. Creo que fue necesario el paso de los años en la enseñanza para discernir el sustento necesario para la eficacia y la creatividad. Mi colega Octavio Esqueda y yo exploraremos estos temas en nuestro próximo libro *Anointed Teaching* [*Enseñanza ungida*]. Los temas del Canto de Moisés también suenan en el Magnificat de María que se encuentra en Lucas 1:46-56, ya que se hace eco de la sentida oración y canto de Ana que se encuentra en 1Samuel 2:1-10. Podemos celebrar que la primera maestra de Jesús fue su madre María. El Canto de Moisés y el Magnificat de María nos ayudan a responder a la pregunta: ¿En qué consiste la educación cristiana?

Lección bíblica: La educación cristiana es, o ciertamente necesita ser, ungida por el Espíritu.

¿Por qué? Objetivo de la EC

El colega Ron Habermas observó que el modelo de 5 tareas o 5 propósitos sobre el que he escrito a lo largo de los años se describe mejor en Hechos 2:42-47, donde se señalan los esfuerzos de los primeros seguidores del Camino, el Camino de Jesús. Los cinco propósitos y sus correspondientes virtudes cristianas extraídas de las Escrituras son los de la proclamación (relacionada con la verdad), el compañerismo (relacionado con el amor), el servicio (relacionado con la fe), la defensa (relacionada con la esperanza) y la adoración (relacionada con la alegría) con la enseñanza proporcionando el tejido conectivo que une esos propósitos en el Cuerpo de Cristo, la iglesia cristiana. El análisis de Klaus Issler del Sermón del Monte discierne «Seis temas para guiar el ministerio de la formación espiritual» (Issler, 2010) que se correlacionan bien con estas cinco tareas bíblicas para explorar la pregunta: ¿Por qué nos tomamos la molestia? Esta es una pregunta importante con muchos compromisos que compiten hoy en día. Otra razón por la que nos molestamos es por nuestra gran comisión educativa proclamada en Mateo 28:18-20.

Lección bíblica: La educación cristiana alimenta la alegría de glorificar a Dios, incluso ante el lamento.

¿Dónde? Contexto de la CE

Al considerar los diversos contextos de nuestra enseñanza, a menudo me hago la pregunta en mis consultas con seminarios, facultades e iglesias: ¿Dónde está la alegría? Pero también pregunto: ¿Dónde está la lucha, (la lucha suele estar relacionada con la realización de los valores cristianos de la verdad, el amor, la fe y la esperanza en nuestras comunidades)? Los pasajes bíblicos de Deuteronomio 6 y Salmo 78:1-8, junto con todo el Evangelio de Mateo, son clave. El Evangelio de Mateo figura en primer lugar en el Nuevo Testamento como una guía catequética clave que trata los temas de la visión, la misión y la memoria para la formación de las comunidades cristianas en sus entornos. La enseñanza de Jesús fue ocasional a través de su cuidadosa lectura de contextos y personas particulares al compartir la verdad. En relación con el contexto, el traslado de mi propia escuela a New Haven, CT, en asociación con la Yale Divinity School, plantea la cuestión de que Dios nos da «un futuro de esperanza» que el profeta Jeremías señala en su carta a los exiliados en Babilonia de Jeremías 29:11.

Al igual que Jesús, el apóstol Pablo también fue un teólogo de la tarea, un teólogo práctico. Mi libro favorito de mis estudios en el seminario (1975-78), además de la Biblia, fue *Epistles to the Apostle* [*Epístolas al Apóstol*], de Colin Morris (Morris, 1974), un pastor que utilizó creativamente su imaginación espiritual para recrear las cartas que probablemente recibió Pablo antes de escribir sus epístolas que se encuentran en el Nuevo Testamento. Morris en su escritura creativa aborda la pregunta: ¿Dónde estamos llamados a enseñar?

> **Lección bíblica:** La educación cristiana debe ser designada por Dios para dirigirse con sabiduría a los entornos particulares y a las personas de esos entornos.

¿Cómo? Métodos de la EC

Además de la asombrosa y ejemplar variedad de la propia enseñanza de Jesús a lo largo de los relatos evangélicos, como explora Roy Zuck en *Teaching as Jesus Taught* [*Enseñando como enseñaba Jesús*] (Zuck, 1995), y especialmente en Lucas 24:13-35 el encuentro de Emaús, encuentro fascinante la descripción de la enseñanza en Nehemías 8 por la forma en que Dios nos utiliza para enseñar (de vuelta a las prácticas levíticas). Este pasaje de Nehemías conecta el aprendizaje activo con la adoración, la comunión, la comida y el servicio a las necesidades de los demás, de forma similar al pasaje de Hechos 2. Mientras servía como decano académico interino de Andover Newton, regularizamos un día de comunidad obligatorio en el que vinculamos el culto, la comida y los proyectos de servicio dentro y fuera del campus con la reflexión sobre nuestra fe vivida en el mundo. Los consejos de Jesús y de los levitas nos ayudan a responder a la pregunta: ¿Cómo es posible enseñar en una cultura presencial y digital simultáneamente?

> **Lección bíblica:** Siga la variedad del ejemplo de Jesús y el enfoque integrado de los levitas que vincularon eficazmente la actividad, el diálogo y la reflexión con el intercambio de la Palabra de Dios en el culto.

¿Cuándo? Preparación para la CE

Dos pasajes de las Escrituras me ayudan con el asunto de la disposición relacionada con la motivación, Hechos 8:26-40 y Deuteronomio 6. El relato de Hechos describe cómo Felipe respondió al eunuco etíope y estuvo abierto a la guía del Espíritu Santo para explorar el significado de las Escrituras mientras corría junto a un carro. Imagina la escena. Habiendo corrido en pista y a campo en la escuela secundaria en los parques de Nueva York, puedo imaginar el intercambio entre Felipe y el eunuco. Los eunucos también eran vistos como forasteros y, sin embargo, Felipe accedió amablemente a su petición de bautismo, lo que resultó en un regocijo con una fe recién descubierta. Deuteronomio 6 comparte el Gran Mandamiento de amar a Dios y capta la necesidad de ser sensibles a los momentos de enseñanza a lo largo del día, cuando los niños y estudiantes de todas las edades hacen sus propias preguntas y relacionan las actividades diarias con el amor y la presencia de Dios, junto con nuestra respuesta de amor a Dios. Estos pasajes ayudan a abordar la cuestión: ¿Cuándo es posible enseñar, especialmente con las diversas presiones de tiempo de hoy en día? Nuestra hija Rebekah utiliza la expresión «por cierto» en las conversaciones telefónicas cuando pone a prueba nuestra disposición a enviarle aún más dinero mientras está en la universidad. Al leer las Escrituras, siento que Dios me llama: «Bob, por cierto, tienes que considerar y hacer esto».

> **Lección bíblica:** La enseñanza implica la capacidad de respuesta cuando Dios y los demás nos lo piden, siendo oportunos para relacionar la fe con la vida que nos rodea y, a menudo, con un coste para nosotros.

¿Quién? Relaciones CE

Los pasajes bíblicos que me recuerdan las relaciones interpersonales que son cruciales para la educación cristiana son Juan 15:12-17, Romanos 12:9-21 y 1Tesalonicenses 2:7-12. En Juan 15, Jesús nos proporciona un nuevo mandamiento relacionado con la enseñanza: que nos amemos los unos a los otros **como** él nos ha amado, entregando nuestras vidas física y espiritualmente por nuestros amigos, entre los que podrían estar nuestros alumnos. La pequeña palabra en la traducción *como* es también digna de mención en lo que Pablo escribe a los Corintios en 1Corintios 11:1: «Sed imitadores de mí, *como* yo lo soy de Cristo». A menudo les digo a mis alumnos que solo me imiten en mi enseñanza en la medida en que vean a Cristo en mí, y que me perdonen por lo que no es semejante a Cristo. El pasaje de Romanos 12 resume las marcas del amor cristiano aplicables a la enseñanza y a nuestras prácticas. En 1Tesalonicenses se describe que la enseñanza de Pablo abarca lo que las culturas asocian con las dimensiones maternal y paternal del cuidado de la fe. Poco después de mi llegada se celebró en Andover Newton un fin de semana Tavistock, que es un evento de formación en relaciones humanas muy intenso. Durante el fin de semana se me identificó como la madre de nuestro pequeño grupo de 8 personas y se nombró a una ejecutiva como el padre. Me sentí cómoda con la designación porque honraba la crianza y el cuidado de las otras personas presentes. El amor no renuncia a cuidar lo suficiente como para confrontar a nuestros alumnos y hablarles con la verdad sobre las exigencias de Dios. Estos pasajes abordan las cuestiones educativas: ¿A quiénes enseñamos y cómo los cuidamos? Y, ¿quién es mi prójimo en la enseñanza?

> **Lección bíblica**: Al enseñar, ame a los alumnos con el amor de Dios que «ha sido derramado en nuestros corazones por el Espíritu Santo que nos ha sido dado», para citar a Pablo en Romanos 5:5. Mi prójimo en la enseñanza es cualquiera que esté en necesidad, reconociendo al mismo tiempo mis verdaderos límites.

Conclusión

La Biblia nos permite pensar e imaginar la educación cristiana con gran amplitud y profundidad. Gracias a Dios por esta impresionante revelación para nuestros ministerios en el tercer milenio. Así como la conciencia de Martín Lutero estaba «cautiva de la Palabra de Dios», nuestras vidas y mentes educativas pueden estar cautivas de la Palabra de Dios revelada en Jesucristo y de las Escrituras, honrando nuestro legado de la Reforma.

Un poema que recoge algunos de mis pensamientos en este artículo está escrito por Ann Bell Worley y se titula «*Many Books, One Holy Canon*» [Muchos libros, un solo cánon]: (Worley, 2014)

> Muchos libros, un solo canon sagrado, muchos autores, la voz divina, forjando santos a través de una enseñanza fiel, la Escritura habla a cada tiempo.

Ley y profecía y sabiduría, prosa y poesía y canto, relatos de los evangelios y epístolas-Palabra viva inspirada por Dios.
Mientras escuchamos las lecturas sagradas y respondemos «Gracias a Dios», que las palabras vivas nos transformen, llenen nuestros templos con el amor de Cristo.

Que escuchemos e interpretemos con mentes divinamente abiertas en nuestro culto y en nuestro estudio, al tomar el pan y el vino.

Insufla tu Palabra en nuestros corazones, Señor; que nos guíe en nuestro camino, que el espíritu, no la letra, sea la ley que obedezcamos.

Danos perspicacia y discernimiento; que tu Escritura nos lea también a nosotros, que nos moldee como tu pueblo; que nuestras vidas proclamen la buena nueva.

Referencias

Dresner, S. ed. (1995). *I asked for wonder: A spiritual anthology, Abraham Joshua Heschel*. Nueva York: Crossword.

Faris, L. (1940). Old Testament stories. Nueva York: Platt & Monk Co.

Fee, G.y D. Stuart (2002). *Lectura eficaz de la Biblia*. Grand Rapids: Zondervan.

Issler, K. (2010). Six themes to guide spiritual formation ministry based on Jesus' sermon on the mount. *Christian Education Journal* 7, núm. 2: 366-388.

Morris, C. (1974). *Epistles to the apostle*. Nashville: Abingdon.

Pazmiño, R. (2014). *A boy grows in Brooklyn: An educational and spiritual memoir*. Eugene, OR: Wipf and Stock.

Pazmiño, R. (1988). *Foundational issues in Christian education: An introduction in evangelical perspective*. Grand Rapids: Baker.

Pazmiño, R. (1994). *Latin American journey: Insights for Christian education in North America*. Cleveland: United Church Press.

Worley, A. (2014). Many Books, One Holy Canon. En *Scripture, Christian reflections*. Waco: Institute for Faith and Learning: 55.

Zuck, R. (1995). *Teaching as Jesus taught*. Grand Rapids: Baker, 1995.

14

Fundamentos de la educación cristiana: Pasado y futuro[71]

Beverly Johnson-Miller y Robert W. Pazmiño

El interés por los fundamentos de la educación apoya la búsqueda de un cristianismo radical que vuelva a las raíces espirituales y teológicas evidentes en la vida y el ministerio de Jesucristo, que es el autor y consumador de una fe cristiana vital y transformadora. Al tiempo que se recuperan las raíces, es esencial conectarlas con los contenidos, las personas y los contextos particulares de la fe cristiana, dadas las realidades de la historia. La exploración de las continuidades y discontinuidades históricas honra la esencia encarnada de la fe cristiana que reconoce los propósitos creativos y redentores de Dios a través de la acción del Hijo y del Espíritu en asociación con un pueblo amado, aunque roto, a través del tiempo. Reconociendo la naturaleza particular de la vida y la fe, los autores exploran aspectos de nuestras personas, entornos y perspectivas en el campo de la educación cristiana comparando los primeros años de la década de 1980 y 2020 en nuestros viajes profesionales y personales.

---

[71] Johnson-Miller, B., & Pazmiño, R. W. (2020). Christian Education Foundations: Retrospects and Prospects. *Christian Education Journal*, *17*(3), 560–576.

¿Por qué molestarse con los fundamentos?

Robert W. Pazmiño (Bob) recuerda que Cam Wyckoff, que enseñaba en el Seminario Teológico de Princeton, visitó el Seminario Teológico Gordon-Conwell a principios de la década de 1980 como parte de una revisión de acreditación de la Asociación de Escuelas Teológicas (ATS). Pidió una entrevista personal con Bob como parte del proceso. Él compartió una forma de concebir el campo de la educación cristiana que era una larga tradición en la Universidad de Nueva York (NYU) que proponía la exploración de los fundamentos, principios y prácticas de la educación como un proceso de pensamiento secuencial. Los fundamentos son las fuentes en las que se basan los principios y las prácticas educativas para guiar el pensamiento y las acciones de los educadores. La sabiduría de Cam impresionó a Bob y ha guiado sus pensamientos, escritos y esfuerzos de enseñanza durante cuarenta años. La tradición de la Universidad de Nueva York, que abrazaba el idealismo a través de Herman H. Horne, contrastaba con el pragmatismo de la Universidad de Columbia, donde históricamente John Dewey y otros educadores progresistas tenían influencia y donde Bob realizó sus estudios de doctorado en colaboración con el Union Seminary. El Union Seminary era conocido como un semillero de pensamiento teológico progresista que la gente de Gordon-Conwell consideraba una fuente de toda herejía.

Al considerar los fundamentos de la educación cristiana a lo largo de un período de cuarenta años entre 1980 y 2020, es oportuno considerar la pregunta que Dios planteó por primera vez a Adán y Eva en el Jardín del Edén en Génesis 3:9, a saber: «*¿Dónde estás?*» Esta pregunta es de naturaleza perenne y debe hacerse a cada generación de educadores cristianos.

En el caso de la década de 1980, responderemos a esa pregunta tanto a nivel personal como profesional en lo que respecta a la educación cristiana como campo en los Estados Unidos y a nivel mundial. En el caso de la década de 1980, consideramos en particular la pregunta «¿Dónde estabas?» personalmente, y luego «¿Dónde estaban todos ustedes?» para los educadores cristianos tanto en la órbita teológica evangélica como más allá dentro de la tradición cristiana, ya que nosotros mismos nos vimos obligados a realizar nuestros viajes educativos. Para la gente con vocación de educador cristiano, la pregunta se convierte en «¿Dónde estábamos nosotros?» como aquellos llamados a enseñar en el nombre, el espíritu y el poder de Jesús el Judío. En otras palabras, la cuestión de la ubicación es crucial a la hora de reflexionar sobre los fundamentos educativos cristianos históricamente y en nuestro contexto actual. En esa reflexión y en la de honrar las raíces judías de Jesús, resulta útil la visión del educador judío Abraham Joshua Heschel «El pensamiento sin raíces dará flores pero no frutos». (Dresner 1995, 83). La consideración de nuestros fundamentos nos invita a atender a las raíces sobre las que sacamos vida y damos frutos para gloria y alabanza de Dios y de nuestro Señor Jesucristo. La exploración de los fundamentos, las raíces o las fuentes educativas no es un lujo, sino una necesidad para un ministerio eficaz sostenido a lo largo de los años, los siglos y los milenios dentro de la fe cristiana, para evitar el cautiverio cultural, aunque esa cultura sea una subcultura evangélica en cuestión.

¿Dónde estabas?

Beverly Johnson-Miller: En 1979, terminé la universidad profundamente decepcionada por los enfoques pedagógicos contradictorios que encontré en mi educación cristiana de artes liberales. Por un lado, algunos maestros de la División de Religión promovían un enfoque muy tradicional de la educación cristiana centrado en el contenido. Estos maestros me llenaron de información teológica que a menudo parecía irrelevante y desconectada de mi búsqueda personal de la fe y de una práctica ministerial significativa.

Por otro lado, había un maestro en particular muy popular que practicaba y promovía un enfoque de socialización casi romántico de la educación cristiana. El estilo y la filosofía de este maestro parecían encajar bien con los estudiantes universitarios de finales de la década de 1970. El maestro, un gran admirador de la obra de Larry Richard, promovía los grupos pequeños y el modelado como la única manera relevante de formar cristianos. Su estilo de enseñanza en el aula incluía discusiones muy informales que carecían de dirección, enfoque, aporte y compromiso crítico. Aunque obtuve algunas ideas sobre el papel y el valor de la construcción de relaciones para el desarrollo de la fe, las enseñanzas del maestro y las interacciones con los alumnos seguidores me dejaron preocupado por las limitaciones y los peligros potenciales de la socialización como vía exclusiva para el crecimiento cristiano.

Después de la universidad, enseñé durante dos años en una escuela cristiana privada mientras trabajaba a tiempo parcial como ministra de jóvenes. El primer año, enseñé en una clase de cuarto grado. Aunque carecía de credenciales formales de enseñanza, tenía una filosofía educativa poco convencional e ingenuamente articulada que anuncié con entusiasmo durante una noche de regreso a la escuela: «Puede que sus hijos se pierdan algunos datos en mi clase, pero sabrán que son amados. Si se les quiere, estarán motivados para aprender». Disfruté mucho de los niños, así como de muchos aspectos de la experiencia de formación de maestros en el trabajo. Sin embargo, sentía un desagrado natural por el aprendizaje competitivo, unilateral y centrado en la información de los libros de trabajo, que parecía tan arbitrariamente elegido y alejado de la vida. Estos elementos flagrantes del sistema escolar y la mentalidad escolar esperada me rodeaban. En aquel momento, carecía de la conciencia conceptual pedagógica formal y del vocabulario para examinar, articular y defender mis inclinaciones educativas. Como resultado, me encontré vacilando entre seguir mis instintos creando mis propias actividades de aprendizaje, y enseñar de acuerdo con los textos prescritos y los recursos de los cuadernos de trabajo. Los insistentes «porqués» llenaban mis días.

A petición del director de la escuela, mi segundo año consistió en trabajar como primer maestro de Biblia de secundaria a tiempo completo. El plan de estudios que elegí reflejaba mi continuo dilema pedagógico; algunos cuadernos de trabajo publicados centrados en la información, y algunas actividades de discipulado diseñadas por mí. Mientras 125 alumnos de sexto, séptimo y octavo grado pasaban por mi aula todos los días, me debatía sobre el significado de mis esfuerzos de enseñanza. ¿Les ayudaba mi enseñanza a apropiarse y dar sentido a la fe cristiana? ¿Mi enseñanza marcó alguna diferencia duradera en sus vidas? ¿Había una forma más significativa de enseñar la Biblia a estos jóvenes adolescentes?

La congregación de Huntington Beach, donde serví como ministra de jóvenes, abrazó el cambio de la filosofía y las prácticas tradicionales centradas en la doctrina jerárquica al ministerio centrado en las relaciones del movimiento de renovación de la iglesia que surgió en la década de 1970. Las reuniones de trabajo de la iglesia se consumían con frecuencia en un debate sobre la relevancia de la Escuela Dominical. Mientras que algunos la consideraban irrelevante dada la filosofía relacional del ministerio de la congregación, otros se preocupaban por el potencial de analfabetismo bíblico entre los niños y los jóvenes. La resolución de este conflicto, al tiempo que intentaba desarrollar prácticas de pastoral juvenil con un propósito, complicó aún más la red de preguntas, preocupaciones y decepciones que surgieron de mi educación universitaria y de mis experiencias de enseñanza en la escuela. Mi determinación de comprender el propósito y la naturaleza del ministerio educativo transformador de la vida me llevó a la Escuela de Postgrado de Wheaton en enero de 1982.

Gracias a la tutoría de Rodney McKean, James Pluddemann y Gene Gibbs, llegué a reflexionar seriamente sobre los «porqués» del ministerio cristiano. También empecé a comprender mi aversión al sistema escolar y reconocí las limitaciones escolares que entrañan los ministerios educativos y de discipulado de la iglesia. El departamento de Ministerios Educativos me introdujo en diversas cuestiones filosóficas, pedagógicas, de desarrollo y curriculares a través de autores como Jean Piaget, Lawrence Kohlberg, James Fowler, John Dewey, Paulo Freire, Alfred Whitehead, William Frankena, Art Holmes, Mary y Lois LeBar, Harold Burgess, Donald Joy, Ted Ward, James Michael Lee, Jerome Bruner, Elliott Eisner, Robert Stake, John Holt, John Westerhoff y Thomas Groome.

Los dieciocho meses que pasé en Wheaton me hicieron tomar conciencia de la relación entre la epistemología, la psicología del desarrollo y el método educativo, así como de la diferencia entre la teología experiencial/dialéctica y la teología propositiva/sistemática. Estas ideas me proporcionaron la lente conceptual y el lenguaje que necesitaba para discernir con mayor claridad los puntos fuertes y las limitaciones de mis instintos pedagógicos basados en el impulso, así como las teorías y prácticas tradicionales y «vanguardistas» del ministerio de educación que luchaban a mi alrededor. Estas ideas también allanaron el camino para mi adopción entusiasta del enfoque de la praxis compartida de Groome para la educación cristiana.

El enfoque de Groome proporcionó una teoría que encapsulaba una visión educativa teológicamente sólida que abarcaba el Evangelio liberador de Cristo; la epistemología de la praxis ontológica (compromiso de la persona en su totalidad); la psicología del desarrollo; y la pedagogía dialéctica y narrativa. En el enfoque de Groome, descubrí un marco teórico que honraba los puntos fuertes y superaba las limitaciones incrustadas en los elementos conflictivos de mis encuentros con el ministerio educativo antes de Wheaton.

Como ayudante de cátedra graduada, comencé inmediatamente a experimentar con los cinco componentes y los cinco movimientos de la praxis compartida. Desde el principio, me sorprendió el nivel de energía, la participación sustantiva y la respuesta. Las posibilidades de la praxis cristiana compartida llenaron mi imaginación. Después de la escuela de posgrado, continué trabajando con la praxis compartida en muchos contextos del ministerio educativo, incluyendo la enseñanza de la escuela dominical en todos los niveles, la enseñanza de la escuela parroquial elemental, el ministerio del campus universitario, la predicación de la congregación, la instrucción universitaria, la dirección de la Educación Cristiana, las charlas en retiros, la enseñanza en seminarios, y más. Con cada nueva experiencia, crecí en mi comprensión de la profunda promesa así como de las potenciales limitaciones del enfoque de la praxis compartida.

Tras diez años de experimentación, me reuní brevemente con el Dr. Groome. Al final de nuestra conversación, en la que compartí con entusiasmo testimonios de mis alumnos, el Dr. Groome hizo referencia a [la historia de Hechos] y dijo: «Si es de Dios, durará». Con esto en mente, amplié mis esfuerzos e hice del examen del enfoque de la praxis compartida un foco principal en mi curso de doctorado y en la investigación de la disertación. Quería averiguar si el enfoque de la praxis compartida era de Dios. ¿Durará?

Bob: En 1980 estaba en el segundo de los tres años de estudios de doctorado a tiempo completo en el Teachers College de la Universidad de Columbia, en un programa cooperativo de educación religiosa con el Union Seminary. Vivía con mi familia, mi esposa Wanda y mi hijo David, en el vecindario de Morningside Heights, en Manhattan, y estudiaba en estrecha comunión con otros tres candidatos al doctorado; dos eran estudiantes japoneses-americanos de Hawai con raíces evangélicas y una estudiante cajún de Luisiana con raíces católicas. Nuestras familias compartían mucho tiempo juntas en frecuentes comidas, salidas e incluso compartían vehículo para poder hacer la compra de alimentos al otro lado del río Hudson, en Nueva Jersey, con artículos de mejor calidad y más baratos en comparación con los precios locales de Nueva York. Estos detalles de la vida ayudaron a informar las perspectivas y preguntas que traje a mis estudios y ampliaron mis horizontes más allá de la subcultura evangélica que formó mis bases teológicas en el noreste. Seguí sirviendo a la congregación de East Harlem que apoyó mis primeros estudios en el seminario, pero en lugar de reanudar mi ministerio juvenil directo, acepté trabajar con un grupo de líderes laicos jóvenes adultos y prepararlos para su propia formación en el trabajo con jóvenes. Esta formación incluyó seis sesiones de tres horas los viernes por la noche con doce laicos que incluyeron la planificación conjunta de tres eventos juveniles e incorporaron la experiencia musical y la participación de mis colegas de doctorado en un alegre concierto en varias iglesias con temas hawaianos que resonaron en el Harlem hispano.

En mi segundo año de estudios de doctorado, mi familia y yo acabábamos de mudarnos de la residencia de la Escuela Normal a un apartamento de una habitación que estaba infestado de cucarachas y en el que el pesado techo de nuestro baño se había derrumbado recientemente, providencialmente no sobre nuestras cabezas. El apartamento tenía un estrecho pasillo de dos metros de largo y mi hijo tenía que dormir en la sala de estar convertida en su dormitorio. Nos sentíamos como ratas en un laberinto y Dios nos sostenía como familia a través de la lectura regular en voz alta de los *Cuentos de Narnia* de C. S. Lewis y de las comidas familiares prolongadas en el Bronx y Brooklyn. La Universidad de Columbia tenía entonces fama de ser uno de los peores tugurios del barrio de Morningside Heights, en Manhattan. Pero, providencialmente, acabábamos de mudarnos a las viviendas para estudiantes del Union Seminary en Riverside Drive, que daban al río Hudson y a la Tumba de Grant, un gran e imponente monumento nacional. Era un apartamento de dos dormitorios e incluso tenía un patio de recreo sobre un garaje subterráneo para los maestros que vivían en el edificio de lujo que tenía una recepcionista y una pequeña capilla en el primer piso. Describimos nuestra mudanza como si fuéramos «de los pozos al Ritz», con vistas al impresionante monumento y al río, y a solo una manzana de la Iglesia de Riverside y a dos manzanas del 475 de Riverside Drive que albergaba el imponente Centro Intereclesiástico conocido localmente como la «Caja de Dios» por la forma del edificio y los ocupantes de las oficinas. Estos detalles de ubicación simbolizaban el estado sólido, próspero y establecido de la Iglesia Cristiana y de la educación cristiana de aquella época, construida sobre bases seguras y apoyos históricos para el futuro de la educación cristiana. Nuestra ubicación urbana en un entorno ajetreado y vibrante era un buen presagio para el futuro, en vista de nuestras puestas de sol nocturnas orientadas al oeste sobre el río y la costa de Nueva Jersey, en comparación con nuestras anteriores viviendas precarias situadas a pocas manzanas de distancia.

En relación con mis estudios de doctorado, me centré en el plan de estudios y la enseñanza y en la historia de cómo se apoyó la transformación y el cambio en la educación teológica a través de los esfuerzos de los educadores que estaban particularmente comprometidos con el ministerio urbano. Finalmente, exploré cómo la vida y el pensamiento de un educador vivo, George W. Webber, marcó la diferencia en la transformación del Seminario Bíblico en el Seminario Teológico de Nueva York, al tiempo que atendía las necesidades de las comunidades eclesiásticas afroamericanas, asiáticas e hispanas del área metropolitana, que incluso incluían a los cristianos entonces encarcelados en el río Hudson, en la penitenciaría de Sing Sing. Años más tarde, uno de esos mismos presos que fue condenado injustamente y cumplió veinte años, Héctor Custodio (conocido como el pastor Bennie), completó sus estudios de doctorado conmigo en la Escuela Teológica Andover Newton y actualmente es un fuerte defensor de la reforma penitenciaria mientras pastorea en Brooklyn, Nueva York, mi ciudad natal. Un curso con Jack Mezirow, que estudió el aprendizaje transformador en la educación de adultos y la formación continua, puso en marcha mi interés por los ejemplos institucionales de reforma en la educación teológica.

Mis cursos de doctorado en filosofía, psicología, currículo y enseñanza sugirieron un conjunto de conocimientos seguros que invitaban a opciones creativas y transformadoras para la educación cristiana del futuro, basándose en mis anteriores estudios de Maestría en Divinidad en el Seminario Teológico Gordon-Conwell en South Hamilton, Massachusetts, con una concentración en educación cristiana. Mis estudios de doctorado fueron apoyados por generosas becas del Fondo para la Educación Teológica y la Universidad de Columbia, junto con el empleo a tiempo completo de mi esposa en la Facultad de Derecho de Columbia, administrando un programa clínico para cónyuges maltratados. Mi papel como amo de casa se equilibró con el estudio a tiempo completo supervisando la educación primaria de mi hijo en una escuela parroquial católica local durante un año y luego en una escuela diurna privada que le obligaba a viajar en el autobús público hacia el sur acompañado por la esposa de un colega que viajaba a su trabajo en la hora pico de la mañana. La educación musical y los viajes regulares a las instalaciones de educación física de Columbia complementaron la escolarización de David junto con una serie de campamentos cristianos de verano de diversa calidad. Los detalles de mi ubicación y vida sirvieron para informar mis puntos de vista y prácticas educativas combinando las experiencias educativas formales, no formales e informales de nuestra familia.

La cuestión de la ubicación que responde a la pregunta de Dios sobre el *dónde*, considera los elementos educativos tanto de la persona como del contexto que interactúan con el contenido de la propia fe y los pensamientos y prácticas educativas. Las particularidades consideradas con sabiduría pueden proporcionar ideas para los universales descubiertos y aplicables a diversas personas y contextos locales y globales en los ministerios de la educación cristiana. El propio apóstol Pablo es un ejemplo para nosotros al ser un teólogo de tareas prácticas que respondió a los desafíos contextuales del primer siglo, evidentes en sus epístolas. Antes de Pablo, tenemos el ejemplo estelar de la enseñanza ocasional del propio Jesús que tiene un significado universal para los educadores cristianos.

¿Dónde estaban todos ustedes como educadores cristianos?

Beverly: En 1992, ingresé formalmente en el programa de doctorado en Teología y Educación en la Escuela de Teología Claremont. El hecho de ser madre a tiempo completo de dos niños pequeños, así como instructora adjunta habitual de Educación Cristiana en la Universidad de Vanguard, me llevó a un plan de titulación de ocho años. Si bien la lentitud de la carrera tuvo sus dificultades, al menos tuvo un beneficio importante: una relación recíproca y mutuamente beneficiosa entre la reflexión teórica profunda de mis cursos, la práctica formal activa de la educación cristiana como instructora universitaria y la práctica informal activa de la educación cristiana en mi participación en la escuela dominical de la iglesia y en mi papel de madre. Esta experiencia de laboratorio de aprendizaje meta-praxis multidimensional enriqueció mi identidad, visión y práctica como educadora cristiana.

La influencia de Wheaton siguió desempeñando un papel vital en todos mis esfuerzos educativos. El enfoque de la praxis compartida de Groome proporcionó la estructura general para el diseño de mis cursos universitarios, así como la estrategia pedagógica para cada uno de los temas principales abordados. Los fundamentos de la Praxis Compartida crearon un camino más allá del conflicto y las contradicciones tradicionales de la socialización difusiva frente a la romántica. El objetivo de la praxis compartida de educar para la integridad y la libertad humana— espiritual, personal y político-social— se alineaba ciertamente con mi teología bíblica pentecostal-evangélica de redención y santidad, tanto personal como social. Los constructos subyacentes de la epistemología ontológica (que une el saber y el ser), la psicología del desarrollo y la pedagogía narrativa, así como el papel esencial de la comunidad de fe, proporcionaron el marco teórico integral que satisfizo los «porqués» de mi visión y práctica del ministerio educativo.

Mientras evaluaba y refinaba continuamente mi aplicación de la praxis compartida, los cinco movimientos nunca dejaron de poner en marcha una experiencia de aprendizaje dialéctica y dialogante muy viva; un proceso en el que los participantes examinaban su historia a través de la lente de la Historia de Dios. Observé con atención cómo el proceso de praxis compartida permitía a mis alumnos identificar y superar las limitaciones de su vida, fe y ministerio socializados. Fui testigo de una intersección dinámica de la verdad bíblica con las realidades personales. Como educador cristiano profesional, me liberé del conflicto entre los modelos de educación cristiana que encontraba como estudiante universitario y como maestro de escuela, y ya no tuve que elegir entre la adquisición de información y el autodesarrollo experiencial, o alguna mezcla confusa de ambos. La capacidad de nombrar la dinámica pedagógica en mis instintos de enseñanza aumentó mi competencia y confianza profesionales.

Entonces, con la significativa visión obtenida en Wheaton, ¿por qué necesitaba la Escuela de Teología Claremont (CST)? ¿Qué diferencia hizo mi experiencia en Claremont en mi vocación como educadora cristiana? Entrar, por primera vez, en un contexto de educación superior que no estaba definido por, o limitado a, la teología y la cultura evangélica resultó ser una experiencia de desarrollo personal y profesional que expandió mi vida y afirmó mi fe. Sí, fue un reto escuchar todas las críticas a la fe y la erudición evangélicas. Sin embargo, la experiencia proporcionó un espacio muy valioso para examinar en profundidad mi fe cristiana, mi cultura religiosa y mi visión vocacional; algo que, en última instancia, profundizó mi fe y mi compromiso con la educación cristiana.

En mi experiencia en Wheaton, la psicología del desarrollo, la filosofía de la educación y la teoría del currículo ocuparon el centro del escenario como la plantilla definitoria de la formación cristiana, excluyendo en gran medida las dimensiones espirituales y teológicas. Aunque la importancia teológica y el papel vital de la teoría del desarrollo nunca fueron subestimados en mi experiencia en Claremont, la teoría del desarrollo era solo una de las muchas construcciones teóricas consideradas parte integral de la educación religiosa. El plan de estudios del CST incluía una atención sustancial a la teología histórica y al método teológico, así como a las disciplinas de ciencias humanas de la sociología, la historia y la antropología, la psicología y la educación.

Mi trabajo en el CST amplió enormemente mi comprensión de la formación a través de la enculturación. Las ideas del modelo de socialización de Larry Richard y el enfoque de la inculturación de John Westerhoff siguieron siendo significativas, aunque se reevaluaron para ser extracciones menores de una compleja red de dinámicas implicadas en la cultura religiosa. Las obras clásicas de *Las variedades de la experiencia religiosa,* de William James, y *El proceso ritual*, de Victor Turner, y autores como Gordon Allport, Peter Berger, Anton Boisen, Walter Conn, Robert Ellwood, Carl Jung, H. Richard y Reinhold Niebuhr, Wallace Black Elk, y tantos otros, aportaron una visión y claridad sobre las fuerzas sociológicas y psicológicas de la cultura y la formación religiosas. Mi concepto de la formación de la fe se amplió aún más mediante el estudio de la dinámica social e histórica de la cultura congregacional a través de la erudición de Nancy Ammerman, R. Stephen Warner, Jackson Carroll, Wade Roof, James Wind, James Lewis y Thomas Bender, entre otros.

La amplia atención prestada en el plan de estudios del CST a la historia, la teoría y la práctica de la educación cristiana reconstruyó otra dimensión importante de mi identidad, visión y práctica profesionales. La exploración de todas las figuras principales, desde Jesús hasta Thomas Groome, y de todos los movimientos principales, desde el antiguo catecumenado de la iglesia hasta el Godly Play, proporcionó una visión de la complejidad, la continuidad y el cambio en la historia de la educación cristiana, así como ilustraciones concretas de la poderosa intersección entre la fe y la cultura. Los conflictos en el movimiento de la Escuela Dominical de finales del siglo XIX y principios del XX hicieron que se tomara conciencia de la estructuración defensiva entre los protestantes liberales y conservadores; una práctica destructiva que continúa hasta nuestros días.

En respuesta a mi aprendizaje del CST, empecé a prestar mucha más atención al significado y la importancia de las realidades socioculturales, históricas, teológicas, psicológicas y pedagógicas implicadas en la formación de la fe. Mi afán por comprender la naturaleza y las implicaciones educativas de la formación y la transformación cristianas constituyó la fuerza motriz de mi investigación de tesis. A través de un estudio de caso etnográfico en profundidad, exploré la experiencia de transformación cristiana de una persona en su contexto. Esto me permitió comprender la complejidad de la formación y la transformación y la interacción entre ellas. Las percepciones recogidas afirmaron la importancia de la praxis compartida.

Entre la finalización de mi trabajo de doctorado y el comienzo de mi actual función docente, serví como Ministro de Educación en una congregación evangélica muy vibrante de la PCUSA en el sur de California. Inspirándome en el movimiento de la Escuela Dominical del siglo XIX, fui pionera en el desarrollo de un programa de educación de adultos los domingos por la mañana en esta congregación de 40 años. Con la ayuda de un notable anciano supervisor y del personal de la iglesia, el gran domingo de apertura contó con ocho clases, veintisiete líderes y algo menos de trescientos participantes. «La adoración y la educación, las horas más valiosas de la semana» fue nuestro tema de apertura, en contraste con la desmoralizadora declaración de la revista *Life* en 1957: «La escuela dominical, la hora más desperdiciada de la semana» (Schrader 1957, 100). Intenté transformar la cultura de la congregación, así como el aula, y observé cómo la sabiduría del pasado enriquecía y animaba la formación de la fe, la práctica y el contexto, en el presente; una experiencia educativa dinámica e intercultural para todos los implicados.

Bob: Los fundamentos de la educación cristiana en la tradición evangélica que aporté a mis estudios de doctorado más amplios incluían marcos bíblicos y teológicos claros que afirmaban la autoridad bíblica, la necesidad de la conversión/transformación espiritual, la obra redentora de Jesucristo y la piedad o espiritualidad personal centrada en los programas educativos tradicionales a nivel de la iglesia local en agrupaciones mayoritariamente segregadas por edades junto con una serie de organizaciones paraeclesiásticas que también estaban estrechamente relacionadas con la edad. Estos fundamentos teológicos merecen ser perpetuados y alimentados. Larry Richards fue un teórico clave para la integración de las ideas fundamentales en las prácticas educativas, junto con Frank Gaebelein, Lois LeBar, Gene Getz y Findley Edge entre diversos grupos evangélicos. La dependencia de la psicología del desarrollo y de las teorías de socialización/enculturación persistió para discernir las diferencias de edad y de etapa en la formación de discípulos fieles que siguieran el camino de Jesús en sus vidas personales y comunitarias. Algunos evangélicos empezaron a explorar el contexto social más amplio y a abordar la necesidad de un ministerio social y de responder a las realidades de la pobreza, el racismo y la opresión, al tiempo que pedían una evangelización global sostenida.

Los estudios de doctorado en un contexto religioso y cultural diverso como la Universidad de Columbia y el Union Seminary en la ciudad de Nueva York me permitieron volver a examinar cuestiones fundamentales con nuevos ojos y compañeros de conversación. Al ampliar mi firme base teológica, me encontré con teologías de la liberación que exigían comprender el señorío de Jesucristo sobre toda la creación, incluidos los sistemas sociales, económicos y políticos de la vida en el mundo moderno. Prestar atención a las voces de los cristianos del hemisferio sur y de los dos tercios del mundo planteó nuevas preguntas sobre lo que Dios requería de los discípulos fieles que buscaban cumplir la clara comisión educativa de Mateo 28:18-20. La invitación era que los educadores cristianos de la tradición evangélica revisaran los fundamentos, las fuentes y los pozos de su pensamiento y práctica a la luz de lo que Dios estaba haciendo en el mundo más allá de la subcultura evangélica y de las organizaciones que sostenían educativamente a nuestras comunidades y formaban a las nuevas generaciones. Mi corazonada inicial al entrar en el trabajo de doctorado fue considerar el papel clave de los medios de comunicación en la formación de discípulos cristianos fieles, pero mi estudio de la historia de la educación con Lawrence Cremin, un increíble conferenciante, historiador de la educación y presidente del Teachers College, y su discípulo Douglas Sloan en la historia de la educación superior ampliaron mis categorías y despertaron mi interés por ver cómo la visión de la educación se actualizaba en la transformación y la reforma institucional para hacer frente a nuevos retos como los de los centros urbanos.

Mi fascinación por la evolución histórica de la educación cristiana a todos los niveles y, posteriormente, de la educación teológica, me permitió buscar continuidades y discontinuidades en el pensamiento y la práctica educativa, siendo sensible a las fuentes en las que los teóricos y los profesionales se basaban para orientar sus esfuerzos. La diversidad de filosofías y teologías a las que se recurría en el ámbito más amplio de la educación religiosa, planteaba cuestiones perennes que los educadores cristianos debían tener en cuenta en la búsqueda de sentido y dirección para la enseñanza y el aprendizaje de la fe cristiana, reconociendo las variables de las personas y los contextos cuando se podía llegar a un acuerdo sobre el contenido de la educación cristiana. En relación con las personas, la confianza en el desarrollo humano era evidente y prominente en los círculos evangélicos, que se extendía a través del debate emergente sobre el desarrollo de la fe a través de James Fowler y el interés por la dinámica de la transformación espiritual en la psicología del desarrollo a través de James Loder. Algunos educadores evangélicos abogaron por un enfoque exclusivo de las ciencias sociales como alternativa a los modelos de base teológica, dado el papel potencialmente divisivo de las diversas teologías en el esfuerzo por encontrar un terreno común y esfuerzos de cooperación entre denominaciones y ministerios.

¿Dónde estás?

Beverly: Actualmente estoy en mi decimonoveno año como profesora a tiempo completo en la Escuela de Teología Práctica del Seminario Teológico de Asbury. Estas primeras décadas del siglo XXI han supuesto tanto una continuidad como un cambio en mi visión y práctica de la educación cristiana. Aunque sigo valorando y promoviendo el enfoque de la praxis compartida de Thomas Groome, he llegado a reconocer un marco conceptual alternativo para la educación cristiana; uno que incorpora los fundamentos, así como los componentes y movimientos de la praxis compartida, al tiempo que da cabida a las teorías del construccionismo social de Peter Berger, John Shotter, S. Moscovici, Gordon Pask y otros.

El marco conceptual, al que me refiero simplemente como pedagogía conversacional, va más allá de la praxis compartida al reconocer que el aprendizaje formativo implica el papel vital del fenómeno social; múltiples dialécticas que se entrecruzan; un compromiso empático e interpersonal; y un procesamiento tanto no lineal como lineal. Los movimientos del conocimiento de la praxis compartida se prestan a procesos y prácticas educativas más lineales, lógicas y centradas en lo racional/intelectual. En cambio, el conocimiento conversacional fomenta el conocimiento circular, aleatorio y creativo sin excluir el compromiso lógico, racional o lineal. El conocimiento conversacional da la misma oportunidad a la participación emocional-intuitiva y reconoce el papel catalizador del lenguaje en la creación de significado.

Aunque sigo reconociendo la importancia teológica y pedagógica de la teoría del desarrollo, he recurrido a la historia, el significado y la nomenclatura de la catequesis para proporcionar una orientación teológica completa para el cultivo de la fe cristiana. La catequesis bíblica e históricamente afín implica un compromiso teológico de toda la vida, personal y social. Esto contrasta con la trampa del dualismo influenciado por la Ilustración del adoctrinamiento teológico racionalista y propositivo. La catequesis, en consonancia con los Padres de la Iglesia, que no bifurcaron la teología y la pedagogía, exige un compromiso teológico dinámico, de toda la vida y de toda la persona, que implique una búsqueda activa de la comunión y el significado divinos a través de la inmersión crítica y contemplativa en la narrativa y la tradición del Evangelio.

La catequesis alineada con la obra redentora de Cristo requiere pedagogías dialéctico-hermenéuticas, interactivas, constructivas y concienciadoras de la liberación en aras de la santidad personal y social, la plenitud y la libertad en Cristo. La naturaleza transformadora de la catequesis da crédito a la integridad teórica de la epistemología conversacional y viceversa. La catequesis evangélica da cabida a los encuentros espirituales y facilita una exploración dialéctica de la fe y la vida. La catequesis evangélica cultiva la comunión y el crecimiento espiritual a lo largo de la vida. Entonces, ¿cómo sería un modelo de catequesis evangélica?

Apoyo con entusiasmo la Catequesis del Buen Pastor (CBP), un enfoque de formación infantil de tres niveles que se adapta fácilmente a muchas tradiciones cristianas y tiene potencial para adaptarse a todos los grupos de edad. Arraigada en la convicción de que los niños tienen una profunda capacidad para la vida espiritual, la CGS facilita una exploración en oración, contemplativa y experiencial de las Escrituras. Esta inmersión en el Evangelio, centrada en Cristo y llena de Escrituras, a través de un compromiso práctico con las historias bíblicas, está meticulosamente adaptada a las realidades del desarrollo y reconoce la naturaleza litúrgica de la vida y la fe. La CBP también involucra a la persona en su totalidad; pretende llenar los corazones con el amor de Dios; fomenta el cultivo de una relación con Dios, en contraste con la transmisión de información y el análisis intelectual; practica la adoración; e invita al asombro centrado en la belleza y los misterios de la fe.

Aunque creo que la CBP demuestra la viabilidad de incorporar todos los elementos fundamentales de la catequesis evangélica en una visión programática o curricular, las posibilidades de los movimientos, modelos y métodos pedagógicos que incorporan estas ideas conceptuales están limitadas solo a la creatividad imaginativa del liderazgo involucrado. En mi curso de Catequesis Evangélica, se anima a los estudiantes del seminario, y se les exige, a asumir el reto de diseñar un plan de estudios teóricamente sólido que facilite la transformación espiritual-personal y pública en el siglo XXI.

Bob: Me he retirado de la enseñanza a tiempo completo y me he trasladado con mi esposa Wanda a una comunidad de personas de más de 55 años en Plymouth, Massachusetts, en la costa y conocida como la ciudad natal de Estados Unidos donde los peregrinos se asentaron por primera vez en 1620. Por supuesto, otras ciudades también pueden reclamar ese título, como Jamestown (Virginia) y también San Agustín (Florida) y Santa Fe (Nuevo México), colonias españolas anteriores a Plymouth y Jamestown como colonias inglesas. Nuestra decisión de permanecer en el noreste se debe a la necesidad de vivir cerca de una familia extensa que incluye dos nietos a solo una hora de distancia. Sigo escribiendo y soy miembro del comité de educación cristiana en nuestra iglesia local, a solo una milla de nuestra casa. La ubicación de Plymouth es significativa, ya que la celebración del 400º aniversario está prevista para 2020. El legado de los peregrinos persiste en el nombre de nuestra iglesia local, La Iglesia de la Peregrinación, y está plasmado en un enorme monumento local que a menudo se pierde y es olvidado tanto por los turistas como por los lugareños. A diferencia de la Tumba de Grant y de la Iglesia de Riverside, que reciben muchas visitas semanales, el Monumento Nacional a los Antepasados se eleva sobre un entorno residencial con escasas visitas, a excepción de los ocasionales paseadores de perros y los tranvías turísticos que pasan por allí.

El imponente Monumento a los Antepasados es el mayor monumento de granito macizo de los Estados Unidos, tiene una altura de 81 pies y cuenta con cuatro figuras distintas que rodean a una figura femenina central que representa el legado de los peregrinos de cinco valores o virtudes esenciales dignos de continuar y perpetuar. La figura femenina central representa *la fe* y las cuatro figuras masculinas y femeninas que la rodean representan la libertad, la moralidad, la ley y la educación como piedras de toque clave para la vida en los Estados Unidos y más allá. La figura de la fe señala hacia el cielo a Dios con un brazo, sosteniendo una Biblia abierta en el otro, y tiene una estrella que simboliza la sabiduría sobre su cabeza. *La fe* y su cultivo a través de todas las generaciones y de forma intergeneracional siguen siendo fundamentales para la educación cristiana, y el culto sigue teniendo el potencial clave para informar, formar y transformar a los discípulos en el camino de Jesús. En apoyo de la educación en *la fe* están los valores complementarios de la *libertad* ligada a la salvación y la liberación, la *moralidad* exigida tanto a los líderes como a los seguidores, la *ley* que se aplica a todos independientemente de la posición o el privilegio, y la *educación* que abarca la equidad y la accesibilidad para todos. Se trata de valores duraderos que merecen ser celebrados y realizados en todos los niveles de la educación en la iglesia, la paraiglesia y la sociedad en general. Estos ideales educativos se consideran con menos frecuencia como esenciales y solo se adoptan ocasionalmente en las prácticas, al igual que el Monumento a los Antepasados es olvidado por la mayoría de los que visitan y viven en Plymouth. Aquí hay puntos de continuidad dignos de atención para abrazar el legado de los peregrinos, siempre y cuando se considere la adición de las Madres Precursoras al nombre del monumento, dado su papel clave en los esfuerzos educativos a lo largo de los siglos, como se modela en el monumento. El reto, al igual que para el monumento a los antepasados, es la marginación de la tradición cristiana en la sociedad en general con la creciente secularización en 2020.

En relación con los fundamentos educativos, me he identificado con los estudiantes a través de los años como un educador cristiano evangélico ecuménico en la tradición reformada/reformadora que ha sido influenciado filosóficamente por el esencialismo, el reconstruccionismo y el progresismo, con cada filosofía respectivamente relacionada con la trinidad de elementos educativos de contenido, contextos y personas sobre los que he escrito. He tendido a subrayar los temas centrales de las relaciones, el diálogo y la transformación en mis pensamientos y prácticas educativas con el fin de que los cristianos puedan disfrutar y glorificar a Dios en todas las dimensiones de nuestra vida personal y corporativa. La Biblia sigue siendo el libro fuente de mi imaginación educativa y el maná de mi vida cotidiana. Un año sabático en América Latina en 1988-1989 me permitió ver con más claridad y valorar las ideas de las teologías de la liberación para abordar las realidades globales. Viajar a Israel con estudiantes en dos ocasiones, en

2016 y 2018, y enseñar con un colega judío, el rabino Michael Shire del Hebrew College, reafirmó mi visión de la continua bendición de Dios sobre el pueblo judío y el hecho de que Israel importa, así como Palestina, donde los cristianos aún viven pero en número decreciente. El desafío del pluralismo religioso emerge y hay una necesidad de educación interreligiosa para los educadores cristianos en 2020. La educación interreligiosa es necesaria para hacer frente a la creciente violencia mundial provocada por las diferencias religiosas y la intolerancia, mientras los cristianos trabajan por la justicia y la paz a nivel local y mundial.

¿Dónde estamos en 2020?

Beverly: El estado de la educación cristiana en 2020 no puede entenderse, reimaginarse o revitalizarse si no se es consciente de las realidades socio-históricas-culturales de nuestro tiempo y se interviene en ellas de forma significativa. Este ha sido el caso a lo largo de la historia de la iglesia; incluso para las comunidades de fe más aisladas. En contraste con las épocas de acomodación ciega o de rechazo ciego de la cultura, la educación cristiana prosperó durante las épocas de compromiso creativo, proactivo y dialéctico con la cultura, como el catecumenado del siglo IV, el movimiento educativo de la Reforma, el movimiento de la Escuela Dominical del siglo 18th y, el movimiento de la Escuela Dominical revitalizada del siglo XIX. Las nuevas formas de educación cristiana son paralelas a la evolución de los movimientos históricos. La muerte de una época de rejuvenecimiento crea espacio para la gestación y el nacimiento de otra.

Al entrar en la tercera década de este siglo XXI, nos encontramos en un laberinto de realidades culturales e institucionales que plantean tanto desafíos como oportunidades. En los últimos 17 años, he sido testigo de cómo la influencia de las disciplinas de Educación Cristiana / Discipulado y Ministerio Juvenil en el contexto de mi seminario se ha reducido de programas de grado prósperos a dos de varias opciones de concentración de tres cursos en un grado ministerial generalizado. Algunos de los factores que contribuyen a ello son 1) la aparición de programas de grado que compiten entre sí; y, 2) la asfixiante expansión y dominio de las disciplinas clásicas en el núcleo de la titulación requerida en un momento en el que las realidades de marketing exigían la reducción de los programas de grado de 60 a 48, e incluso a 36 horas.

Otro factor puede ser la disminución de la demanda de educadores cristianos profesionales por parte de las congregaciones.

En muchos seminarios y departamentos universitarios de religión, la dicotomía currículo clásico versus práctico sigue desempeñando un papel dominante y coincide con la incapacidad de reconocer la naturaleza profundamente teológica de la práctica cristiana, y que el propósito de la teología práctica NO es la aplicación de la teología teórica y especulativa. Todas las disciplinas teológicas deben encontrar su lugar bajo el paraguas de la teología práctica. El hecho de que la práctica es tan teológica como la teología teórica es práctica es difícil de aceptar para algunos. La insistencia en referirse a las disciplinas teológicas prácticas como "aplicadas" obstaculiza la oportunidad de resolver problemas interdisciplinarios, basados en la realidad, centrados en la praxis, creadores de cultura y constructivos en las instituciones de educación superior. Tratar la disciplina y el ministerio profesional de la educación cristiana como algo adicional socava el valor teológico y la importancia de la construcción del Reino de nuestra misión.

Entre 2020 y 2050, la población minoritaria en Estados Unidos aumentará del 27% al 47%. Esta realidad demográfica implora a las instituciones que descentren la blancura de su plan de estudios, pero esta realidad es ampliamente ignorada por los evangélicos blancos. Además, si la Educación para la Construcción del Reino encarna y reproduce la obra redentora de Cristo, entonces la sanidad social y personal, la esperanza y la liberación serán parte integral de nuestra visión, filosofía y prácticas institucionales y curriculares. La Educación para la construcción del Reino requerirá una pedagogía de la praxis y la pedagogía de la praxis puede requerir la celebración de nuestros cursos de educación cristiana en la frontera, en las cárceles con fines de lucro, en los centros de rehabilitación de drogas y en los barrios empobrecidos. Aferrarse al currículo centrado en los blancos, bifurcado teológicamente, impulsado por la teoría y desvinculado socialmente del siglo XX disminuirá inevitablemente el avance de la educación cristiana tanto en las instituciones de educación superior como a través de ellas.

Basándome en los patrones de la historia de la educación cristiana evangélica, tengo pocas esperanzas de que nuestras instituciones de educación superior actualicen sus visiones curriculares durante mi vida. Cuando a principios del siglo XX los estudios de las ciencias sociales aportaron conocimientos sobre la importancia pedagógica de la teoría del desarrollo humano, los evangélicos, temiendo que la ciencia sustituyera a las Escrituras, optaron por una resistencia defensiva en lugar de un discernimiento proactivo. Aunque algunos educadores cristianos como Clarence Benson, Lois LeBar e Iris Cully intentaron, con cierto éxito, demostrar la compatibilidad de la autoridad bíblica y la teoría del desarrollo humano, tuvieron que pasar ochenta años para que los hallazgos de las ciencias sociales fueran ampliamente aceptados como una construcción teórica válida y esencial para la labor de fe y transformación de la vida de la educación cristiana. ¿Por qué no podemos hacerlo mejor?

Los desafíos actuales a los que se enfrentan los educadores cristianos, sea cual sea el nivel o el contexto, exigen una cristología renovada; no en forma de argumento teórico o técnica pedagógica, sino una base viva, encarnada y completa de todos los aspectos de nuestro ministerio educativo y de discipulado— visión, propósito, modelos y práctica— en la persona, la pasión, la vida y las enseñanzas de Jesús. El Evangelio de Jesús no es una idea que hay que defender y aplicar; es la Palabra hecha carne en las realidades concretas de la vida; una filosofía de educación cristiana integral ejemplificada en el ministerio de Robert Raikes, Mary Bethune y otros. La educación que es verdaderamente cristiana emulará el carácter y la obra liberadora de toda la vida de Cristo.

La cristología debe ocupar un lugar central en nuestra filosofía, hermenéutica y pedagogía de la educación. Una cristología renovada permitirá pasar de un dualismo racionalista que reduce la fe y afirma las dicotomías, a una educación práctica que exalta a Cristo, que mediatiza la gracia, que redime al mundo, que se encarna y que está llena de Jesús. La cristología renovada desempeñó un papel vital de revitalización en el pasado, y puede hacerlo en este siglo.

Bob: El escenario de los fundamentos de la educación cristiana en la tradición evangélica ha cambiado en un lapso de cuarenta años a la luz de varios acontecimientos esperanzadores. En el ámbito de los fundamentos bíblicos, el auge de las perspectivas poscoloniales ha invitado a una relectura de los textos bíblicos por parte de quienes se consideraban voces marginales, dada la globalización de la Iglesia cristiana y la productiva erudición del hemisferio sur, donde la fe cristiana ha experimentado un crecimiento en lugar de un declive. Por ejemplo, una reciente visita a Belén y ver el escenario de la Iglesia de la Natividad a través de los ojos de nuestro guía cristiano palestino me ayudó a comprender mejor los relatos del nacimiento de Jesús. Es posible una hermenéutica más centrada en las relaciones, que Beverly denomina con acierto como pedagogía conversacional, que invita a la transformación espiritual al abordar el significado de los textos bíblicos tanto para nosotros hoy como para los primeros oyentes de la Palabra.

En el ámbito de los fundamentos teológicos, la toma de conciencia de las diversas teologías de la liberación, especialmente de las mujeres, que abrazan los fundamentos evangélicos, ha permitido a los cristianos abordar cuestiones de importancia mundial que incluyen el cambio climático, la pobreza y la opresión que deben abordar la dignidad y el valor de todas y cada una de las personas creadas a imagen de Dios. Un interés emergente en la teología política ha señalado los peligros de la cautividad de las ideologías políticas actuales y el enfoque exclusivo en cuestiones políticas individuales que ignoran preocupaciones éticas y morales más amplias para el sustento de la humanidad y de toda la creación. En una época de soluciones rápidas y preocupaciones exclusivamente pragmáticas, la administración a largo plazo de la creación de Dios es una preocupación legítima de la educación cristiana para las generaciones futuras. Se trata de una cuestión que los propios niños y jóvenes plantean hoy para que todas las generaciones la consideren, especialmente los privilegiados y los que están en el poder. Una pneumatología renovada puede invitar a una apertura para seguir lo que el Espíritu Santo está haciendo en el mundo y que llama a nuestro arrepentimiento.

En el ámbito de los fundamentos filosóficos, los desarrollos postmodernos y postcoloniales han exigido que se revisen las cuestiones fundamentales al tiempo que se afirma el lugar de la revelación y la posibilidad de la verdad para todos, a pesar de que algunos teóricos de la educación postmoderna descarten esa posibilidad. El retorno a las raíces cristianas distintivas de la catequesis y la formación espiritual, como sugiere Beverly, que reservan el lugar de la información cognitiva esencial y la transformación profética de las personas, las comunidades y las sociedades, es esperanzador para los esfuerzos educativos presentes y futuros.

En el ámbito de las fuentes científicas para la educación, cabe destacar tres avances. En primer lugar, los conocimientos del campo emergente de la neurociencia han contribuido en gran medida a comprender los procesos de aprendizaje con implicaciones para las estrategias de enseñanza. En segundo lugar, el desarrollo de la psicología positiva ha apoyado el interés por la transformación y el fomento de la alegría en la experiencia humana, incluso a la luz del sufrimiento y la opresión humanos; una alegría que se hace posible en el Evangelio de Jesucristo. En tercer lugar, la consideración de la inteligencia emocional y social, e incluso las inteligencias múltiples, han ampliado los intereses educativos más allá de un enfoque exclusivo en las competencias cognitivas y las proposiciones teológicas.

En el ámbito de los fundamentos curriculares, la aparición del aprendizaje del servicio para todas las edades ha contribuido a una reapropiación de las iniciativas misioneras y del testimonio cristiano en diversos ministerios sociales a nivel mundial. Las misiones de corta duración pueden fomentar las conexiones entre la fe y la vida y las posibilidades de relaciones a largo plazo y de aprendizaje mutuo. También se ha fomentado un aprendizaje más cooperativo y colaborativo, reconociendo las interdependencias de la comunidad humana inherentes a la creación y exigiendo que se supere la individualidad exclusiva de algunas tradiciones occidentales a través de la globalización.

Conclusión

Beverly: A medida que el alcance de nuestra influencia a través de la educación superior se enfrenta a la incertidumbre, los lugares creativos para la colaboración, tales como las asociaciones de base, pueden proporcionar un impulso y nuevas vías para una nueva visión y voz en el trabajo vital de la educación cristiana. Es discutible si la Escuela Dominical es una cosa del pasado o simplemente necesita una nueva visión; sin embargo, sumergir a los niños en el Evangelio de Jesús, de palabra y de obra, es esencial para cada generación. La praxis compartida y la Catequesis del Buen Pastor, precursora del Godly Play, son modelos que incorporan las cualidades de formación de la fe y de honor a Cristo que se necesitan en este siglo. Ambos pueden adaptarse a contextos evangélicos y a todos los grupos de edad. No tenemos que esperar 80 años para establecer prácticas saludables de discernimiento proactivo para navegar, sin miedo ni ingenuidad, por la intersección de la fe y la cultura. Ahora es el momento de un compromiso creativo que emule a Cristo con la belleza y la ruptura de nuestro mundo globalizado posmoderno.   Bob: En general, discierno un escenario esperanzador en relación con la educación cristiana a nivel mundial, como lo hizo el pastor peregrino John Robinson en su sermón de 1620, señalando que siempre surgen nuevas luces y verdades de la Palabra de Dios, y los educadores cristianos sirven en asociación con el Espíritu Santo mientras hacen discípulos de Jesucristo. El cambio de los fundamentos del pasado puede permitir la búsqueda de raíces más profundas que se mantengan firmes en medio de los desafíos contemporáneos y hagan posible la transformación que el Espíritu de Dios pretende llevar a cabo en nuevos contextos hoy y en el futuro, como Beverly ha sugerido con perspicacia. La oportunidad de reflexionar sobre un lapso de cuarenta años en nuestras trayectorias personales y profesionales es una ocasión para celebrar la fidelidad y la provisión de Dios para los educadores cristianos en medio de tiempos y tendencias cambiantes que pueden abordar las deficiencias de nuestros esfuerzos pasados y actuales. La exploración continua de los fundamentos de la educación permite identificar y adoptar verdades, valores y elementos esenciales perdurables para la enseñanza y el aprendizaje a lo largo de los siglos. La pregunta de Dios en el Jardín, *¿dónde estás?* sigue siendo para los educadores cristianos de hoy y del futuro.

Referencias

Dresner, Samuel H. ed. (1995). *I Asked for Wonder: A Spiritual Anthology, Abraham Joshua Heschel.* Nueva York: Crossword.

James, W. (1961). *The Varieties of Religious Experience: A Study in Human Nature.* London: Collier Books.

Schrader, W. (1957, 11 de febrero). Our Troubled Sunday Schools. LIFE *Magazine,* 42 (6), 100-114.

Turner, V. (1969). *The Ritual Process: Structure and Anti-Structure.* Nueva York: Cornell University Press.

Epílogo

A lo largo de mi vida y de mi trayectoria profesional como educador cristiano, me ha fascinado cómo las enseñanzas de Jesús han persistido a lo largo de los siglos y han alimentado la transformación de las personas, las comunidades y las naciones para la gloria de Dios y la futura renovación de toda la creación. Los que siguen el camino de Jesucristo y transmiten ese camino a las nuevas generaciones en cada época están llamados a clarificar las raíces y los pozos que sostienen nuestros ministerios mientras permanecemos personal y corporativamente en Jesús y honramos su nombre y su legado. Volvemos a la fuente de nuestra comprensión y vida fiel en las Escrituras. Los finales del libro de mis artículos en la *Revista de Educación Cristiana* entre 1985 y 2018 mientras enseñaba a tiempo completo abordan las fuentes bíblicas para nuestra enseñanza en el nombre, el espíritu y el poder de Jesús sostenido por el Espíritu Santo. Las fuentes bíblicas sirven para fundamentar las otras raíces para los educadores, es decir, los fundamentos teológicos, filosóficos, históricos, sociológicos, psicológicos y curriculares sobre los que he escrito a lo largo de los años.

Por lo tanto, recomiendo la lectura diaria de las Escrituras, ya que sirven para guiarnos, leer, confrontarnos y asombrarnos, a la vez que inspiran una vida de servicio cristiano con asombro, deleite y alegría. A través de nuestra lectura y estudio, celebramos nuestra enseñanza como hijos de Dios, discípulos de Jesús y socios del Espíritu Santo sirviendo con una vasta hueste de siervos y vecinos en la viña del Señor a lo largo de la historia, hoy y en el futuro. Mirando al futuro, honramos el misterio de Dios alimentando la maravilla de la gracia de Dios y el don de la esperanza de la verdad, la bondad y el amor de Dios que perduran por todas las generaciones (Sal.100:5). También honramos la educación de los corazones y espíritus junto con las mentes para nuestra enseñanza y aprendizaje conjunto. Nos tomamos a pecho la exhortación de Pedro en una carta del Nuevo Testamento que resuena con una esperanza viva:

> Todos debemos utilizar el don espiritual que hemos recibido para servir a los demás, administrando fielmente la gracia de Dios en sus diversas formas. Si alguien habla, que lo haga con la fuerza que Dios le proporciona, para que en todo sea alabado Dios por medio de Jesucristo. A él sea la gloria y el poder por los siglos de los siglos. Amén. (1Pe. 4:10-11)

Bendiciones por sus enseñanzas en estos años desafiantes y en las épocas siguientes, mientras esperamos con toda la creación la consumación prometida en Jesucristo.

3 de noviembre de 2020, día de las elecciones.

Más títulos de Publicaciones Kerigma

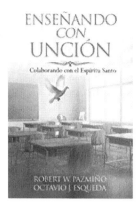

Enseñando con Unción

Educación Teológica en el Siglo 21

Historia del Ministerio Pastoral

Psico-Terapia Pastoral

Para una lista completa del catálogo de Publicaciones Kerigma, y además obtener más información sobre nuestras próximas publicaciones, por favor visita:

www.publicacioneskerigma.org
www.facebook.com/publicacioneskerigma

Made in the USA
Middletown, DE
17 September 2022

10691899R00137